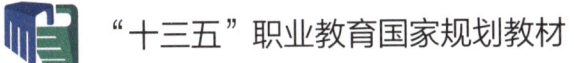
"十三五"职业教育国家规划教材

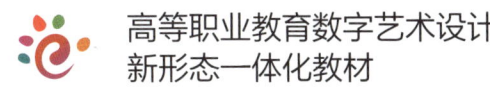
高等职业教育数字艺术设计
新形态一体化教材

VRay 3.0+3ds Max 2016 室内效果图案例教程（第2版）

VRay 3.0 + 3ds Max 2016

Shinei Xiaoguotu Anli Jiaocheng

李　涛　组　编

蔡丽芬　付景珊　吴永财　主　编

文继伟　乔晓刚　金颖平　张兴华　闫晓勇　副主编

高等教育出版社·北京

内容提要

本书是"十三五"职业教育国家规划教材,也是高等职业教育数字艺术设计新形态一体化教材。

本书全面系统地介绍3ds Max 2016中文版与VRay 3.0的基本操作方法和室内效果图的制作技巧,内容包括室内效果图制作流程、3ds Max 2016的建模、材质、灯光,使用VRay 3.0进行渲染,客厅的表现,冷暖空间的表现,光影空间的表现,黑白空间的表现,卧室的表现,展厅的表现,办公室的表现和酒店大厅的表现。

本书配有微课视频、授课用PPT、案例素材、习题答案等丰富的数字化学习资源。与本书配套的数字课程"VRay+3ds Max室内效果案例"在"智慧职教"平台(www.icve.com.cn)上线,学习者可以登录平台进行在线学习及资源下载,授课教师可以调用本课程构建符合自身教学特色的SPOC课程,详见"智慧职教"服务指南。教师也可发邮件至编辑邮箱1548103297@qq.com获取相关资源。

本书可作为高等职业院校艺术设计类和建筑类专业相关课程的教材,也可作为相关培训机构的教学用书或室内设计爱好者的自学用书。

图书在版编目(CIP)数据

VRay 3.0 + 3ds Max 2016室内效果图案例教程 / 蔡丽芬,付景珊,吴永财主编;李涛组编. -- 2版. -- 北京:高等教育出版社,2017.12(2022.12重印)

ISBN 978-7-04-048010-8

Ⅰ. ①V… Ⅱ. ①蔡… ②付… ③吴… ④李… Ⅲ. ①室内装饰设计-计算机辅助设计-三维动画软件-高等职业教育-教材 Ⅳ. ①TU238.2-39

中国版本图书馆(2017)第151868号

| 策划编辑 | 张 维 | 责任编辑 | 张 维 | 封面设计 | 杨立新 | 版式设计 | 杜微言 |
| 责任校对 | 窦丽娜 | 责任印制 | 赵 振 | | | | |

出版发行	高等教育出版社	网 址	http://www.hep.edu.cn
社 址	北京市西城区德外大街4号		http://www.hep.com.cn
邮政编码	100120	网上订购	http://www.hepmall.com.cn
印 刷	高教社(天津)印务有限公司		http://www.hepmall.com
开 本	850mm×1168mm 1/16		http://www.hepmall.cn
印 张	16	版 次	2012年11月第1版
字 数	410千字		2017年12月第2版
购书热线	010 - 58581118	印 次	2022年12月第5次印刷
咨询电话	400-810-0598	定 价	49.80元

本书如有缺页、倒页、脱页等质量问题,请到所购图书销售部门联系调换
版权所有 侵权必究
物 料 号 48010-A0

"智慧职教"服务指南

"智慧职教"是由高等教育出版社建设和运营的职业教育数字教学资源共建共享平台和在线课程教学服务平台,包括职业教育数字化学习中心平台(www.icve.com.cn)、职教云平台(zjy2.icve.com.cn)和云课堂智慧职教 App。用户在以下任一平台注册账号,均可登录并使用各个平台。

● 职业教育数字化学习中心平台(www.icve.com.cn):为学习者提供本教材配套课程及资源的浏览服务。

登录中心平台,在首页搜索框中搜索"VRay+3ds Max 室内效果案例",找到对应作者主持的课程,加入课程参加学习,即可浏览课程资源。

● 职教云(zjy2.icve.com.cn):帮助任课教师对本教材配套课程进行引用、修改,再发布为个性化课程(SPOC)。

1. 登录职教云,在首页单击"申请教材配套课程服务"按钮,在弹出的申请页面填写相关真实信息,申请开通教材配套课程的调用权限。

2. 开通权限后,单击"新增课程"按钮,根据提示设置要构建的个性化课程的基本信息。

3. 进入个性化课程编辑页面,在"课程设计"中"导入"教材配套课程,并根据教学需要进行修改,再发布为个性化课程。

● 云课堂智慧职教 App:帮助任课教师和学生基于新构建的个性化课程开展线上线下混合式、智能化教与学。

1. 在安卓或苹果应用市场,搜索"云课堂智慧职教"App,下载安装。

2. 登录 App,任课教师指导学生加入个性化课程,并利用 App 提供的各类功能,开展课前、课中、课后的教学互动,构建智慧课堂。

"智慧职教"使用帮助及常见问题解答请访问 help.icve.com.cn。

系列教材序言——奔赴未来

一件好的作品，技术决定下限，审美决定上限。技法的训练如铁杵磨针，日久方见功力；美感的培养则需博观约取，厚积才能薄发。优秀的作品哪怕表面上只有寥寥几笔，背后却蕴含着创作者的眼界、经历和见地。而正是艺术，让人脱颖而出。

这是个充满机会的世界，作为艺术设计类学科的莘莘学子，用面向未来的知识武装自己的头脑，做一个有着丰沛热情且敢于实践的人，你将永远不缺少舞台。而我们这些先行者，只是将我们仅有的一些经验传授给读者，希望读者可以视野更远，站得更高。

在本套教材构思之初，通过高等教育出版社汇集多位一线设计师和教师进行的历次研讨，我们发现在知识爆炸的时代，使学生每天面对那么多故作高深的专业词汇和不知缘由的操作指令决非培养学习兴趣的有效方法。我们真正需要做的是建立适合自身的数字艺术知识体系，这不仅需要掌握操作方法，更需要知道如何合理地运用知识和技术。

所以，我们决定不做庞大而主次不分的百科全书式教材，同时也极力避免软件说明或案例罗列式的教学姿态。在技能梳理上我们秉承"少即多，多则惑"的理念，力求更加简洁、系统、复合，将传授"方法"作为本套教材的核心，最终"磨"出了这套教材。希望呈现在读者眼前的这套教材最终能够符合构思它的初衷和本心。

本套教材经过多年来在各高等职业院校中的使用，获得了广大师生的认可。我们根据各方反馈的宝贵意见和建议，结合目前最新的数字艺术类课程教改成果，紧跟设计行业理念、技术发展，在原有版本的基础上不断优化、更新内容，将新知识、新技术、新工艺及时融入教材修订及改版中，以进一步推进习近平新时代中国特色社会主义思想进教材，并与行业企业密切联系，内容及时反映产业升级和行业发展动态，从而满足数字艺术设计应用型人才培养需求。

数字艺术相关知识涉猎广、范畴大，为了拓宽读者的知识面，我们建立了艺术类在线教育平台"良知塾"，汇聚了相关领域的各路高手进行分享切磋。阿尔文·托夫勒曾说过：21世纪的文盲不是那些不会读写的人，而是那些不会学习、摒弃已学内容并不再学习的人。也许，我们都该摒弃浮躁，静下心来，脚踏实地地努力学习属于自己的新技能，做一个新时代的水手，奔赴所有尚未到达的码头。

系列教材主编 李涛
于北京

第2版前言

本书介绍

本书是"十三五"职业教育国家规划教材,因其案例式编写思想以及"教、学、做"一体化的模式而获得了艺术设计教育界和广大艺术设计爱好者的一致好评。随着软件版本及相关技术的不断更新和设计内容的不断丰富,为了更加全面地满足广大读者朋友的学习要求,并结合目前最新的数字艺术类课程教改成果,紧跟设计行业理念、技术发展,本书编者在原有版本的基础上不断优化、更新内容,通过补充拓展阅读的方式,将新知识、新技术、新工艺及时融入教材修订及改版中,并与行业企业密切联系,内容及时反映产业升级和行业发展动态,从而满足数字艺术设计应用型人才培养需求。

主要修订内容

1. 软件版本升级为VRay 3.0+3ds Max 2016。
2. 重新调整内容结构,使其更加合理。
3. 对原来的教学案例进行调整和替换,使其更符合目前的教学需求。针对新增的设计内容,增加了新的教学案例,特别是重点介绍具有典型中国传统美学特色的室内设计。
4. 丰富了配套实训和课后练习,新增了部分教学课件,进一步推动现代信息技术与教育教学深度融合。课后练习采用"即测即评"模式,手机扫描二维码即可随扫随学。
5. 为了适应新的教学形式,配备了"智慧职教"数字课程(www.icve.com.cn)。以前未在本平台注册的用户,请先注册。用户登录后,在首页或"课程"频道搜索本书对应课程"VRay+3ds Max 室内效果案例"进行在线学习。除微课之外,本书的实例、素材等电子资源均可下载。

配套教学资源

本书提供了立体化教学资源,包括教学课件(PPT)、高质量教学视频、案例和拓展训练的素材及源文件、课后练习答案等。教学微课以二维码形式在书中相应位置出现,随扫随学,以强化学习效果,通过众多的配套资源,希望能为广大师生在"教"与"学"之间铺垫出一条更加平坦的道路,力求使每一位读者通过本书的学习均可达到一定的职业技能水平。

本书由李涛组编,由蔡丽芬、付景珊、吴永财担任主编,文继伟、乔晓刚、金颖平、张兴华、闫晓勇担任副主编,参与编写的还有陈俊、成守泽等。具体分工如下:蔡丽芬编写第1、2章,付景珊编写第3章,文继伟编写第4章,吴永财编写第5、6章,乔晓刚编写第7、8章,金颖平编写第9章,张兴华编写第10章,闫晓勇编写第11章。由于编者水平有限,疏漏之处在所难免,恳请广大读者批评指正。

编　者

2022年9月

第1版前言

关于3ds Max 2012+VRay 2.0

3D Studio Max,简称为3ds Max或Max,是Autodesk公司开发的基于PC系统的三维动画渲染和制作软件,其前身是基于DOS操作系统的3D Studio系列软件。

Autodesk 3ds Max是全功能的3D建模、动画、渲染和视觉特效解决方案,广泛应用于游戏、电影和视频的制作。3ds Max 2016因其随时可以使用的基于模板的角色搭建系统、强大的建模和纹理制作工具包以及通过集成的Mental Ray软件提供的无限自由网络渲染而享誉世界。

VRay是Chaos Group公司开发的一款渲染器,主要外挂于3ds Max平台。VRay渲染器主要用于室内外装潢设计、建筑设计等的渲染。同时VRay渲染器也能产生一些特殊的效果,如次表面散射、光迹追踪、焦散和全局照明等。VRay真实的光线能创建出专业的照片级效果,且在获得高品质渲染效果的同时还能保证较快的渲染速度,所以目前很多制作公司使用它来制作建筑动画和效果图。

本书内容

随着我国室内装修设计市场的迅速发展和装饰公司的大量出现,室内效果图制作行业的人才需求量大大增加,许多院校和社会培训机构都开设了相应的软件课程以适应市场需要。虽然有些制作者的软件运用已经很熟练,但由于缺乏相应专业知识的支撑和科学的软件操作技巧,导致其效果图制作水平长期得不到提高,很难制作出细致、真实、生动的效果图来抢占市场、争夺客户,在竞争中处于劣势。

基于以上想法,我们编写了这本《3ds Max 2012+VRay室内效果图案例教程》,希望能够带给读者耳目一新的感受,帮助读者在效果图表现方面更上一层楼。

全书共分11章,各章主要内容如下。

第1章,室内效果图快速入门。我们把这部分内容单独提炼出来作为本书的开篇之章,目的是为了让读者能够快速地了解效果图的制作流程,以便对后面的学习奠定良好的基础。

第2章,VRay的基础知识。全面、深入地诠释了VRay的所有控制参数,采用"理论叙述+对比测试"的讲解模式,帮助读者全面掌握VRay各个参数的含义。

第3章,VRay的质感表现。全面讲解了金属、玻璃、瓷器、布料、石料、木料等材质的质感表现,包括材质设置、渲染设置、后期处理等内容。

第4章,简约客厅。从一个客厅模型的制作入手,从模型到材质、灯光以及渲染都进行了详细而深入的讲解。

第5章,冷暖空间。从一个冷暖空间入手,讲解了物理摄像机的使用,冷暖空间的把握,以及后期调整冷暖感觉的方法。

第6章,光影空间。光影关系是一个画面构成中最重要的部分。本章系统全面地讲解了如何利用VRay渲染器来调整光影空间中明暗的对比。

第7章,黑白空间。黑白空间是一类非常难表现的空间类型,因为它没有其他的色彩。本章系统全面地讲解了用VRay渲染器来表现黑白空间的技巧。

第8章，豪华卧室。卧室是人们日常生活中停留时间最长的空间之一，对大家来说都已经很熟悉了。本章通过一个卧室的表现，全面讲解了卧室空间表现的注意事项和表现技巧。

第9章，展厅空间。展厅是一类很特殊的空间，本章对展厅空间做了详细认真的讲解。

第10章，办公室空间，第11章，酒店大厅。通过两个工装的空间来学习工装空间的表现技巧和表现方法。

本书采用3ds Max 2012中文版+VRay 2.0进行教学，读者必须使用3ds Max 2012以上的版本来学习本书。

配套教学资源

本书提供了立体化教学资源，包括教学课件（PPT）、高质量教学视频、案例素材和源文件、课后练习答案、行业和企业认证模拟题及答案等。教学课件、课后练习答案、认证模拟题及答案请联系编辑获取（QQ：1548103297）。对于一些操作性较强的部分，读者可以通过观看视频来强化学习效果。通过众多的配套资源，希望能为广大师生在"教"与"学"之间铺垫出一条更加平坦的道路，力求使每一位学习本书的读者均可达到一定的职业技能水平。

本书由刘刚、郭文朝主编。由于时间仓促，疏漏之处在所难免，恳请广大读者批评指正，以便修订时更加完善。

编　者

Chapter 1 室内效果图快速入门

- 1.1 室内效果图行业分析和制作要求 ·················· 2
  - 1.1.1 行业分析 ·················· 2
  - 1.1.2 制作要求 ·················· 2
  - 1.1.3 对制作人员的要求 ·················· 2
- 1.2 室内效果图的表现流程 ·················· 3
  - 1.2.1 渲染设置 ·················· 3
  - 1.2.2 指定材质 ·················· 6
  - 1.2.3 灯光设置和测试渲染 ·················· 9
  - 1.2.4 最终出图 ·················· 12
- 1.3 知识与技能梳理 ·················· 13
- 1.4 课后练习 ·················· 13

Chapter 2 VRay基础知识

- 2.1 3ds Max的渲染器 ·················· 15
  - 2.1.1 3ds Max自带的默认渲染器 ·················· 15
  - 2.1.2 Mental Ray 渲染器 ·················· 15
  - 2.1.3 FinalRender 渲染器 ·················· 16
  - 2.1.4 Brazil r/s 渲染器 ·················· 16
  - 2.1.5 VRay 渲染器 ·················· 17
- 2.2 VRay的全局光系统 ·················· 17
  - 2.2.1 全局光介绍 ·················· 17

  2.2.2 全局光面板分析 ················· 18
  2.2.3 全局光实例——简单卧室 ············ 25
2.3 VRay的毛皮系统 ······················ 26
  2.3.1 毛皮介绍 ····················· 26
  2.3.2 毛皮面板分析 ··················· 26
  2.3.3 毛皮实例——地毯的制作 ············ 28
2.4 VRay的置换系统 ······················ 29
  2.4.1 置换介绍 ····················· 29
  2.4.2 置换面板分析 ··················· 29
  2.4.3 置换实例——客厅地毯 ············· 31

2.5 VRay的代理系统 ······················ 33
  2.5.1 代理物体介绍 ··················· 33
  2.5.2 代理面板分析 ··················· 33
  2.5.3 创建代理物体和导入代理物体 ·········· 34
2.6 VRay的灯光系统 ······················ 35
  2.6.1 VR-灯光 ···················· 36
  2.6.2 VRayIES ···················· 37
  2.6.3 VR-环境灯光 ·················· 38
  2.6.4 VR-太阳 ···················· 38
  2.6.5 VR-天空 ···················· 39

2.7 VRay的物理相机 ······················ 40
  2.7.1 物理相机介绍 ··················· 40
  2.7.2 物理相机面板分析 ················ 40

2.8 VRay的景深 ························ 43
  2.8.1 景深介绍 ····················· 43
  2.8.2 景深实例 ····················· 44
2.9 知识与技能梳理 ······················· 45
2.10 课后练习 ·························· 45

Chapter 3 VRay的质感表现

- 3.1 材质基础知识 ·· 47
  - 3.1.1 什么是材质 ··· 47
  - 3.1.2 材质环境搭建 ······································· 48
- 3.2 金属材质表现 ·· 50
  - 3.2.1 金属材质分析 ······································· 50
  - 3.2.2 金属材质设置 ······································· 51
  - 3.2.3 最终渲染设置 ······································· 57
  - 3.2.4 金属材质后期处理 ··································· 59

- 3.3 玻璃材质表现 ·· 60
  - 3.3.1 玻璃材质分析 ······································· 60
  - 3.3.2 玻璃材质设置 ······································· 61
  - 3.3.3 最终渲染设置 ······································· 68
  - 3.3.4 玻璃材质后期处理 ··································· 70

- 3.4 瓷器材质表现 ·· 72
  - 3.4.1 瓷器材质分析 ······································· 72
  - 3.4.2 瓷器材质设置 ······································· 72
  - 3.4.3 最终渲染设置 ······································· 74
  - 3.4.4 瓷器材质后期处理 ··································· 76

- 3.5 其他材质表现 ·· 77
  - 3.5.1 布料材质表现 ······································· 77
  - 3.5.2 石料材质表现 ······································· 79
  - 3.5.3 木料材质表现 ······································· 80
- 3.6 知识与技能梳理 ·· 81
- 3.7 课后练习 ·· 81

Chapter 4 简约客厅

- 4.1 客厅空间分析 ········ 83
- 4.2 家具的建立 ········ 83
  - 4.2.1 创建桌子 ········ 83
  - 4.2.2 创建巴塞罗那椅 ········ 92
- 4.3 房间结构模型的建立 ········ 111
  - 4.3.1 创建墙体 ········ 111
  - 4.3.2 创建窗户 ········ 115
  - 4.3.3 创建摄像机 ········ 117
  - 4.3.4 创建阳光顶 ········ 118
- 4.4 模型检查 ········ 121
- 4.5 材质设置 ········ 124
  - 4.5.1 地板材质的设置 ········ 124
  - 4.5.2 白墙材质的设置 ········ 125
  - 4.5.3 磨砂金属材质的设置 ········ 126
  - 4.5.4 皮革材质的设置 ········ 126
  - 4.5.5 玻璃材质的设置 ········ 127
  - 4.5.6 其他材质的设置 ········ 128
- 4.6 灯光设置 ········ 129
  - 4.6.1 太阳光的设置 ········ 129
  - 4.6.2 草图渲染设置 ········ 129
  - 4.6.3 天光的设置 ········ 131
- 4.7 渲染参数设置 ········ 134
  - 4.7.1 最终图渲染设置 ········ 134
  - 4.7.2 AO(Ambient/Reflective Occlusion) 图的渲染 ········ 134
  - 4.7.3 材质通道的渲染 ········ 135
- 4.8 Photoshop 后期处理 ········ 136
- 4.9 知识与技能梳理 ········ 138
- 4.10 课后练习 ········ 139

Chapter 5 冷暖空间

5.1 冷暖空间分析·····················141
5.2 灯光设置·······················144
5.3 材质设置·······················146
5.4 渲染参数设置·····················152
5.5 线框图渲染·····················153
5.6 Photoshop后期处理·················154
5.7 知识与技能梳理····················156
5.8 课后练习······················156

Chapter 6 光影空间

6.1 光影空间分析·····················158
6.2 模型检查······················158
  6.2.1 草图渲染设置·················158
  6.2.2 曝光模式测试·················160
6.3 灯光设置······················161
  6.3.1 太阳光设置··················161
  6.3.2 天光设置···················162
  6.3.3 反射环境设置·················163
6.4 材质设置······················163
  6.4.1 木地板材质设置················163

6.4.2 金属顶材质设置·················165
6.4.3 沙发皮革材质设置···············165
6.4.4 玻璃材质设置··················166
6.4.5 毛发物体的使用················167
6.4.6 其他物体材质设置··············168
6.5 渲染参数设置·······················169
6.5.1 最终图渲染设置················169
6.5.2 材质通道的渲染················170
6.5.3 AO 的渲染····················170
6.6 Photoshop 后期处理··················171
6.7 知识与技能梳理······················172
6.8 课后练习···························172

Chapter 7 黑白空间

7.1 黑白空间分析······················174
7.2 模型检查·························174
    7.2.1 构图设置·····················174
    7.2.2 草图渲染设置·················175
7.3 灯光设置·························176
    7.3.1 环境模拟·····················176
    7.3.2 天光设置·····················176
7.4 材质设置·························178
    7.4.1 地板材质设置·················178
    7.4.2 沙发材质设置·················179
    7.4.3 金属材质设置·················179
    7.4.4 柜子材质设置·················180
7.5 测试渲染·························183

	7.5.1	出图尺寸设置	183
	7.5.2	灯光细分的调整	183
	7.5.3	渲染参数设置	183

7.6 Photoshop 后期处理 185

7.7 知识与技能梳理 186

7.8 课后练习 186

Chapter 8 豪华卧室

8.1 卧室空间分析 188

8.2 打开卧室模型 188

8.3 布光准备 189

8.4 灯光设置 190

8.5 补光设置 192

8.6 材质设置 193

    8.6.1 墙面与地面材质设置 193

    8.6.2 金属材质设置 195

    8.6.3 织制品材质设置 195

8.7 渲染设置 196

8.8 Photoshop 后期处理 197

8.9 知识与技能梳理 198

8.10 课后练习 198

Chapter 9 展厅空间

9.1 展厅空间分析 ·· 200
9.2 模型检查 ·· 200
  9.2.1 检查模型 ······································ 200
  9.2.2 渲染设置 ······································ 201
9.3 材质设置 ·· 203
  9.3.1 展厅材质的设置 ·································· 203
  9.3.2 部分家具材质的设置 ······························ 204
9.4 灯光设置 ·· 207
  9.4.1 主光的设置 ····································· 207
  9.4.2 辅助光的设置 ··································· 208
9.5 渲染参数设置 ·· 209
9.6 Photoshop后期处理 ···································· 210
9.7 知识与技能梳理 ·· 212
9.8 课后练习 ·· 212

Chapter 10 办公室空间

10.1 办公室空间分析 ······································· 214
10.2 太阳光与人造光源的使用 ······························· 214
10.3 曝光控制与辅助光设置 ································· 217
10.4 墙面材质的设置 ······································· 218
10.5 筒灯材质的设置 ······································· 219

10.6	地面材质的设置	220
10.7	工作台材质的设置	220
10.8	沙发材质的设置	221
10.9	灯光及曝光调整	222
10.10	渲染设置	223
10.11	Photoshop后期调整	223
10.12	知识与技能梳理	224
10.13	课后练习	224

Chapter 11 酒店大厅

11.1	酒店大厅空间分析	226
11.2	天光设置	226
11.3	人造光设置	228
11.4	材质设置	229
11.5	渲染参数设置	231
11.6	Photoshop 后期调整	232
11.7	知识与技能梳理	233
11.8	课后练习	234

Chapter 1

室内效果图快速入门

　　本章先对室内效果图制作行业的背景、制作要求和行业对制作人员的要求进行简单讲解,然后通过一个简单的实例让读者快速了解室内效果图制作的流程。

	知识点　　　　　　学习目标	了解	应用	创新	重点知识
学习要求	效果图制作要求	🚩			
	3ds Max的用途	🚩			
	认识3ds Max的界面		🚩		
	室内效果图的表现流程				🚩
	检查模型的目的	🚩			
	材质的简单指定	🚩			
	测试渲染的设置	🚩			

1.1 室内效果图行业分析和制作要求

1.1.1 行业分析

随着我国室内装修设计市场的迅速发展和装饰公司的大量出现，室内效果图制作行业的人才需求量大大增加，许多院校和社会培训机构都开设了相应的课程以适应市场需要。虽然有些制作人员的软件运用已经很熟练，但由于缺乏相应专业知识的支撑和科学的软件操作技巧，导致其效果图制作水平不高，很难制作出细致、真实、生动的效果图来抢占市场、争夺客户，在竞争中处于劣势。本书将通过多个案例来详细介绍室内效果图的制作方法和技巧，以期提高读者的制作水平。

微课：效果图行业分析

1.1.2 制作要求

要制作高水平的室内效果图，首先要明确优秀的效果图应该符合哪些要求，或者说要达到一个什么样的标准，总体来讲，可以归纳为以下4点。

1. 良好的布局和明确的风格

在效果图制作中，整体布局是整个制作的关键因素，只有在整体布局中做到合理安排人的活动区间、家具的摆放、设施与建筑的相互关系等才能有美观的装饰效果。有了好的布局再去进行装饰设计，就像在超级名模身上穿衣服一样，可以轻而易举地获得好的效果。

在室内效果图中，恰当的、吸引人的风格可以提升作品的表现力。另外，优秀的效果图必须要有好的理念，因为理念服务于整个制作，决定着表达的内容和风格，好的理念可以使整个作品流畅、自然。

2. 精良的制作

模型、材质及后期处理没有明显的技术错误，制作者要掌握设计、透视、比例、人体工程学等知识，并能够自由、合理地运用到效果图的制作中。

3. 合理的灯光、摄像机设置

在室内效果图中，灯光是营造环境氛围的重要手段，也是效果图制作中最难的部分。理想的灯光设置能够提升作品的表现力，并且有助于表达制作理念。

摄像机对于整个制图流程有着统观全局的重要意义，摄像机将自始至终地影响场景的构建和调整，在构图、建模和灯光设置三方面起到重要的作用。

4. 和谐的色彩、材质搭配

色彩是效果图给人的第一印象，是使用的装饰材料的直接外观效果，色彩、材质的搭配是否成功，决定着效果图能否在第一时间打动客户并造成强烈的视觉效果，也就决定了能否成功签下合同。

1.1.3 对制作人员的要求

要制作出符合以上要求的室内效果图，制作人员在日常的学习和工作中，应该做到以下3点。

1. 有一定的美术功底

制作人员有无美术功底间接地决定着效果图的好坏，因为在制作过程中要做材质搭配和色彩搭配等，所以美术功底很重要。

2. 能够熟练地运用软件

有了好的美术功底，就需要用软件把设计表达出来，这也是本书的重点所在。本书将从模型制作、材质设置、灯光设置及渲染后期等方面进行全面、系统、详细的讲解。

3. 建立自己的材质库和模型库

在3ds Max中，材质就是指对真实材料视觉效果的模拟。场景中的三维对象本身不具备任何表面特征，自然也就不会产生与真实材料相一致的视觉效果，要想产生与实际建筑材料相同的视觉效果，只有通过材质的模拟来做到，所以材质很重要，制作人员应该建立自己的材质库。

在室内效果图中，有些灯具、家具可以使用已经制作好的线架模型，只要把调用的线架调整到合适的尺寸，重新赋予和场景匹配的材质即可。因此，模型也应该按类别集中到硬盘上，形成一个模型库。由于高版本软件制作的模型在低版本软件中打不开，所以使用时要注意软件版本的差别。

1.2 室内效果图的表现流程

1.2.1 渲染设置

01 首先简单介绍一下室内效果图的表现流程，即打开场景文件，渲染设置，指定材质，灯光设置，测试渲染和最终出图。下面将根据该流程进行具体的介绍。

02 打开智慧职教网站本课程中的"Chapter1\卫生间\scenes\卫生间-start.max"文件。接着需要测试模型是否有问题，按【F10】键（或单击主菜单栏上的"渲染设置"按钮），打开"渲染设置"窗口，可见当前的渲染器是默认的扫描线渲染器。现在需要指定VRay渲染器，在"公用"选项卡中打开"指定渲染器"卷展栏，单击图中所示的按钮，然后在打开的"选择渲染器"对话框中指定"V-Ray Adv 3.00.08"渲染器，单击"确定"按钮，如图1-1所示。

03 为了节省渲染的时间，要将渲染尺寸改小一点，在"公用"选项卡中把渲染尺寸改为"700×525"。然后在"GI"选项卡中打开"全局照明"卷展栏，选中"启用全局照明（GI）"复选框，如图1-2所示，其他选项卡保持默认设置即可，这样VRay渲染器的设置就完成了。

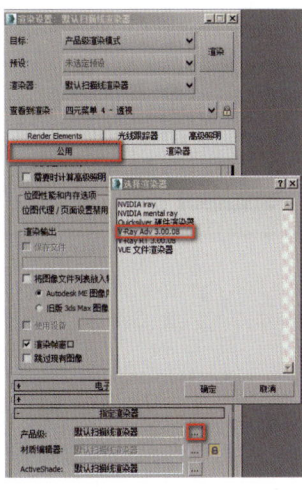

微课：
模型测试

图 1-1

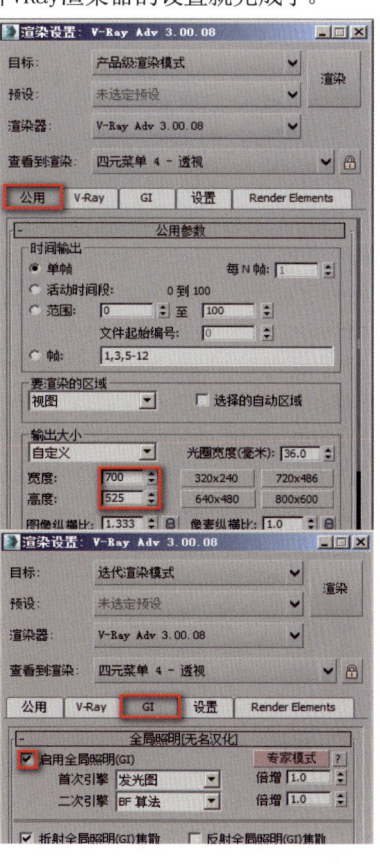

图 1-2

04 接下来就可以进行渲染了。如果直接渲染，场景中是两盏默认灯光，按【F10】键打开"渲染设置"窗口，进入"V-Ray"选项卡，关闭默认灯光，如图1-3所示。

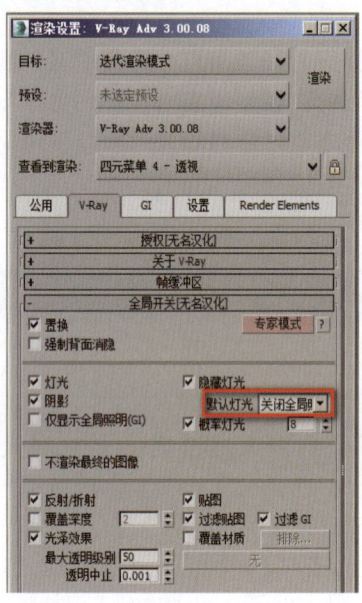

图 1-3

05 关闭默认灯光后，场景中就没有灯光了，但因为场景中是有窗户的，所以需要将天光打开。在"V-Ray"选项卡中打开"环境"卷展栏，选中"全局照明(GI)环境"复选框，如图1-4所示，这时就可以渲染了。

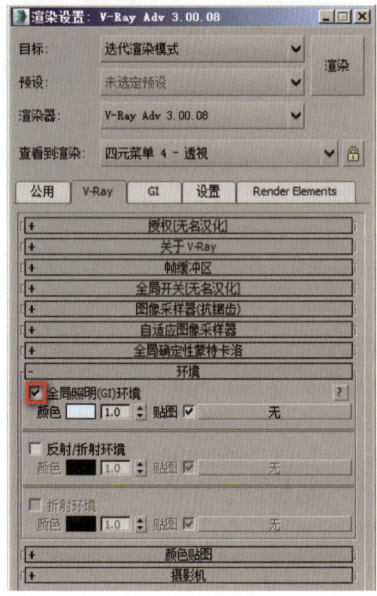

图 1-4

06 单击"渲染"按钮，得到如图1-5所示的效果，发现渲染出来的场景太暗了。

图 1-5

07 按【M】键打开"材质编辑器"窗口，选择一个默认的材质球，然后打开"渲染设置"窗口，在"V-Ray"选项卡中打开"全局开关"展卷栏，在其中选中"覆盖材质"复选框。再按【M】键打开"材质编辑器"窗口，将选好的默认材质球拖至"覆盖材质"下侧的"无"按钮上，然后设置材质球的漫反射颜色为白色（220），如图1-6所示。

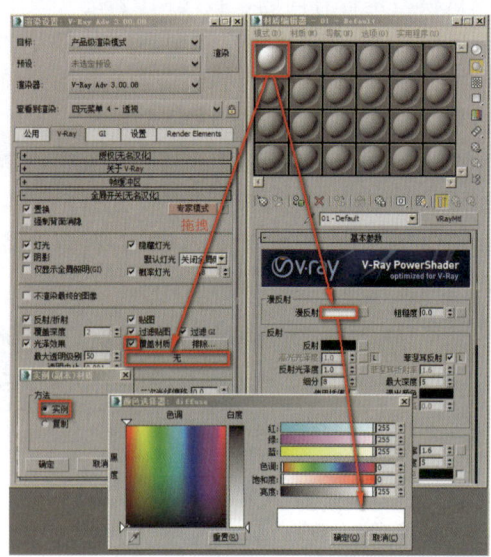

图 1-6

08 单击"渲染"按钮，得到如图1-7所示的画面。

09 可以发现场景比之前稍微亮一些，但总体还是太暗了，接下来继续调节默认材质球的漫反射颜色使其更亮。打开"渲染设置"窗口，把天光的倍增值（强度）改为"4.0"，如图1-8所示。

Chapter 1 室内效果图快速入门

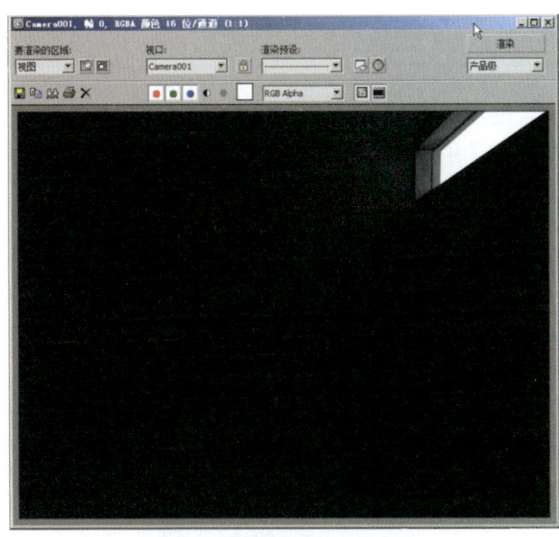

图 1-7

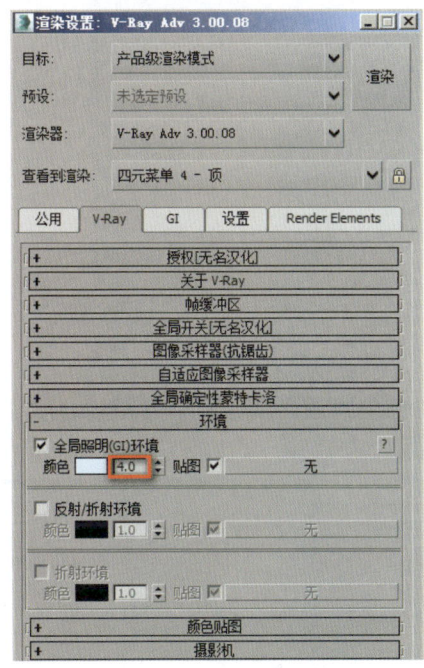

图 1-8

13 继续渲染，得到如图1-11所示的效果，很明显这种搭配方式的效果很好，建议读者可以尽量选择这种搭配方式来检查模型。

图 1-9

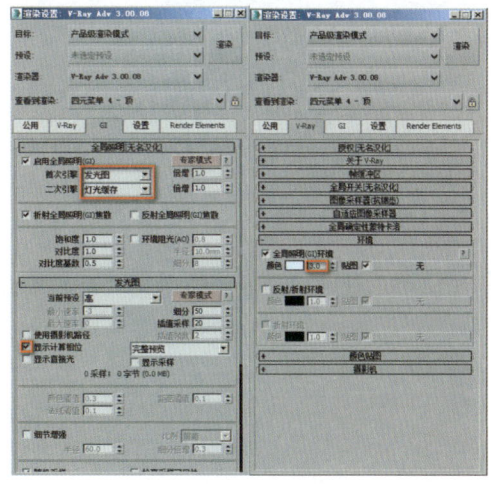

图 1-10

图 1-11

10 继续渲染，可以发现室内慢慢变亮了，如图1-9所示。

11 场景中如果没有黑面、重面、漏光，模型的检查就算完成了，至于场景中的黑斑如何消除会在后面讲到。

12 另外一种发光图的搭配操作如下。打开"渲染设置"窗口，选择"GI"选项卡，分别设置"首次引擎"为"发光图"、"二次引擎"为"灯光缓存"的搭配方式，选中"显示计算相位"复选框，然后把天光的倍增值（强度）改为"3.0"，如图1-10所示。

1.2.2 指定材质

01 通过观察最终渲染效果可以看出，整个场景的材质比较简单，主要有大面积的马赛克、不锈钢金属和瓷器三大种类。首先要为其指定赋予马赛克材质的物体，按【M】键打开"材质编辑器"窗口，选择一个VRayMtl标准材质球，然后在漫反射通道里指定一张位图，如图1-12所示。

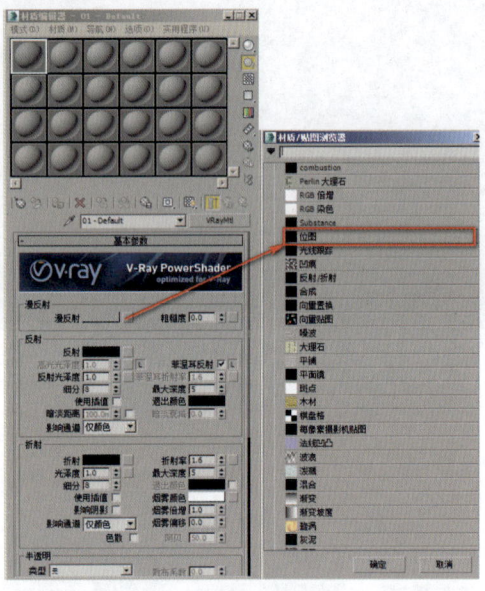

图 1-12

02 在智慧职教网站本课程中的"Chapter1\1.2.2指定材质\素材\scene assets images"文件夹中找到"Floors006_COLOR.jpg"贴图文件，单击"材质编辑器"窗口中的"在视口中显示标准贴图"按钮，将这张贴图显示在模型上，可以发现这个贴图是有问题的，因此这里只选用其中一部分，如图1-13所示。

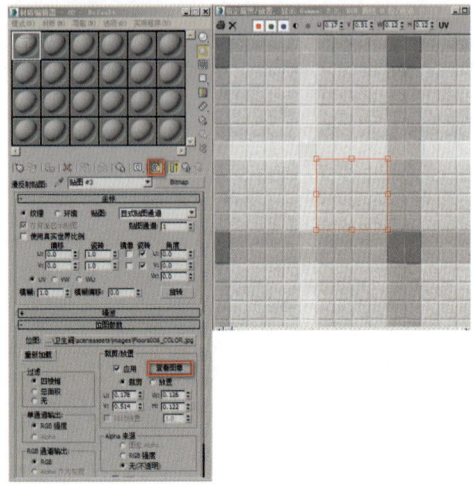

图 1-13

微课：
简单材质设置

03 进入"材质编辑器"窗口，单击"转到父对象"按钮，并打开"贴图"卷展栏，将漫反射通道里的贴图拖至凹凸通道里，在弹出的对话框中选择"实例"单选按钮，再单击"确定"按钮，如图1-14所示。

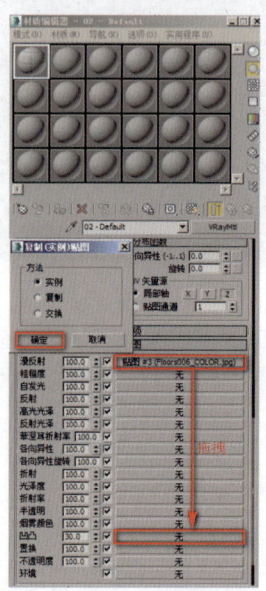

图 1-14

04 从效果图上可以看出这个马赛克材质是有一定反射的，所以首先给反射通道指定一张衰减贴图，然后调整衰减贴图前面的通道颜色为"29"，侧面为"138"，然后选择衰减类型为"Fresnel"，如图1-15所示。

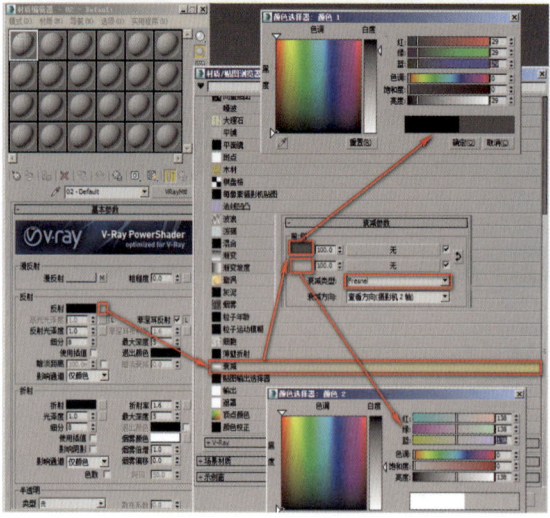

图 1-15

05 单击"转到父对象"按钮，把反射光泽度调整到"0.7"，如图1-16所示。至此，马赛克的材质设置完毕。

Chapter 1　室内效果图快速入门

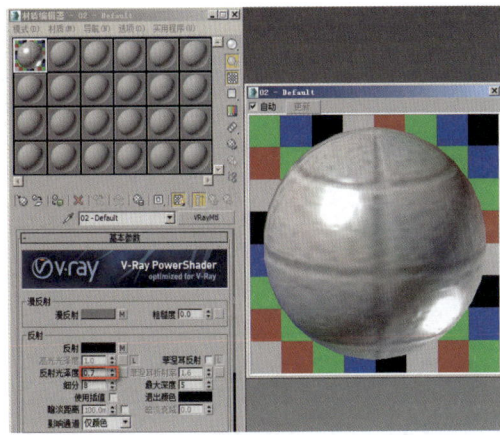

图 1-16

06 观察模型可以发现马赛克材质的贴图坐标是不正确的，在"修改"面板中为它添加一个贴图坐标，因为它是方形的，所以把贴图类型也指定成长方体，将其长度、宽度和高度都设置为"250mm"，参数设置如图1-17所示。

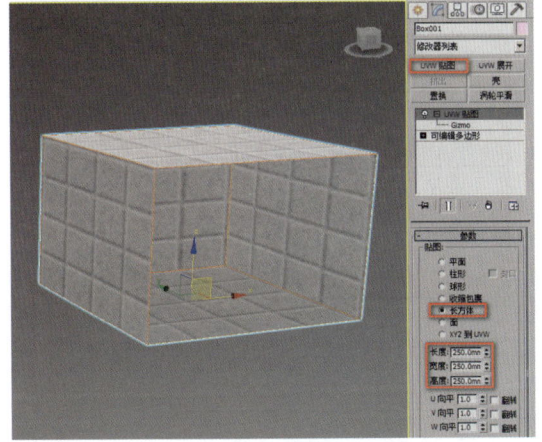

图 1-17

07 按照同样的方法将另外一面墙也指定马赛克材质，效果如图1-18所示。

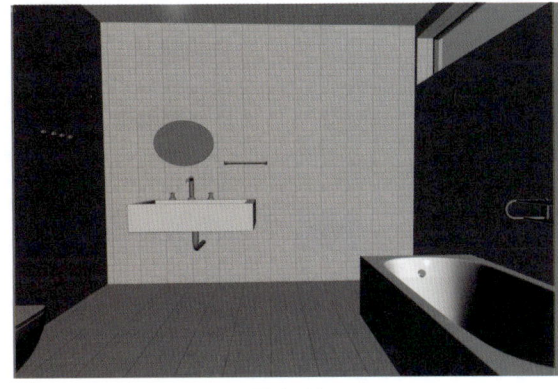

图 1-18

08 使用同样的方法把浴缸的外表面也指定为马赛克材质。为了使浴缸的马赛克材质和墙体的材质一样，可以选择浴缸模型，然后在"修改"面板中单击"获取"按钮，再单击墙体模型，在弹出的对话框中选择"获取绝对值"单选按钮。这样，就为浴缸指定了与墙体一模一样的马赛克材质，如图1-19所示。

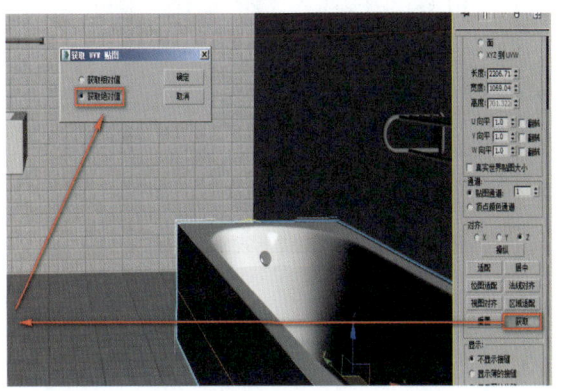

图 1-19

09 接下来设置镜面的材质。将漫反射设置为较暗的颜色（例如0），将反射设置为较亮的颜色（例如245），将反射光泽度设置得小一些，调整至"0.96"即可，这时可以单击"显示背景"按钮，看一下材质的效果，然后将其指定给墙上的镜子，参数设置如图1-20所示。

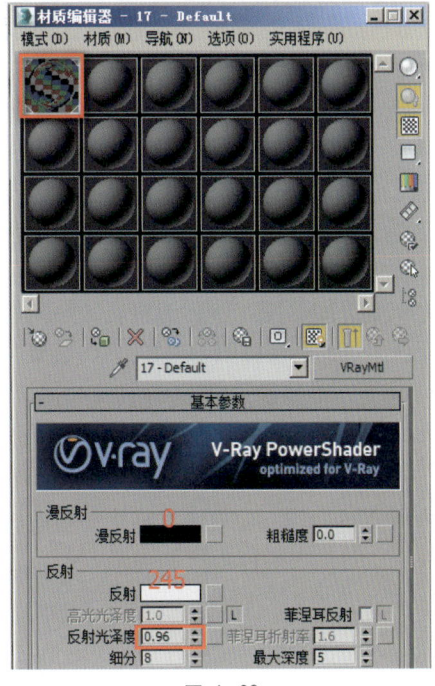

图 1-20

7

10 下面设置场景中所有的不锈钢金属物体的材质。按【Alt+Q】组合键依次选择它们，统一给它们指定一个材质球，并将漫反射设置为暗色（例如34），将反射设置为最亮（例如255），将反射光泽度调整至"0.8"，具体参数设置如图1-21所示。

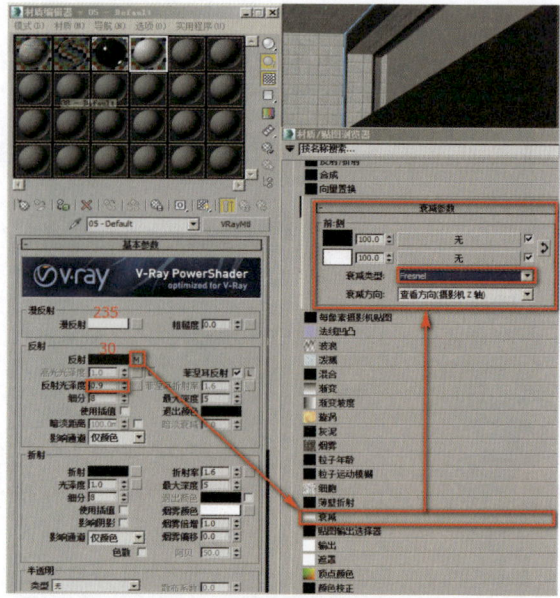

图 1-22

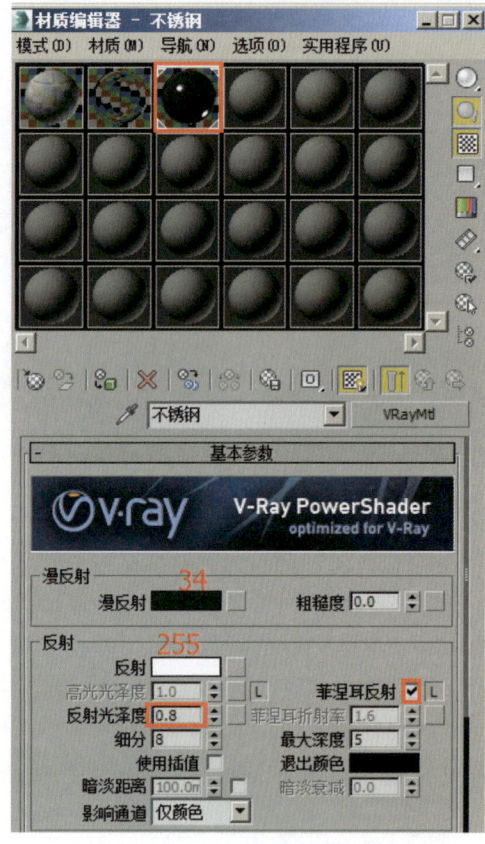

图 1-21

11 接着给场景中所有的瓷器物体设置材质，包括浴缸内侧。按【Alt+Q】组合键依次选择它们，统一给它们指定一个材质球，并将漫反射设置为白色（例如235），将反射设置为黑色（例如30），将反射光泽度调整至"0.9"。给反射通道指定一张衰减贴图，然后调整衰减贴图前面的通道颜色为"29"、侧面为"138"、衰减类型为"Fresnel"，具体参数设置如图1-22所示。

12 下面选择窗框，给窗框指定一个VRayMtl标准材质球，将漫反射的颜色设置为偏蓝的颜色，将反射设置为"25"，具体参数设置如图1-23所示。至此，材质指定的工作就完成了。

图 1-23

Chapter 1 室内效果图快速入门

1.2.3 灯光设置和测试渲染

01 指定材质以后，接下来要进行灯光的布置和测试渲染的设置。上一小节介绍过一些渲染设置，下面看看具体的设置过程。按【F10】键打开"渲染设置"窗口，选择"GI"选项卡，分别设置"首次引擎"为"发光图"、"二次引擎"为"BF算法"的搭配方式，这种搭配方式渲染出来的图更真实一些。选中"显示计算相位"复选框，如图1-24所示。

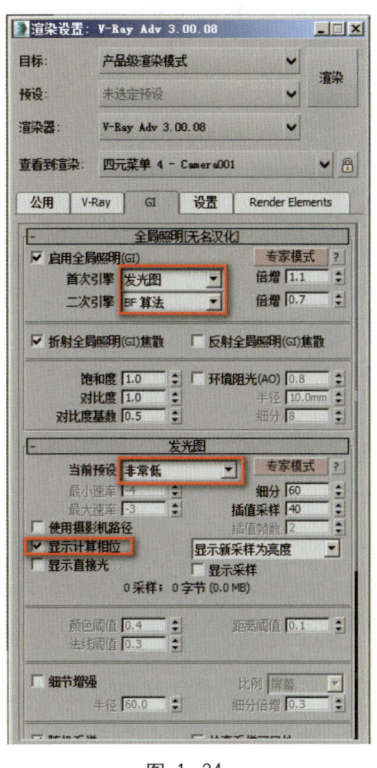

图 1-24

微课：灯光参数测试

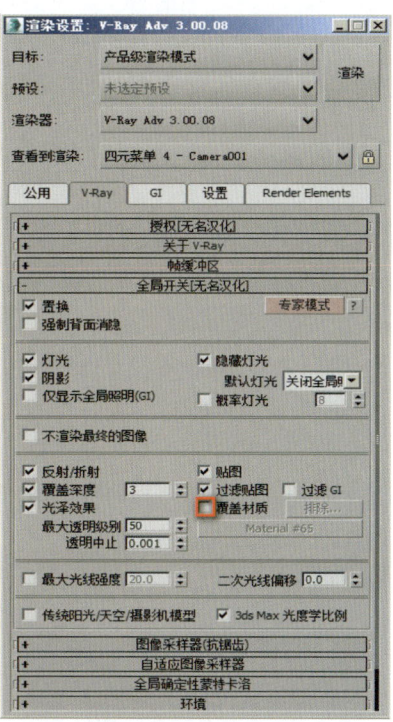

图 1-25

02 选择"V-Ray"选项卡，展开"全局开关"卷展栏，取消选中"覆盖材质"复选框，如图1-25所示。

03 一般在渲染高质量的效果图时，不采用全局照明，因为全局照明是模拟天光的，渲染出来不真实。因此要打开"环境"卷展栏，在其中取消选择"全局照明（GI）环境"复选框，如图1-26所示。

04 渲染效果图时通常是这样模拟天光的：单击"创建"下的"灯光"按钮，打开"灯光"面板，在"标准"下拉列表框中选择"VRay"，然后单击"VR-灯光"按钮，并在左视图中拖曳创建光源，最后调整一下位置和光照方向，如图1-27所示。

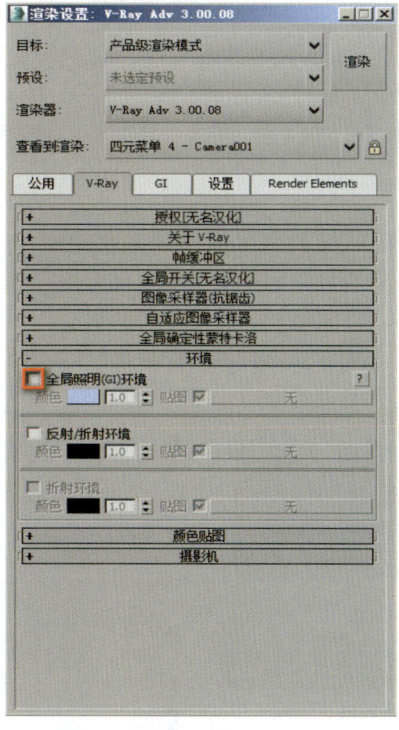

图 1-26

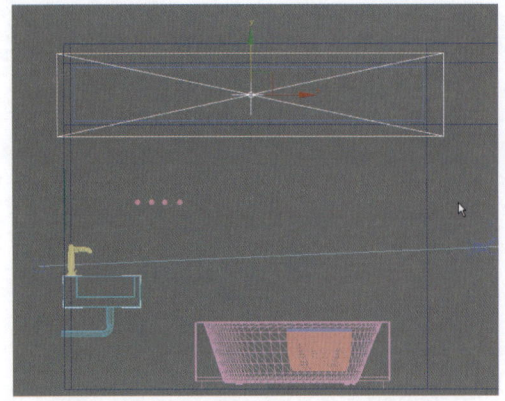

图 1-27

05 在"修改"面板中暂时设置灯光的倍增值为"31.0",这里选中"不可见"复选框,然后单击"渲染"按钮,得到如图1-28所示的效果。

07 下面设置曝光模式,打开"渲染设置"窗口,打开"V-Ray"卷展栏,选择"颜色贴图"卷展栏把"类型"改为"指数",灯光暂时不改。刚才明显感觉渲染很慢,需要在"图像采样器(抗锯齿)"卷展栏中将图像采样器的"类型"改为"自适应",并关闭图像过滤器,如图1-30所示。

图 1-28

06 从测试渲染图中可以发现并分析出很多问题,例如不锈钢的质感很差,有的模型还没有指定材质,灯光已经曝光了,渲染设置的参数有点高了等。接下来把材质的设置再修改一下,金属材质的参数修改如图1-29所示。

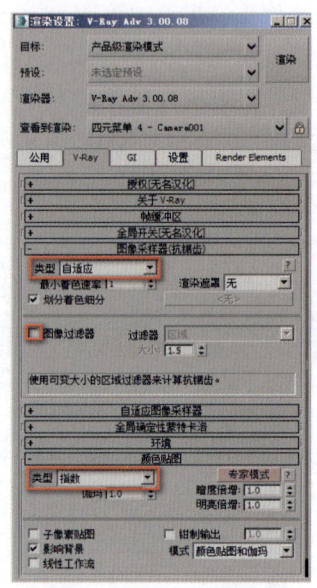

图 1-30

08 在"GI"选项卡中设置发光图的"当前预设"模式为"自定义",如图1-31所示。

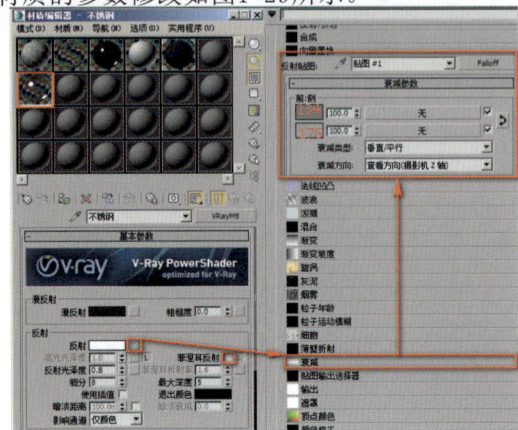

图 1-29

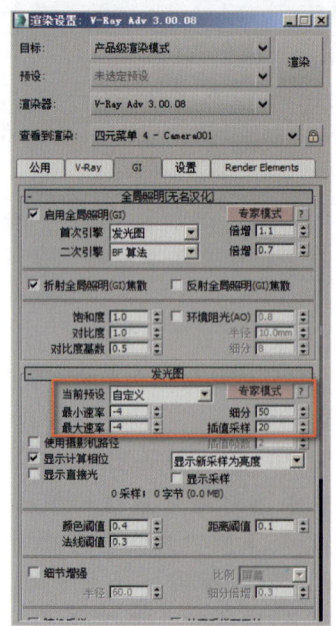

图 1-31

09 单击"渲染"按钮发现效果明显好多了，如图1-32所示。

图 1-32

10 通过这次渲染发现灯光依然曝掉了，按【8】键打开"环境和效果"窗口，设置背景色为浅蓝色（R:193，G:218，B:255），如图1-33所示。

图 1-33

11 让面片灯离窗户稍微远一些，并且方向为斜向下照射，然后再创建一个光源。单击"创建"下的"灯光"按钮，打开"灯光"面板，在"标准"下拉列表框中选择"VRay"，然后单击"VR-灯光"按钮，并在前视图中拖曳创建一盏面片灯，设置灯光类型为"球体"。然后取消选中"影响高光"和"影响反射"复选框，并且设置灯光大小为"144.614mm"，如图1-34所示。

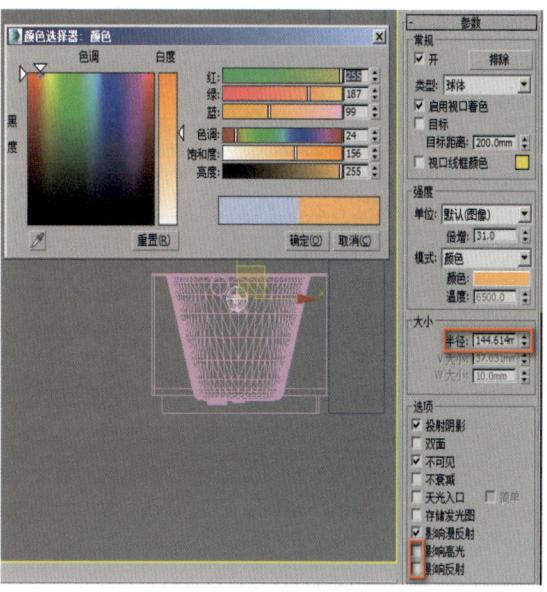

图 1-34

12 单击"渲染"按钮，得到如图1-35所示的效果。

图 1-35

13 通过观察发现整个图面亮度太高，这跟灯光设置有关系。在此减小一下球体灯的半径，为了得到更好的室外效果，把室外的VRay面片灯设置的更蓝一些，打开"渲染设置"窗口，将二次引擎的倍增值设置为"0.7"，如图1-36所示。

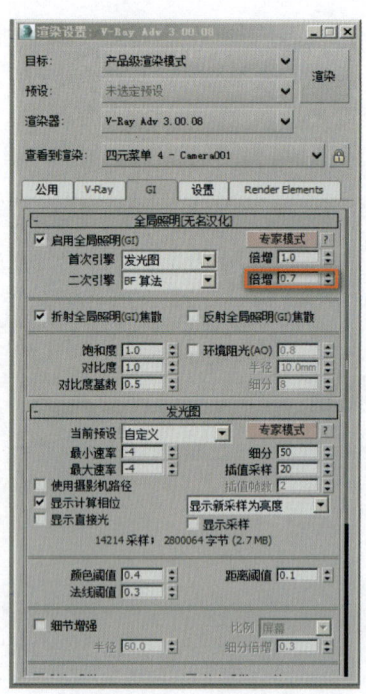

图 1-36

14 单击"渲染"按钮,得到如图1-37所示的效果。

图 1-37

1.2.4 最终出图

01 打开"渲染设置"窗口,将画面的尺寸设置为"2000×1500",如图1-38所示。

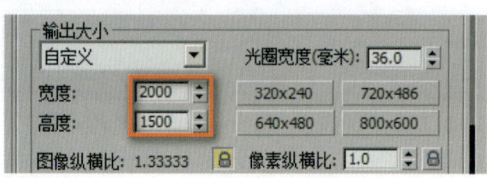

图 1-38

02 在"渲染输出"选项组中单击"文件"按钮,指定一个位置,并设置为自动保存,如图1-39所示。

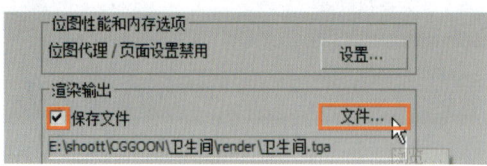

图 1-39

03 设置图像采样器的"类型"为"自适应",打开图像过滤器,并选择"Blackman"。然后设置"自适应图像采样器"的"最小细分"和"最大细分"分别为"1"和"5",如图1-40所示。

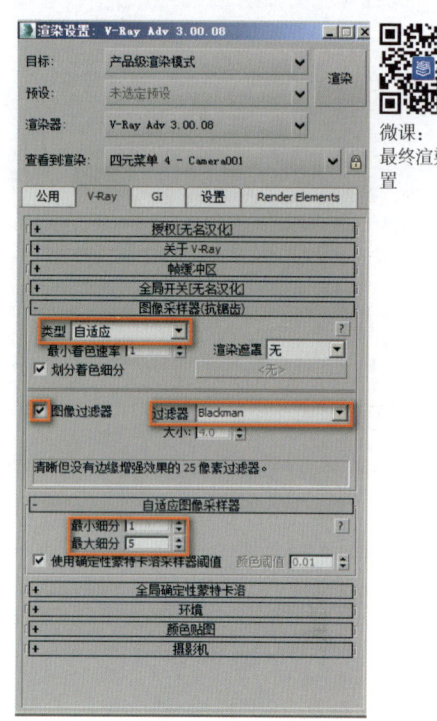

微课:
最终渲染设置

图 1-40

04 进入"GI"的设置,启用全局照明,设置"首次引擎"为"发光图"、"二次引擎"为"BF算法"。在"发光图"卷展栏中设置"当前预设"为"中"、"细分"为"80"、"插值采样"为"30",并选中"显示计算相位"复选框,如图1-41所示。

05 前面是VRay渲染器的设置,接下来设置一下灯光,将VRay面片灯的"细分"改为"32",然后单击"渲染"按钮开始渲染,最终效果图如图1-42所示。

图 1-42

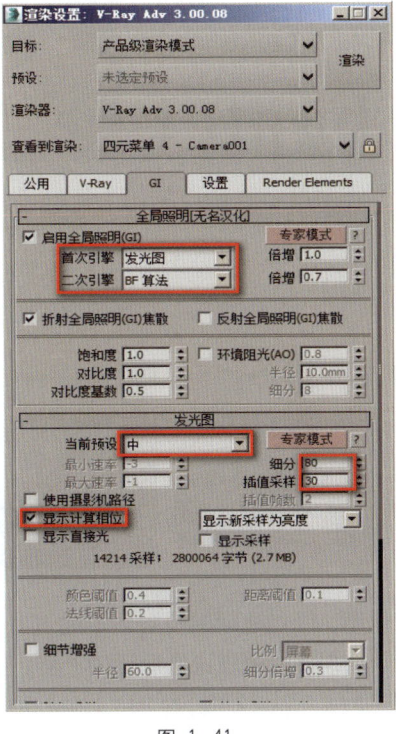

图 1-41

1.3 知识与技能梳理

本章通过一个简单的小案例,让读者能够快速地了解如何制作一张室内效果图。其中涉及了室内效果图制作的整个流程:模型、材质、灯光、渲染。在后面的章节中对此会有更详细的讲解。

1.4 课后练习

一、选择题(共3题),扫二维码进入即测即评。

二、简答题

1. 为什么在拿到模型师建好的模型后的第一件事是检查模型?

2. 在3ds Max 2016中,如果不小心将主工具栏删除了,怎样才能将其调出使用呢?

1.4 课后练习

Chapter 2

VRay基础知识

随着CG技术的不断发展，对于建模和渲染的要求也越来越高，经过建模的模型需要通过渲染将其质感表现出来，因此渲染器扮演着重要的角色。2001年对于3ds Max用户来说是幸运的一年，在这一年，3ds Max平台上出现了几款令人激动的高质量渲染器，如Mental Ray、FinalRender、Brazil r/s、VRay等。这些渲染器为3ds Max带来了许多新的技术，其中应用最为广泛的是全局光照明。本章首先简单介绍3ds Max的这几款渲染器，然后重点介绍VRay渲染器的相关知识。

	知识点　　　　　学习目标	了解	应用	创新	重点知识
学习要求	渲染器的基础知识	🚩			
	3ds Max自带的默认渲染器	🚩			
	了解VRay渲染器的界面	🚩			
	VRay的全局光系统	🚩			
	VRay的毛发系统	🚩			
	VRay的置换系统	🚩			
	VRay的代理系统	🚩			
	VRay的灯光系统	🚩			
	VRay的物理相机	🚩			
	VRay中景深的概念		🚩		

2.1 3ds Max的渲染器

2.1.1 3ds Max自带的默认渲染器

3ds Max自带的默认渲染器为Scanline（扫描线）渲染器。扫描线渲染是一行一行进行线性扫描计算的一项技术和算法集，所有待渲染的多边形首先按照顶点y坐标出现的顺序排序，然后使用扫描线与列表中前面多边形的交点计算图像的每行或者每条扫描线，在活动扫描线逐步沿图像向下计算的时候更新列表，丢弃不可见的多边形。

这种方法的一个优点是不必将主内存中的所有顶点都转到工作内存，只有与当前扫描线相交、边界的约束顶点才需要读取工作内存，并且每个顶点数据只需读取一次。主内存的速度通常远远低于中央处理单元或者高速缓存，避免了多次访问主内存中的顶点数据，可以大幅度地提升运算速度。该类算法可以很容易地与 Phong Reflection Model、Z-buffer算法及其他图形技术集成到一起。

在Mental Ray、FinalRender、Brazil r/s、VRay等全局光渲染器出现以前，扫描线渲染起到了很关键的作用，如果用户能出色地使用扫描线渲染，也可以得到很好的渲染效果，如图2-1所示。

图 2-1

2.1.2 Mental Ray渲染器

Mental Ray渲染器是由 Mental Images公司开发的一种多功能渲染器，能够模拟出物理上正确的照明效果，包括光线跟踪反射、折射、焦散和全局照明，其出色的渲染效果如图2-2所示。

(a)　　　　　　　　　　　　(b)

图 2-2

2.1.3 FinalRender渲染器

FinalRender是一款较为折中的渲染器，速度和质量趋于平衡，其渲染效果如图2-3所示。Micro Triangle Displacement（微三角形面取代）是一种高级的渲染方法，能够帮助用户创建更加真实的表面，而且该技术还支持全局光照和其他的光线跟踪效果。该技术通过生成和替换额外的三角形面的方法，使用户能够为模型创建出具有更多细节的表面。值得一提的是，这些额外的三角形面只在渲染的时候才被创建出来，这意味着在建模和平时的操作中，不用创建大量的三角形面来消耗系统的内存。

(a)

(b)

图 2-3

2.1.4 Brazil r/s渲染器

Brazil r/s是一款为实现超高图像质量而开发的渲染器。其高级的算法、新的思想和可延展的结构体系能满足几乎所有效果的需要，包括最高级的照片级效果。高精度的模型使灯光和表面可以按照用户所期望的方式渲染。Brazil r/s渲染器的渲染效果如图2-4所示。

(a)

(b)

(c)

图 2-4

2.1.5 VRay渲染器

VRay是Chaos Group公司开发的一款渲染器,主要外挂于3ds Max平台,目前面向Maya、Rhino、Sketchup等3D程序接口的VRay渲染器也已陆续推出。Chaos Group公司提供了两种类型的程序安装版本,一种是基本安装版本,另一种是高级安装版本。

基本安装版本价格较低,具备最基本的功能,主要使用对象是学生和业余爱好者;而高级安装版本增加了一些附加功能,面向的是专业人士。VRay渲染器主要用于室内外装潢设计、建筑设计等的渲染。同时,VRay渲染器还能产生一些特殊的效果,如次表面散射、光迹追踪、焦散和全局照明等。VRay渲染器真实的光线能创建出专业的照片级效果,且在获得高品质渲染效果的同时还能保证较快的渲染速度。所以,目前很多制作公司使用它来制作建筑动画和效果图。

除了渲染效果逼真和渲染速度快的优势以外,VRay渲染器还有"焦散之王"的称号。VRay渲染器在焦散方面的效果是所有渲染器中最好的,其天光和反射的效果也非常好,真实度几乎达到了照片的级别。参数设置简单是VRay渲染器的另外一大特色,其控制参数完全内嵌在材质编辑器和渲染设置中,可使初学者快速入门。请扫描二维码,学习VRay渲染器的界面设置方法。图2-5所示为表现焦散效果的VRay作品。

拓展阅读:
VRay渲染器
的界面设置

图 2-5

2.2 VRay的全局光系统

2.2.1 全局光介绍

全局光(GI,global illumination)是三维软件中的特有名词。众所周知,光具有反射和折射的性质。在真实的大自然中,光从太阳照射到地面是经过无数次的反射和折射的,所以人们看到地面的任何地方都是清晰的(白天)。在三维软件中,光虽然也具有现实中光的所有性质,但是光的热能传递却不是很明显。

所以在渲染的时候，为了实现真实的场景效果，就要在渲染器中指定全局光。全局光是采用光子贴图来实现的。当光从光源被发射出来后，碰到障碍物会反射和折射，经过无数次的反射和折射，物体表面和角落都会有光感，像真实的自然光。全局光对内存的占用比较多，它属于间接照明，缩写为GI。

GI是用于描述一个考虑了场景中所有方面的光照系统。通常，它所得到的结果非常接近于真实事物的光照效果。传统的渲染引擎（扫描线）只考虑直接光照，不考虑反射光，然而反射光才是一个场景中灯光的最重要的组成部分。目前的一些渲染器有比VRay更加精确、功能更加丰富的光照系统，但是这些渲染器在计算真实光照效果的同时，需要耗费大量的渲染计算时间。而VRay渲染器的GI却可以花费较短的渲染时间得到出色的光照效果，实现了品质与速度的平衡。图2-6所示为VRay渲染器GI表现的优秀作品。

(a)　　　　　　　　　　　　　　　　　　(b)

图 2-6

2.2.2　全局光面板分析

按【F10】键打开"渲染设置"窗口，选择"GI"选项卡，如图2-7所示。该选项卡中包含了4个卷展栏，分别是"全局照明""发光图""BF算法计算全局照明（GI）"和"焦散"。

在灯光没有直射的地方没有出现纯黑现象，这是因为光的反射属性，也就是人们常说的全局光的原因。GI系统必须考虑的一个基本属性就是光的反射属性，其中包括光线的漫反射、衍射、折射等多种反射，如图2-8所示。当光照到一个物体上时，其表面吸收部分光（即波粒），其他的光反射到场景中并对场景起到一定的照明效果。下面就来介绍VRay渲染器的全局光系统。

1. "全局照明"卷展栏

（1）启用全局照明（GI）

此复选框决定是否计算场景中的间接光照明。

（2）焦散

焦散描述的是GI产生的焦散光学现象，可以由天光、自发光物体等产生。但是由直接光照产生的焦散不受该选项的控制，可以使用单独的"焦散"卷展栏中的参数来控制直接光照的焦散。

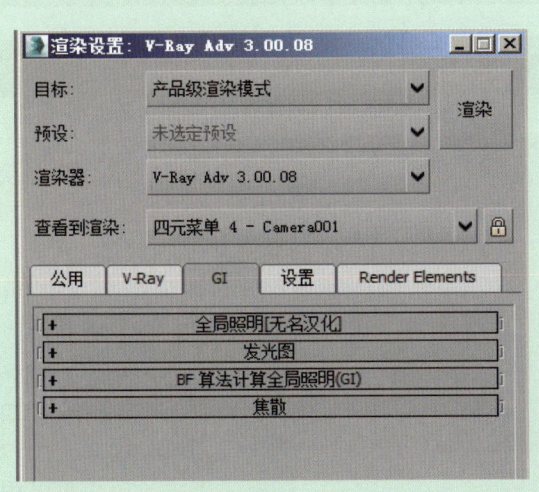
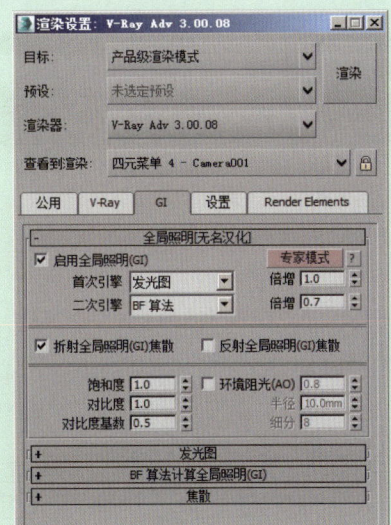

图 2-7   图 2-8

折射全局照明（GI）焦散：间接光穿过透明物体（如玻璃）时是否会产生折射焦散。
反射全局照明（GI）焦散：间接光照射到镜射表面的时候是否会产生反射焦散。

（3）后期处理

主要对间接光照明在增加到最终渲染图像前进行一些额外的修正。

饱和度：控制GI的饱和度。
对比度：与下面的"对比度基准"配合使用起作用，增强GI的对比度。
对比度基准：定义对比度增强的基本数值，确保GI的值在对比度计算过程中保持不变。

（4）首次引擎

倍增：确定初级漫射反弹的强度。采用默认值"1"可以得到一个很好的效果。其他数值也是允许的，但是没有默认值精确。

首次引擎选项：允许用户为首次反弹选择一种GI渲染引擎，可供选择的4种GI引擎为发光图、光子图、BF算法、灯光缓存。

发光图：选择该选项将使用发光贴图来作为初级漫反射GI引擎。
光子图：选择该选项将使用光子贴图来作为初级漫反射GI引擎。
BF算法：选择该选项将使用穷尽计算来作为初级漫反射GI引擎。
灯光缓存：选择该选项将使用灯光缓存来作为初级漫反射GI引擎。

（5）二次引擎

倍增：确定在场景照明计算中次级漫射反弹的强度。采用默认值"1"可以得到较好的效果。其他数值也是允许的，但是没有默认值得到的间接照明效果真实。

二次引擎选项：允许用户为二次反弹选择一种GI渲染引擎，可供选择的4种GI引擎为无、光子图、BF算法、灯光缓存。

无：该选项表示不计算场景中的次级漫射反弹。使用该选项可以产生没有间接光色彩渗透的天光图像。

光子图：选择该选项将使用光子贴图来作为二次反弹GI引擎。
BF算法：选择该选项将使用穷尽计算来作为二次反弹GI引擎。
灯光缓存：选择该选项将使用灯光缓存来作为二次反弹GI引擎。

2．"全局光子图"卷展栏

当设置"首次引擎"为"发光图"引擎时，"发光图"卷展栏被激活，如图2-9所示。

● 技巧 提示

如果用户将"首次反弹"和"二次反弹"的"倍增"值都设置为默认值"1",可以得到非常精确的物理照明图像。

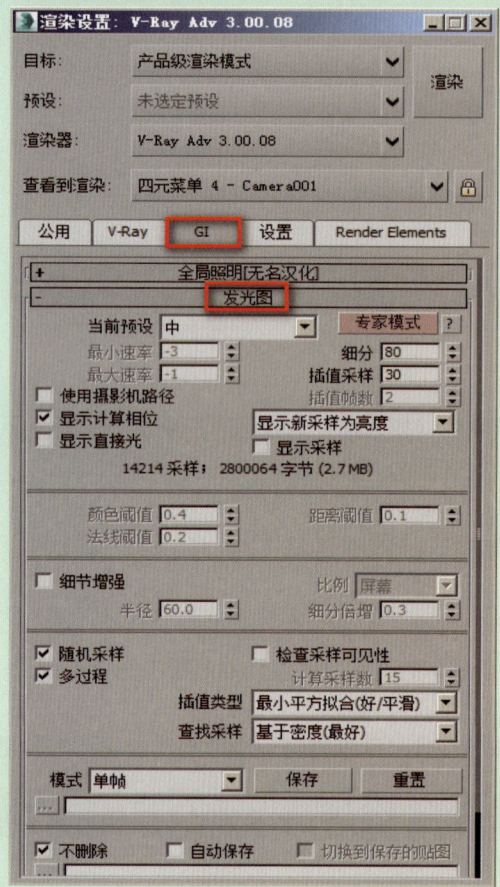

图 2-9

发光图基于灯光缓存技术,其基本思路是仅计算场景中某些特定点的间接照明,然后对剩余的点进行插值计算。

（1）当前预设

系统提供了8种预设的模式供用户选择,用户可以使用这些预设设置"自定义""非常低""低""中""中-动画""高""高-动画""非常高",如图2-10所示。

自定义：选择该模式,用户可以根据自己的需要设置不同的参数,这也是默认的选项。

非常低：该模式仅在预览时使用,只表现场景中的普通照明。

低：该模式是一种低品质的用于预览的预设模式。

中：该模式是一种中等品质的预设模式,如果场景中不需要太多的细节,大多数情况下可以产生较好的效果,可用于最终渲染输出。

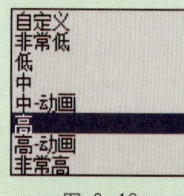

图 2-10

中-动画：该模式是一种中等品质的预设动画模式,目标就是减少动画中的闪烁。

高：该模式是一种高品质的预设模式,可以应用于很多情形之下,包括具有大量细节的动画。

高-动画：该模式主要用于解决"高"预设模式下渲染动画闪烁的问题。

非常高：该模式是一种极高品质的预设模式,一般用于有大量细节或极复杂的场景渲染中。

（2）基本参数

最小速率：该参数确定原始GI首次传递的分辨率。

最大速率：该参数确定GI通道的最终分辨率,类似于自适应细分图像采样器的最大比率参数。

● 技巧 提示

这些预设模式都是针对典型的640×480分辨率的图像的,如果要使用更大的分辨率,则需要调低预设模式中的最小速率和最大速率的值。

颜色阈值：该参数确定"发光图"算法对间接光照明变化的敏感程度。较大的值意味着较小的敏感性，较小的值将使"发光图"对照明的变化更加敏感（因而可以得到更高品质的渲染图像）。

法线阈值：该参数确定"发光图"算法对表面法线变化及表面细节的敏感程度。较大的值意味着较小的敏感性，较小的值将使发光图对表面曲率及细节的变化更加敏感。

距离阈值：该参数确定"发光图"算法对两个表面距离变化的敏感程度。值为"0"时意味着"发光图"完全不考虑两个物体间的距离，较大的值将在两个物体之间接近的区域放置更多的样本。

细分：该参数决定个体的GI样本的品质。较小的值可以获得较快的速度，但可能会产生黑斑；较大的值可以得到平滑的图像。它类似于直接计算的细分参数。

插值采样：此参数定义被用于插值计算的GI样本的数量。

显示计算相位：选中该复选框，VRay渲染器在计算"发光图"的时候将显示"发光图"的传递，这使用户可以在最终渲染完成前对间接照明进行粗略观察。

显示直接光：该复选框只在"显示计算相位"复选框选中的时候才能被激活。

显示采样：选中该复选框后，VRay渲染器将在VFB窗口中以小圆点的形态直观显示。

> **● 技巧 提示**
>
> "细分"并不代表被追踪光线的实际数量，光线的实际数量接近于这个参数的二次方，并受DMC采样器相关参数的控制；"细分"对最终渲染图的影响很大，值越大，画面质量越好，速度却会变慢。

（3）细节增强

开启：该复选框用于确定是否打开增强效果。

比例：该选项有两种方式，分别为"屏幕"和"世界坐标"。

半径：该选项用于设置半径大小。

细分倍增：该选项用于设置细分值的大小。

（4）高级选项

插值类型：该选项在渲染中使用，系统提供了4种类型供用户选择，分别是"权重平均值（好/强）""最小平方拟合（好/平滑）""Delone三角剖分（好/精确）""最小平方权重/泰森多边形权重"，如图2-11所示。

查找采样：该选项在渲染过程中使用，它决定"发光图"中被用于插补基础的合适的点的选择方法。系统提供了4种方法供用户选择，分别是"平衡嵌块（好）""最近（草稿）""重叠（很好/快速）""基于密度（最好）"，如图2-12所示。

图2-11　　　　　图2-12

计算采样数：在"发光图"计算过程中使用，它描述的是已经被采样算法计算过的样本数量。

多过程：在"发光图"计算过程中使用。

随机采样：在"发光图"计算过程中使用。

检查采样可见性：在渲染过程中使用。

（5）模式

该选项组允许用户选择使用"发光图"的方法，如图2-13所示。

单帧：默认模式，在这种模式下对于整个图像计算一个单一的发光图，每一帧都计算新的发光图。

多帧增量：该模式仅在渲染相机移动（也称为相机游历动画）的帧序列时很有用。

从文件：使用这种模式渲染序列的开始帧时，VRay会简单地导入一个提供的"发光图"，这种模式也可以用于渲染相机游历动画，同时在网络渲染模式下也可以完成得很好。

添加到当前贴图：在这种模式下，VRay将计算全新的"发光图"，并把它增加到内存中已经存在的贴图中。

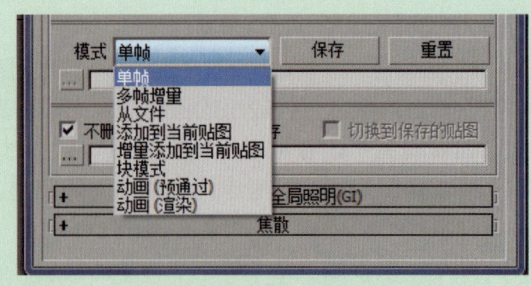

图2-13

增量添加到当前贴图：在这种模式下，VRay将使用内存中已存在的贴图，仅仅在某些没有足够细节的地方对其进行精炼。

块模式：在这种模式下，一个分散的"发光图"被运用在每一个渲染区域（渲染块）。这在使用分布式渲染的情况下尤其有用。

动画（预通过）：在跑光子的时候使用。

动画（渲染）：在调用光子渲染最终动画的时候使用。

预览：在选择"从文件"模式的时候，单击此按钮，可以从硬盘上选择导入一个已存在的发光贴图文件。

保存：单击此按钮，将当前计算的"发光图"保存到内存中已经存在的"发光贴图"文件中。

重置：单击此按钮，可以清除存储在内存中的"发光图"。

(6) 渲染结束时光子图处理

该选项组用于控制VRay渲染器在渲染过程结束后如何处理发光图。

不删除：此复选框默认是选中的，表示"发光图"将保存在内存中直到下一次渲染前；如果取消选中，VRay会在渲染任务完成后自动删除内存中的发光图。

自动保存：如果选中该复选框，在渲染结束后，VRay将文件自动保存到用户指定的目录。如果用户希望在网络渲染的时候每一个渲染服务器都使用同样的发光图，那么该功能尤其有用。

切换到保存的贴图：只有在选中"自动保存"复选框的时候才能被激活，选中的时候，VRay渲染器也会自动设置"发光图"为"从文件"模式，并将文件名称设置为以前保存的贴图文件的名称。

3. "灯光缓存"卷展栏

设置"首次引擎"或者"二次引擎"为"灯光缓存"引擎时，"灯光缓存"卷展栏被激活，如图2-14所示。

(1) 计算参数

细分：确定有多少条来自相机的路径被追踪。不过要注意的是，实际路径的数量是这个参数的二次方。例如，这个参数的默认设置为"1000"，那么被追踪的路径数量将是"1000000"。

采样大小：确定灯光缓存中样本的间隔。较小的值意味着样本之间相互距离较近，灯光缓存将保护照明中锐利的细节，不过会导致产生更多噪波，并且会占用较多的内存。根据灯光缓存"采样大小"模式的不同，该参数可以使用世界单位，也可以使用相对图像的尺寸。

比例：有两种选择（屏幕和世界），主要用于确定样本尺寸和过滤器尺寸。

存储直接光：选中该复选框后，灯光缓存中也将存储和插补直接光照明的信息。该复选框对于有许多灯光，使用"发光图"或直接计算GI方法作为"首次引擎"的场景特别有用。因为直接光照明包含在了灯光贴图中，不再需要对每一个灯光进行采样。不过要注意的是，只有场景中灯光产生的漫反射照明才能被保存。如果用户想使用灯光贴图来近似计算GI，同时又想保持直接光的锐利，请不要选中该复选框。

显示计算相位：选中该复选框可以显示被追踪的路径。它对灯光贴图的计算结果没有影响，只是给用户一个比较直观的视觉反

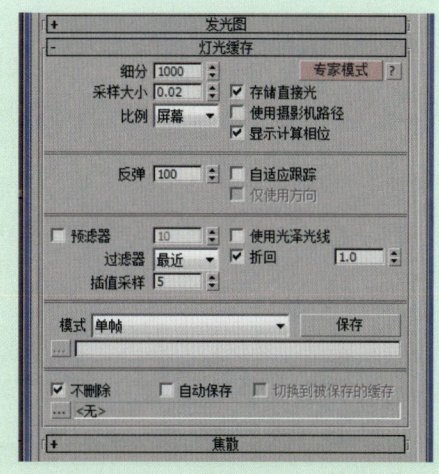

图 2-14

馈。在场景中带有场进行渲染的时候，该复选框可以忽略，因为在那种情况下，计算相位不会显示。

反弹："灯光缓存"分列在几个进程中被计算，然后组合成最后的"灯光缓存"。每一个进程使用独立于其他进程的独立线程进行渲染，这确保了"灯光缓存"在使用不同数量CPU时的兼容性。一般情况下，对于同样的样本数量来说，"灯光缓存"计算使用较少数量的进程时，所产生的噪波要少于使用较高数量的进程。对于非超线程的单一处理器来说，该值设置为"1"时可以获得最好的效果。

自适应跟踪：选中该复选框时，在追踪相机路径的过程中采用自适应的方式。默认情况下是不选中的。

(2) 重建参数

预滤器：选中该复选框时，在渲染前灯光贴图中的样本会被提前过滤。

过滤器：该选项确定灯光缓存在渲染过程中使用的过滤器类型。过滤器是确定在灯光缓存中以内插值替换的样本是如何发光的。

无：即不使用过滤。在这种情况下，最靠近着色点的样本被作为发光值使用，这是一种渲染速度最快的选项，但是如果灯光缓存具有较多的噪波，那么在拐角附近可能会产生斑点。用户可以使用上面提到的预先过滤来减少噪波。如果灯光贴图仅仅被用于测试目的或者只作为"二次反弹"使用，这个选项是最好的选择。

最近：过滤器会搜寻最靠近着色点的样本，并取它们的平均值。它对于使用灯光缓存作为次级反弹是有用的，它的特性是可以自适应灯光贴图的样本密度，并且几乎是以一个恒定的常量来进行计算。灯光缓存中有多少最靠近的样本被搜寻是由插补样本的参数值来决定的。

固定：过滤器会搜寻距离着色点某一固定距离内的灯光缓存的所有样本，并取平均值。它可以产生比较平滑的效果，其搜寻距离是由过滤尺寸参数决定的，较大的取值可以获得较模糊的效果，其典型取值是样本尺寸的2~6倍。

使用光泽光线：如果选中该复选框，"灯光缓存"将被用于计算平滑光线（常规GI以外的光线）的照明，这有助于加速具有平滑反射的场景的渲染速度。

插值采样：此参数定义被用于插值计算的GI样本的数量。较大的值会趋向于模糊GI的细节，使最终的效果很光滑；较小的值会产生光滑的细节，但是如果使用较低的半球光线细分值也可能会产生黑斑。

（3）光子图使用模式

在"模式"下拉列表框中有4个选项，如图2-15所示。

单帧：这种模式意味着对动画中的每一帧都计算新的灯光贴图。

穿行：使用这个模式意味着假定相机的位置或方位是整个过程中唯一改变的参数时，对整个相机游历动画计算一个灯光贴图。仅将激活时间段的相机运动考虑在内，此时建议使用世界比例。"灯光缓存"只在渲染开始的第一帧被计算，并在后面的帧中被反复使用而不会被修改。

从文件：在这种模式下，"灯光缓存"可以作为一个文件被导入。

渐进路径跟踪：在这种模式下，"灯光缓存"算法为最终图像渐进的使用样本。

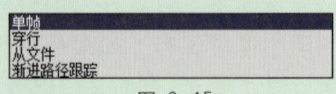

图 2-15

> ● 技巧 提示
>
> 首次反弹和二次反弹均为"灯光缓存"时，仅可用于草图的测试渲染。如果想达到好的效果，"发光贴图"与"灯光缓存"这种全局光搭配是很好的选择。

4."BF算法计算全局照明（GI）"卷展栏

"BF算法"是最简单、最原始的算法，这种方法是经由独立计算物体表面的每一个"阴影点"追踪每个点上的半球面不同方向的射线所计算出来的间接照明。

"BF算法"是一种程序设计的编写风格，这种程序并不带有任何投机取巧的方法来改善计算效率，纯粹只是依赖计算机的不断运算，尝试所有的可能性，直到最终答案被计算出来。虽然这种方法较为愚笨，而且计算速度缓慢，但可以用来测试其他快速计算方法的精确度。在计算机科学中，"BF算法"详尽无遗地搜索也被称为GT法（生成和测试），在大部分情况下等于"准蒙特卡罗方法"和"直接计算"。

"BF算法"其实就是"准蒙特卡罗"引擎的更早版本，一个接近于无偏计算的全局光计算方式，但又不同于Maxwell和Fryrender所使用的那种纯粹无偏计算，VRay对其进行了优化。因此，其计算精度还是相当精确的，同时渲染速度也很慢。当细分值较小时，会有杂点产生，其界面如图2-16所示。

细分：定义"BF算法"的样本数量。值越大效果越好，但速度越慢；值越小，产生的杂点会更多，速度相对快些。

反弹：当二次引擎选择"BF算法"以后，这个选项被激活，它控制二次引擎的次数，值越小，二次引擎越不充分，场景越暗。通常在值达到"8"以后，配置更高的值渲染效果也不会有很大变化了，并且值越高，渲染速度越慢。反弹值越小，光线反弹越不充分，暗部越暗，渲染时间越短；相反，反弹值越大，光线反弹越充分，暗部越亮，渲染时间越长。

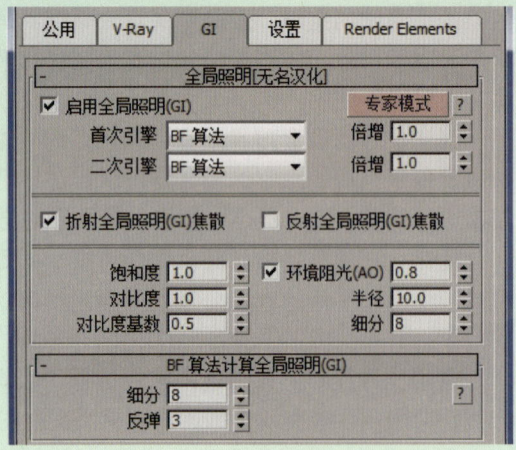

图 2-16

2.2.3 全局光实例——简单卧室

打开智慧职教网站本课程中的"Chapter2\2.2.3全局光\素材1-G1-no-2016.max"文件，先来看看没有打开全局照明的情况，参数设置如图2-17所示。

单击"渲染"按钮可以得到如图2-18所示的效果，可以看到图中用红色线框标出的地方出现了死黑的现象，这跟现实是不一样的，所以不开全局照明得不到想要的效果。

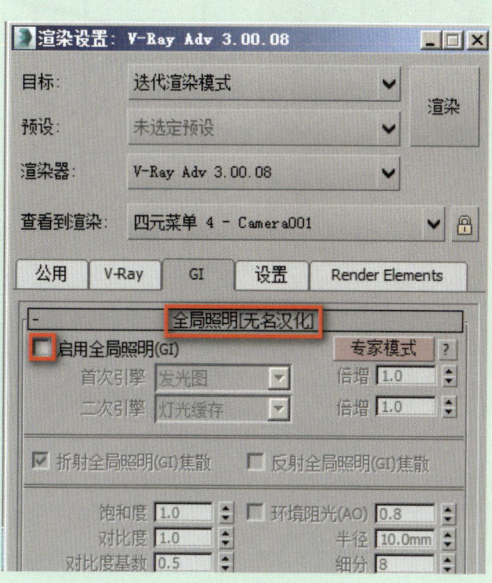

图 2-17

图 2-18

打开智慧职教网站本课程中的"Chapter2\2.2.3全局光\素材2GI-2016.max"文件，接下来进行全局照明设置，如图2-19所示。

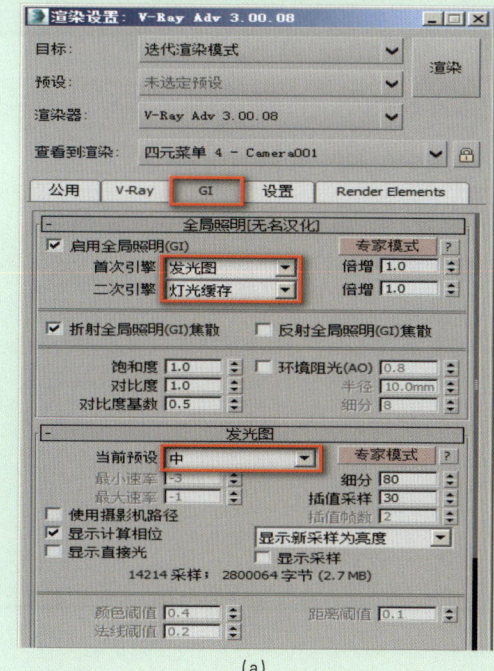

(a)

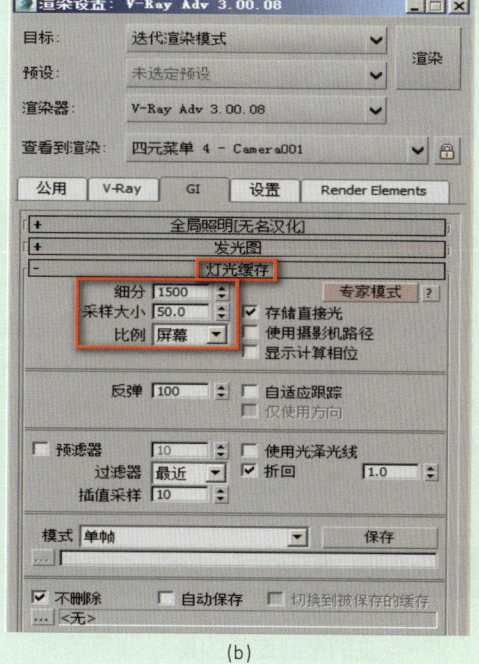

(b)

图 2-19

单击"渲染"按钮可以得到如图2-20所示的效果,从图中可以看出全局光已经发挥了作用,光的反弹现象非常明显,阴影部分也有很柔和的反弹光线,不再像图2-18一样出现死黑的现象。

● 技巧 提示

全局照明(GI)是VRay等高级渲染器很重要的一个优势,所以用VRay渲染器渲染图的时候读者一定要记得打开全局照明。

图 2-20

2.3 VRay的毛皮系统

2.3.1 毛皮介绍

VR-毛皮是一种能模拟真实物理世界中简单的毛发效果的功能,虽然效果简单,但是用途广泛,常用来表现毛巾、地毯、布料、草地等效果。

VR-毛皮是一个简单的毛皮插件,毛皮仅在渲染时产生,实际场景中并不会出现毛皮模型。创建毛皮物体,首先选择场景中的任意几何体,打开"创建"面板,单击"几何体",从下拉列表框中选择"VRay"选项,然后单击"VR-毛皮"按钮,以当前选择的几何对象为源物体产生一个毛皮对象。然后选择VR-毛皮对象,进入"修改"面板,即可对毛皮的参数进行修改,其参数如图2-21所示。

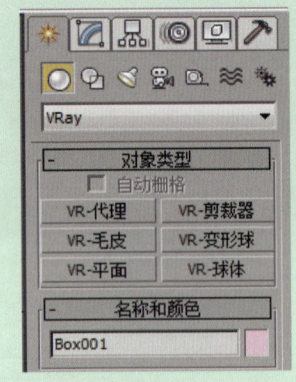

图 2-21

2.3.2 毛皮面板分析

VR-毛皮的参数面板如图2-22所示。

1. "参数"卷展栏

(1) 源对象

设置生成毛皮的几何体源。

长度：定义毛皮串的长度。

厚度：定义毛皮串的粗细。

重力：控制沿Z轴向下拖拉毛皮串的力量大小。

弯曲：控制毛皮的弯曲程度。

锥度：控制毛皮的锥化程度。

(2) 几何体细节

边数：控制毛皮几何形状的边数。

结数：毛皮串是作为几个连接的直片段来渲染的，此参数控制片段的数量。

平面法线：选中该复选框，毛皮串的法线在横跨毛皮串的宽度方向时不发生变化。虽然该效果不是非常精确，但它有助于毛皮的抗锯齿，也会使图像采样器的工作变得容易。取消选中该复选框时，毛皮串的法线在横跨毛皮串的宽度方向时会发生变化，使毛皮串看起来失真。

(3) 变化

方向参量：使从源物体产生的毛皮串的生长方向增加一些变化。任何正值都是有效的，此参数也取决于场景比例。

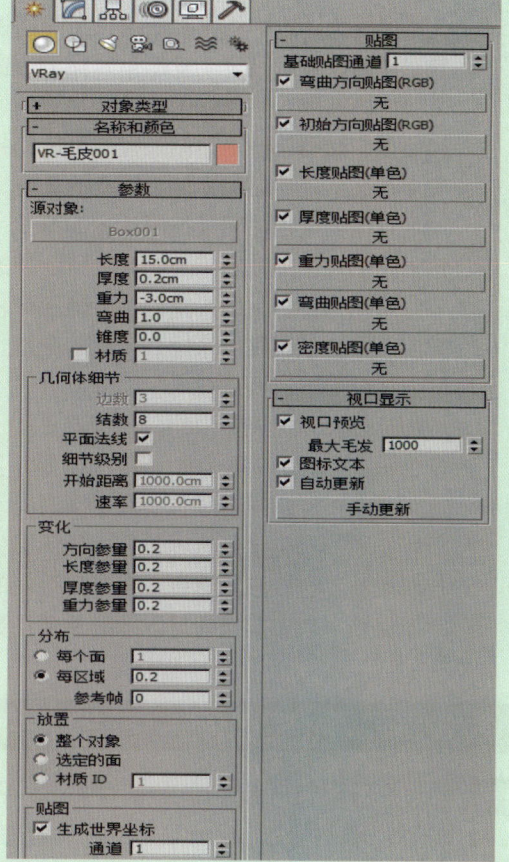

图 2-22

长度参量：为毛皮长度增加一些变化，取值范围为"0~1"。

厚度参量：为毛皮厚度增加一些变化，取值范围为"0~1"。

重力参量：为毛皮重力增加一些变化，取值范围为"0~1"。

(4) 分布

确定源物体上毛皮串的分布密度。

每个面：指定源物体每个表面上产生的毛皮串的数量，每个表面都将产生指定数量的毛皮串。

每区域：每一个特定表面的毛皮串数量取决于表面的尺寸，较小的表面毛皮串数量较少，较大的表面毛皮串的数量较多，每一个表面都至少有一个毛皮串。

参考帧：指定毛皮相关帧的数量。

(5) 放置

确定源对象的哪一个表面产生毛发串。

整个对象：在物体所有表面都产生毛皮。

选定的面：仅在选择的表面（如使用了网格选择修改器选择的表面）产生毛皮。

材质ID：仅在指定了材质ID号的表面产生毛皮。

(6) 贴图

生成世界坐标：一般情况下，所有的贴图坐标都是从源对象获得的，但是W向的贴图坐标可以被修改，用于描述毛皮串的偏移，而UV向的贴图坐标仍然来自于源对象。

通道：设置修改哪一个通道的W向贴图坐标。

2．"贴图"卷展栏

此卷展栏为毛皮的相关参数提供了贴图控制。

基础贴图通道：设置毛皮的基本贴图通道，默认是通道1。
弯曲方向贴图：使用贴图来控制毛皮的弯曲方向。
初始方向贴图：使用贴图来控制毛皮的初始方向。
长度贴图：使用贴图来控制毛皮的长度。
厚度贴图：使用贴图来控制毛皮的厚度。
重力贴图：使用贴图来控制毛皮所受到的重力影响。
弯曲贴图：使用贴图来控制毛皮的弯曲程度。
密度贴图：使用贴图来控制毛皮的密度。

3．"视口显示"卷展栏

控制毛皮物体在视图中的显示情况。

视口预览：选中该复选框，可以在视图中实时预览由于毛皮参数变化而导致的毛皮变化情况。
最大毛发：此选项设置在视图中实时显示的毛皮数量的上限。
图标文本：选中该复选框，可以显示图标及文字。
自动更新：选中该复选框，当改变毛发的参数时效果会即时显示在视图中。
手动更新：单击此按钮可以即时更新场景的显示。

2.3.3 毛皮实例——地毯的制作

01 打开智慧职教网站本课程中的"Chapter2\2.2.3毛发\素材\fur.max"文件，设置VR-毛皮的"长度"为"2.0cm"、"厚度"为"0.03cm"、"每区域"为"30.0"，其他参数以及渲染效果如图2-23所示。

02 接下来修改毛皮"长度"为"5.0cm"、"每区域"为"3.0"，最终渲染效果如图2-24所示。

> ● 技巧 提示
>
> 这里的重力值如果是正值，那么毛皮将向上生长，并且值越大毛皮越挺直；如果是负值，毛皮则向下生长，值越大毛皮越挺直。

03 从上面的渲染图可以看出，地毯的毛皮有些太直，而且弯曲度不够，整体毛皮也太稀少，所以根据这个情况，设置"重力"为"-10.0"cm、"弯曲度"为"1.0"、"每区域"为"40.0"，其他设置和最终渲染效果如图2-25所示。

> ● 技巧 提示
>
> 用毛皮系统来表现地毯材质是非常真实的，但是渲染速度会非常慢。毛皮还可以用来表现草等，在后面的章节中有提到。

微课：
毛皮实例

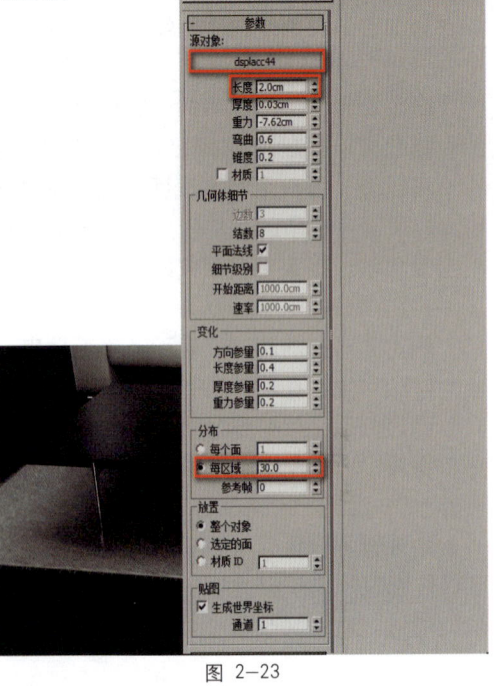

图 2-23

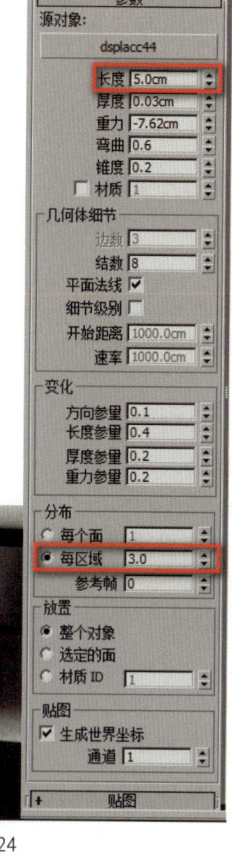

图 2-24

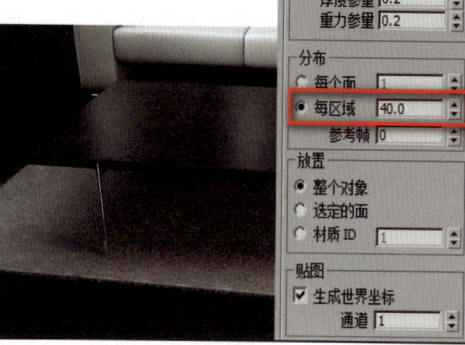

图 2-25

2.4 VRay的置换系统

2.4.1 置换介绍

VR-贴图置换是一种为场景中的几何体增加细节的技术，这个概念非常类似于凹凸贴图，但是凹凸贴图只是改变了物体表面的外观，属于一种光照模型效果，而贴图置换确实真正改变了对象的几何结构。

2.4.2 置换面板分析

VR-贴图置换的参数面板如图2-26所示。

1. 类型

设定贴图置换的类型。

2D映射（景观）：该方法是基于预先获得的纹理贴图来进行置换的，置换表面渲染的时候根据纹理贴图的高度区域来实现，置换表面的光线跟踪实际上是在纹理空间进行的，然后再返回到3D空间。这种方法的优点是可以保护置换贴图中的所有细节，但是它需要物体具有正确的贴图坐标。所以选用这种方法的时候，不能将3D贴图或者其他使用物体或世界坐标的纹理贴图作为置换贴图使用。置换贴图可以使用任何值（与3D贴图方式正好相反，它会忽略"0~1"以外的任何值）。

3D映射：这是一种常规的方法，将物体原始表面的三角面进行细分，按照用户定义的参数把它划分成更细小的三角面，然后对这些细小的三角面进行置换。它可以使用各种贴图坐标类型进行任意的置换，还可以使用在物体材质中指定的置换贴图。值得注意的是，3D置换贴图的范围为"0~1"，在这个范围以外的都会被忽略。

3D置换贴图是通过物体几何学属性来控制的，与置换贴图关系不大。所以几何体细分程度不够的时候，置换贴图的某些细节可能会丢失。

细分：此方法类似于3D贴图方法，不同之处在于，它将运用一种细分方法到物体上，其作用类似于网格光滑修改器。对于网格的三角面，将运用循环细分方法；对于四边面，将运用Catmull-Clark方法，而其他类型的多边形将首先转换为三角面。如果想平滑物体，设置置换数量为"0"，不运用置换贴图即可实现。

那么，如何选择置换方法呢？在VRay早期的版本中，这两种方式产生的效果有很大的不同，在大多数情况下，二维贴图方式非常快。但是随着动态几何学控制的引入，与二维贴图方式相比，3D贴图方式变得非常快，图像品质更好。对于有大量置换表面的场景，如海洋或山脉的静帧场景，选择二维贴图方式可能会更快一点。

二维贴图方式会让置换贴图保持预编译状态并保存在内存中，大量的置换贴图会占用更多的内存空间，在这种情况下使用3D贴图方式更为有效，因为它可以循环使用内存。

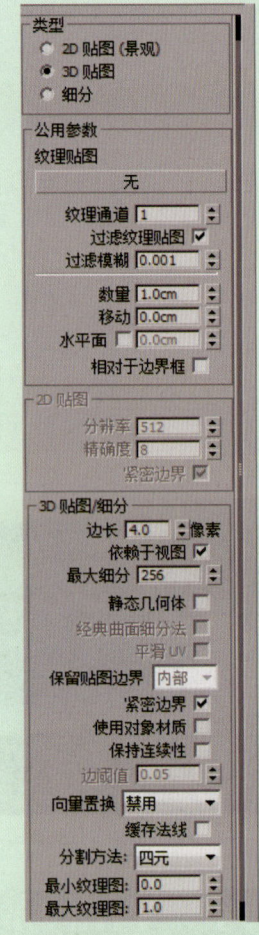

图 2-26

2. 公用参数

纹理贴图：选择置换贴图，可以是任何类型的贴图，其中包括位图、程序贴图、二维或三维贴图等。注意，对于二维贴图方式，用户只能使用具有外部贴图坐标的贴图，但是对于三维贴图方式就没有限制了，可以使用任何类型。如果选中"使用对象材质"复选框，这里选择的纹理贴图会被忽略。

纹理通道：贴图置换将使用UVW通道，如果使用外部UVW贴图，将与纹理贴图内建的贴图通道相匹配。但是在选中"使用对象材质"复选框的情况下，将会被忽略。

过滤纹理贴图：选中该复选框将过滤纹理贴图。但是在选中"使用对象材质"复选框的时候，将会被忽略。

过滤模糊：可以控制贴图的模糊程度。

数量：定义置换的数量，如果值为"0"，表示物体没有变化；较大的值将产生较强烈的置换效果；这个值也可以取负值，在这种情况下，模型表面将会凹陷下去。

移动：指定一个常数，将被添加到置换贴图评估中，有效地沿着法线方向上下移动置换表面。它可以是任何一个正数或负数。

水平面：当置换贴图评估位于某个确定值下方的时候，几何体表面置换会被限制。

相对于边界框：选中该复选框，置换的数量将相对于原始网格物体的边界。默认情况下是选中的。

3. 2D映射

分辨率：确定在VRay中使用的置换贴图的分辨率。如果纹理贴图是位图，将会很好地按照位图的尺寸匹配。对于二维程序贴图来说，分辨率要根据在置换中希望得到的品质和细节来确定。注意，VRay也会自动基于置换贴图产生一个法向贴图，来补偿无法通过真实表面获得的细节。

精确度：该参数与置换表面的曲率相关，平坦的表面精度相对较低（对于一个极平坦的表面甚至可以使用参数值"1"），崎岖的表面则需要较高的取值。在置换过程中，如果精度取值不够，可能会在物体表面产生黑斑，不过此时计算速度很快。

紧密边界：促使VRay为置换三角形计算更精确的限制容积。

4. 3D映射/细分

边长：确定置换的品质，原始网格物体的每一个三角形被细分成大量的更细小的三角形，越多的细小三角形就意味着在置换中会产生更多的细节，占用更多的内存，以及更慢的渲染速度，反之亦然。它的含义取决于"依赖于视图"的设置。

依赖于视图：选中该复选框，边长度以像素为单位确定细小三角形边的最大长度。值为"1"时，意味着每一个细小三角形投射到屏幕上最长边的长度是1像素。取消选中该复选框，则以世界单位来确定细小三角形最长边的长度。

最大细分：确定从原始网格的每一个三角面细分得到的细小三角形的最大数量，实际上产生的三角形的数量是以该参数的二次方来计算的。例如，"256"意味着在任何原始的三角面中最多产生256×256，共65536个细小三角形。把该参数值设置得太高是不可取的，如果确实需要得到较多的细小三角形，最好用进一步细分原始网格的三角面的方法代替。

紧密边界：选中该复选框，VRay将试图计算来自原始网格的被置换三角形的精确限制容积，这需要对置换贴图进行预采样。如果纹理具有大量黑或者白的区域，渲染速度将很快；如果在纯黑和纯白之间变化很大，置换评估会变慢。在某些情况下，关闭它可能渲染速度会很快，因为此时VRay将默认使用最差的跳跃量，并不对纹理进行预采样。

使用对象材质：选中该复选框，VRay会从物体材质内部获取置换贴图，而不理会这个修改器中关于获取置换贴图的设置。注意，此时应该取消3ds Max自身的置换贴图功能（位于渲染场景的"常规"卷展栏下面）。

保持连续性：选中该复选框，将在不同的光滑组或材质ID号之间产生一个没有裂缝的连接表面。请注意，使用材质ID号来结合置换贴图并不是一个非常好的方法，因为VRay无法保证表面总是连续的。建议使用其他的形式（顶点颜色、遮罩等）来混合置换贴图。

边阈值：选中"保持连续性"复选框时，用于控制在不同材质ID号之间进行混合的面贴图的范围。注意，VRay只能保证边连续，不能保证顶点连续。换句话说，沿着边的表面之间将不会有缺口，但是沿着顶点的表面则可能有裂口。基于这个原因，用户必须将这个参数设置得小一点。

2.4.3 置换实例——客厅地毯

01 打开智慧职教网站本课程中的"Chapter2\2.4.3 置换实例——客厅地毯\素材displacement.max"文件，这个客厅的材质灯光会在后面的章节中讲到，所以本节只设置地毯的材质。地毯材质设置如图2-27所示，在它的凹凸通道增加了一张贴图。

02 利用默认的渲染设置来渲染一下，看看不加置换时的地毯效果，渲染效果如图2-28所示。从图上可以看出凹凸的效果不是特别明显，但是渲染速度非常快。

03 接下来给地毯增加一个"VR-置换修改",贴图还是用前面的凹凸贴图,首先设置"VR-置换修改"的"数量"为"1.0cm",此时得到如图2-29所示的效果,相应参数设置如图2-30所示。由于置换的渲染速度要比凹凸的渲染速度慢很多,所以在渲染的时候读者一定要注意。

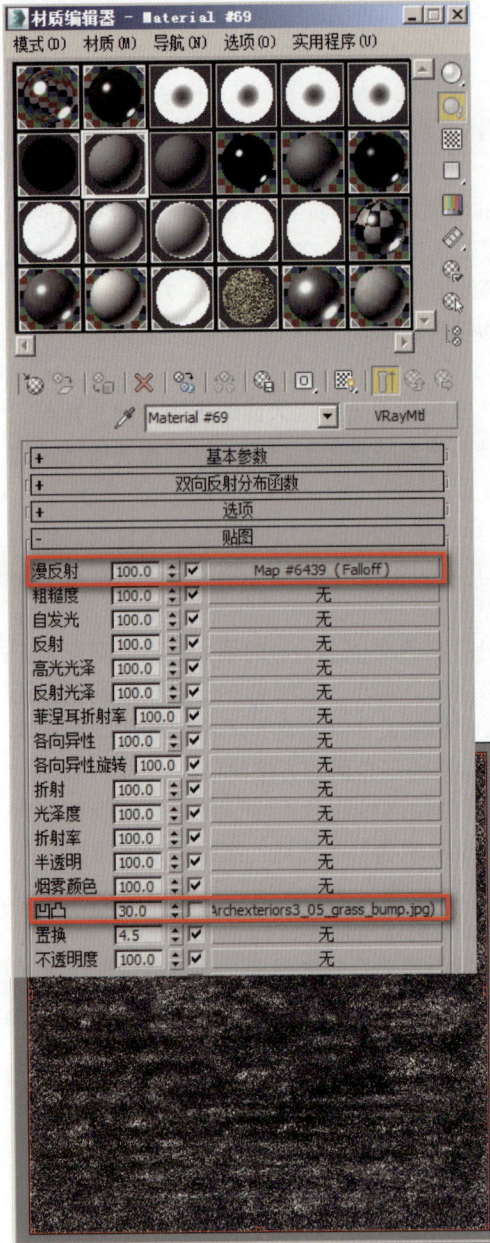

图 2-27

图 2-28

图 2-29

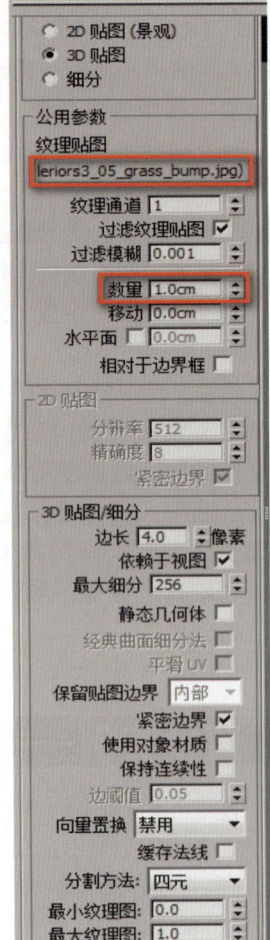

微课:
置换实例

图 2-30

2.5 VRay的代理系统

2.5.1 代理物体介绍

VRay代理物体允许用户只在渲染的时候导入外部网格物体（如树木、汽车、家具等），这个外部的几何体不会出现在3ds Max场景中，也不占用资源。利用这种方式，可以渲染上千万个三角面（超出3ds Max自身的控制范围）场景。现在VRay代理物体大量应用于室内外效果图中，如图2-31所示的场景就是用了大量代理物体来处理的。

图 2-31

2.5.2 代理面板分析

VRay代理物体的参数面板如图2-32所示。

1. 网格文件

指定原始的.vrmesh网格文件。

2. 浏览

选择.vrmesh网格文件的路径。

3. 比例

改变代理物体的大小。

4. 显示

控制代理物体在视图中的显示方式。

边界框：代理物体在场景中以边界框显示。

从文件预览（边）：代理物体在场景中以边显示。

从文件预览（面）：代理物体在场景中以面显示。

点：代理物体在场景中以点显示。

5. 动画

控制代理物体的动画状态。

播放：控制动画的播放方式。

速度：控制动画的播放速度。

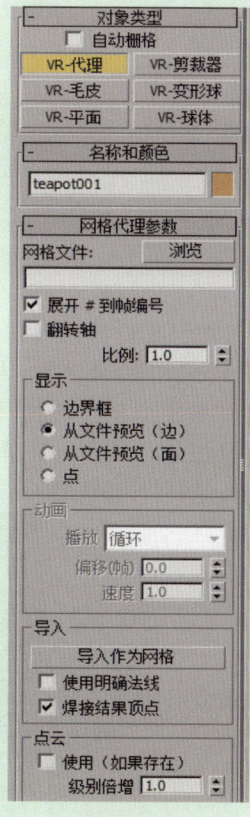

图 2-32

2.5.3 创建代理物体和导入代理物体

01 打开智慧职教网站本课程中的"Chapter2\2.5.3 创建代理物体和导入代理物体\代理物体_start.max"文件,这个场景的材质灯光已经设置好,选择场景中的植物并右击,然后在弹出的快捷菜单中选择"孤立当前选择"命令,把它孤立出来,按【7】键,可以看到当前的面数是"366029",如图2-33所示。

图 2-33

02 选择植物的叶子并右击,然后在弹出的快捷菜单中选择"附加"命令,把整个植物都附加成一个物体,如图2-34所示。

图 2-34

03 在物体附加到一起以后,会弹出如图2-35所示的对话框,采用默认设置,并单击"确定"按钮,这时候整个花和花盆附加成为一个物体。然后选择植物并右击,在弹出的快捷菜单中选择"V-Ray网格导出"命令。

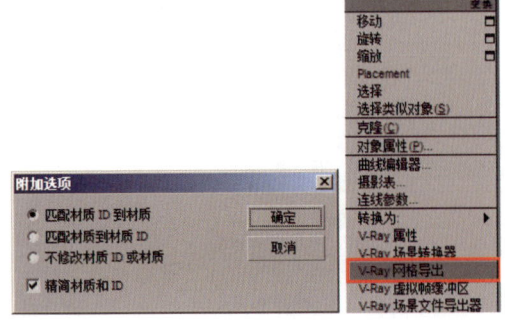

图 2-35

04 在弹出的"V-Ray网格体导出"对话框中设置保存代理物体的路径和名称,如图2-36所示。

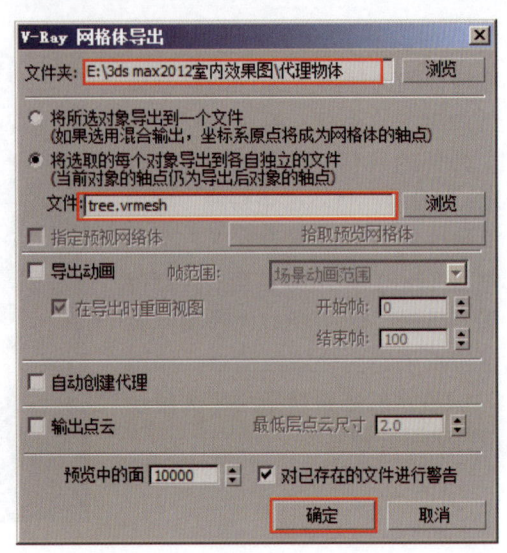

图 2-36

05 这样,就把物体导出成网格物体了。接下来一起看看如何导入网格物体。

06 进入"创建"面板,选择"VR-代理",单击"浏览"按钮,选择上面创建的网格物体"tree.vrmesh",再单击"打开"按钮,如图2-37所示。

图 2-37

07 这样网格物体就被导入了,接下来需要赋予它材质,把开始植物的多维材质赋予代理网格物体即可,如图2-38所示。

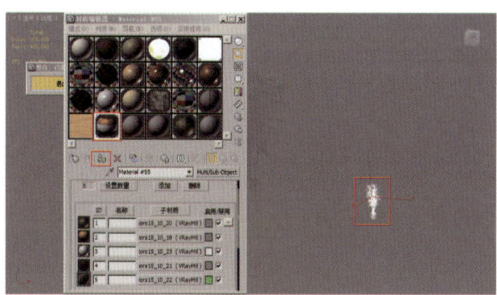

图 2-38

08 选择代理网格物体,设置"比例"为"4.45",使其大小和原来的植物一样,删掉原来的植物,此时发现当前的面数为"286944",面数少了很多,如图2-39所示。

微课：
创建代理物体和导入代理物体

09 此时代理网格物体已经导入到当前场景,调整它的位置,然后单击"渲染"按钮,效果如图2-40所示。

> ● 技巧 提示
>
> 由于代理网格物体不占用场景的面数,所以代理网格物体的应用范围非常广泛,从植物到角色都能用到,它也可以说是一个革命性的技术革新。

(a)

(b)

图 2-40

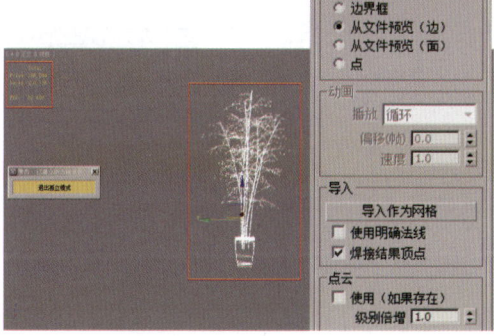

图 2-39

2.6 VRay的灯光系统

单击"创建"下的"灯光"按钮,进入"灯光"面板,在"标准"下拉列表框中选择"VRay"。该面板提供了4种VRay自带的灯光,分别是"VR-灯光""VRayIES""VR-环境灯光"和"VR-太阳",如图2-41所示。

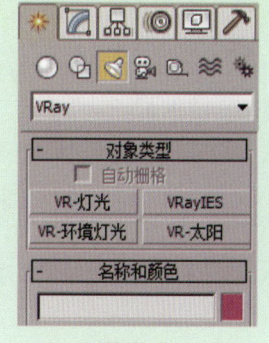

图 2-41

2.6.1 VR-灯光

"VR-灯光"是VRay渲染器中使用最频繁的灯光类型，又称为"VR-面光源"。该灯光可以调节的参数较多，使用起来灵活方便，其参数面板如图2-42所示。

图 2-42

图 2-43

1．常规

开：控制VR-灯光的开关。

类型：VRay提供了4种灯光类型供用户选择，如图2-43所示，分别如下。

● 平面：将VRay灯光设置为平面面片的发光方式。

● 穹顶：将VRay灯光设置成穹顶状，类似于3ds Max的天光物体，光线来自于位于光源Z轴的半球状圆顶。

● 球体：将VRay灯光设置成球状。

● 网格体：拾取一个网格体设置成发光体。

2．强度

控制灯光的发光强度。

单位：设置灯光的亮度单位。

颜色：设置灯光的颜色。

倍增：设置灯光亮度的倍增值。

3．大小

根据所选灯光类型的不同显示不同的参数，用于控制光源的尺寸大小。

1/2长：定义"平面"类型灯光平面长度的一半，如果是"球体"灯光，那么该参数为设置球形的半径。

1/2宽：定义"平面"类型灯光平面宽度的一半，如果是"球体"灯光，该值不可用。

4．选项

用来设置灯光的一些重要参数。

投射阴影：默认为选中状态，选中之后灯光会产生投射阴影效果。

双面：选中之后灯光的两面都产生照明效果（当灯光为"平面"类型时有效，其他灯光类型无效）。

不可见：设置在最后的渲染效果中VRay的光源形状是否可见。如果取消选中，光源将会使用当前灯光颜色渲染出来。

不衰减：在真实的世界中，光线的亮度会按照与光源距离的二次方的倒数的方式进行衰减。简单地说，就是远离光源的表面会比靠近光源的表面显得更暗。选中该复选框后，灯光的亮度将不会衰减。

天光入口：选中该复选框后，前面设置的灯光的颜色和倍增值都将被VRay忽略，代之以环境的相关参数设置。

存储发光图：选中该复选框时，如果计算GI的方式使用的是"发光图"，VRay将计算VRay灯光的光照效果，并将计算结果保存在"发光图"中。这将使得"发光图"的计算过程更慢，但是保存的"发光图"在调用后再进行渲染时会加快渲染速度。

影响漫反射：决定灯光是否影响物体材质属性的漫反射。

影响高光：决定灯光是否影响物体材质的高光属性。

影响反射：决定灯光是否影响物体材质的反射属性。

5．采样

控制灯光的采样情况。

细分：在计算灯光效果时设置使用的样本数量，较大的值将产生平滑的效果，但会耗费更多渲染时间。

阴影偏移：此参数用于设置产生阴影偏移效果的距离。

2.6.2 VRayIES

VRayIES灯光是VRay渲染器新增的一种灯光类型，其灯光特性类似于光度学灯光（通过光度学值来精确地定义灯光），也可以说该灯光就是VRay的光度学灯光。VRayIES可以调用外部的光域网文件，使用起来非常方便，其参数面板如图2-44所示。

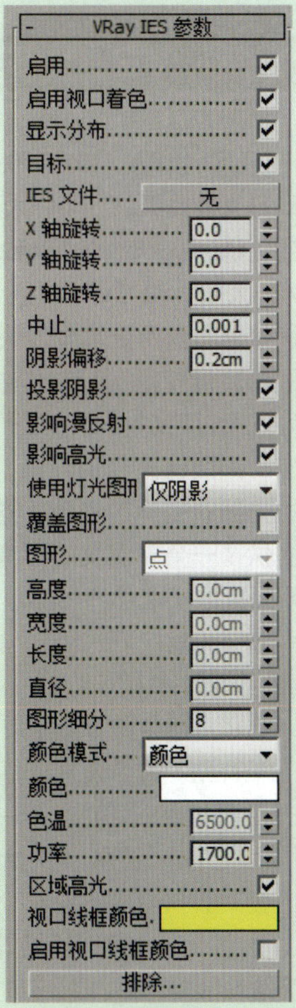

启用：控制VRayIES灯光的开启和关闭。

启用视口着色：控制VRayIES灯光对物体显示的影响。

目标：控制VRayIES是否使用目标点。可以通过单击"无"按钮选择需要的光域网文件。

X轴旋转：控制VRayIES灯光沿着X轴的旋转角度。

Y轴旋转：控制VRayIES灯光沿着Y轴的旋转角度。

Z轴旋转：控制VRayIES灯光沿着Z轴的旋转角度。

中止：也称为阈值，一般不对它进行调整。

阴影偏移：控制阴影的偏移距离。

投射阴影：控制VRayIES是否产生阴影。

使用灯光图形：控制VRayIES是否按照灯光的形状来照明。

图形细分：控制VRayIES的细分值。

颜色模式：选择VRayIES的色彩模式。

颜色：通过色彩来控制VRayIES的颜色。

色温：通过色温值来控制VRayIES的颜色。

功率：控制VRayIES的强度。

区域高光：控制高光。

排除：该功能与3ds Max标准灯光的"排除"功能相同。允许指定对象不受灯光照射影响，包括照明影响和阴影影响。

图 2-44

2.6.3　VR-环境灯光

"VR-环境灯光"是VRay渲染器的真正环境光，其参数面板如图2-45所示。

启用：控制"VR-环境灯光"的开启和关闭。

模式："VR-环境灯光"有3种工作模式，即"直接光+全局照明""直接光"和"全局照明（GI）"，如图2-46所示。

GI最小距离：控制"VR-环境灯光"使用全局光的最小距离。

颜色：控制"VR-环境灯光"的颜色。

强度：控制"VR-环境灯光"的强度。

灯光贴图：可以用一张贴图来控制"VR-环境灯光"。

图 2-45

图 2-46

2.6.4　VR-太阳

"VR-太阳"和"VR-天空"能模拟物理世界里真实的阳光和天光的效果。"VR-太阳"是随着"VR-天空"位置的变化而变化的。从VRay 1.48版本开始，就在VRay系统中加入了新的"VR-太阳"和"VR-天空"，这使得运用VRay渲染器制作室外建筑效果图变得更加方便快捷。而"VR-太阳"和"VR-天空"的联动功能使得实际制作中对阳光和天光的定位更加准确。用户可以通过控制"VR-太阳"的位置（模拟太阳的高度），得到对应时间段的天光的效果。通过这种联动的方式来了解不同时间的光线对空间的影响。这种联动的方式为设计师设计空间照明提供了一个有意义的参考，如同Lightscape给设计师提供空间照明照度的模拟参考一样。

本节先对"VR-太阳"的功能进行讲解。"VRay太阳参数"卷展栏如图2-47所示。

启用：选中该复选框表示激活VRay的日光系统。

不可见：选中该复选框表示在渲染结果中不渲染太阳光。

影响漫反射：控制"VR-太阳"是否照射场景中的漫反射。

影响高光：控制"VR-太阳"是否照射场景中的高光区域。

投射大气阴影：控制"VR-太阳"是否产生阴影。

浊度：此参数描述悬浮在大气中的固体和液体微粒对日光的吸收和散射程度，取值范围为"2～20"。

臭氧：此参数描述大气层中臭氧层对日光的影响，取值范围为"0～1"。

强度倍增：此参数设置日光亮度的倍增系数。

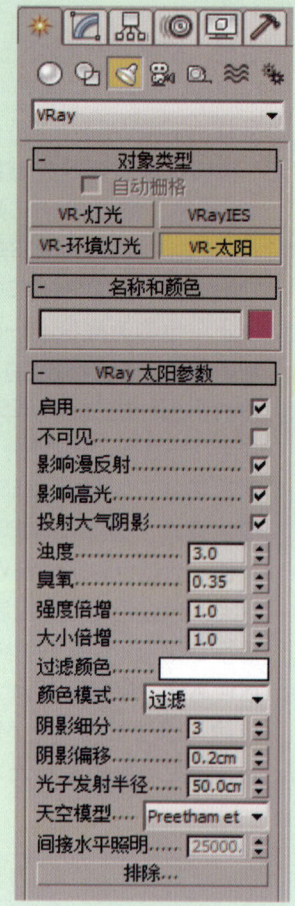

图 2-47

尺寸倍增：此参数设置场景中日光源的尺寸倍增系数。

阴影细分：此参数设置日光产生的阴影的样本数量。数值越大，产生的阴影越平滑，渲染时间也越长。

阴影偏移：此参数设置阴影偏移的距离。

光子发射半径：此参数设置日光发射的光子半径。

2.6.5 VR-天空

这里虽然将"VR-天空"放在VRay灯光这一节来介绍，但是"VR-天空"实际并不是灯光，而是与"VR-太阳"联动使用的天空贴图，该贴图的参数控制需要在"材质编辑器"窗口中完成。按【M】键打开"材质编辑器"窗口，选择一个空白材质球，单击"漫反射"后面的材质槽，在"材质/贴图浏览器"中选择"VR-天空"，打开其参数卷展栏，如图2-48所示。

指定太阳节点：如果取消选中该复选框，"VR-天空"的参数将与场景中的"VR-太阳"自动匹配；如果选中该复选框，用户可以通过"太阳节点"自主选择光源。

太阳光：单击后边的"无"按钮，可以手动选择需要作为阳光来使用的光源，这里可以选择除"VR-太阳"以外的其他光源。

● 技巧 提示

"VR-天空"的其他参数与"VR-太阳"参数相同，请参考"VR-太阳"的参数讲解。

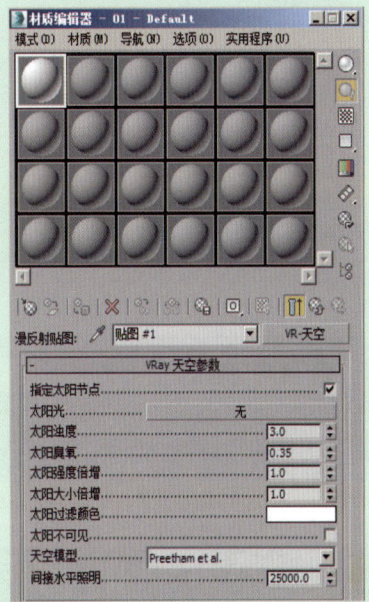

图 2-48

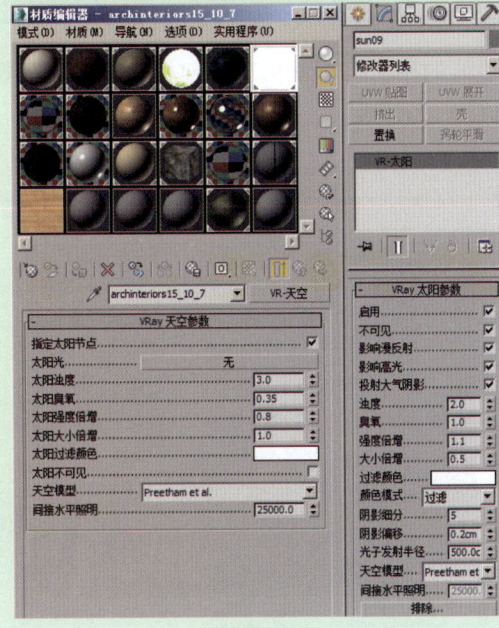

图 2-49

打开智慧职教网站本课程中的"Chapter2\2.6.5VR-天空\素材VR-sun.max"文件，这个场景的材质灯光都已经设置好，选择场景中的"VR-太阳"和"VR-天空"，它们的参数设置如图2-49所示。

单击"渲染"按钮，可以得到如图2-50所示的效果。

图 2-50

接下来设置"浑浊度"为"20.0"、"强度倍增"为"0.8",其他设置不变,效果如图2-51所示。单击"渲染"按钮,得到如图2-52所示的效果。

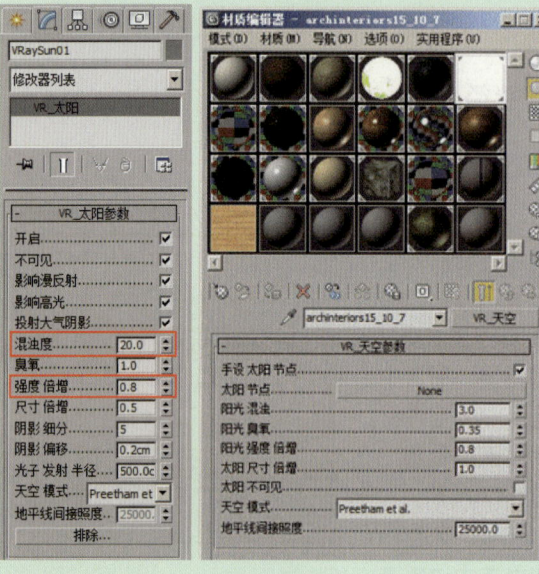

图 2-51

图 2-52

● 技巧 提示

当太阳的浑浊度达到"20"的时候,空气中悬浮在大气中的固体和液体微粒对日光的吸收和散射程度最强,以至于人们看不到太阳光的光斑。

2.7 VRay的物理相机

2.7.1 物理相机介绍

VR-物理相机是VRay系统中的一个具有特效功能的相机,其常用功能包括相机类型的选择、景深效果和运动模糊效果。

2.7.2 物理相机面板分析

VR-物理相机的功能和现实中的相机功能相似,都有光圈、快门、曝光、ISO等调节功能。用户通过VR-物理相机能制作出更真实的CG作品,如图2-53所示。

VR-物理相机的参数面板如图2-54所示。

1."基本参数"卷展栏

类型:VR-物理相机内置了3种类型的相机,通过该选项,用户可以根据需要选择合适的相机类型。

图 2-53

照相机：用来模拟常见的快门静态画面的照相机。

摄影机（电影）：用来模拟一台圆形快门的电影摄影机。

摄像机（DV）：用来模拟带有CCD矩阵的快门摄像机。

目标：选中该复选框，相机的目标点将放在焦平面上。

胶片规格：控制相机所看到的景色范围。

焦距：控制相机的焦长。

视野：选中该复选框后可以固定视域。

缩放因子：控制相机视图的缩放。值越大，相机视图拉得越近。

垂直移动：矫正摄像机的垂直变形。

水平移动：矫正摄像机的水平变形。

光圈数：相机的光圈大小可以控制渲染图的最终亮度。值越小图越亮，值越大图越暗，同时和景深也有关系，大光圈景深小，小光圈景深大。

打开智慧职教本课程中的"Chapter2\2.7.2物理相机面板分析\素材vrcamera.max"文件，这个场景的材质灯光都已经设置好，选择场景中的物理相机，其参数设置如图2-55所示。

单击"渲染"按钮，可以得到如图2-56所示的效果。

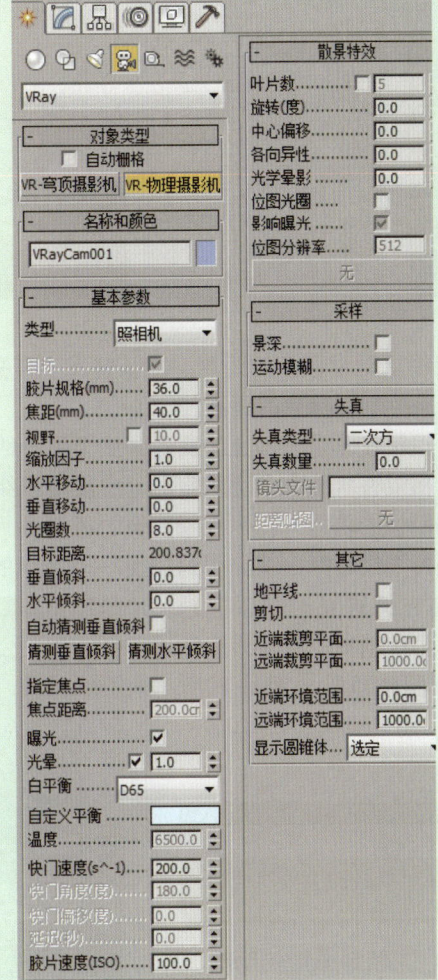

图 2-54

图 2-55

● 技巧 提示

光圈系数值越小图越亮，值越大图越暗。

接下来调整"光圈系数"为"12"，继续渲染，得到如图2-57所示的效果。

调整"光圈系数"为"6"，继续渲染，得到如图2-58所示的效果。

图 2-56

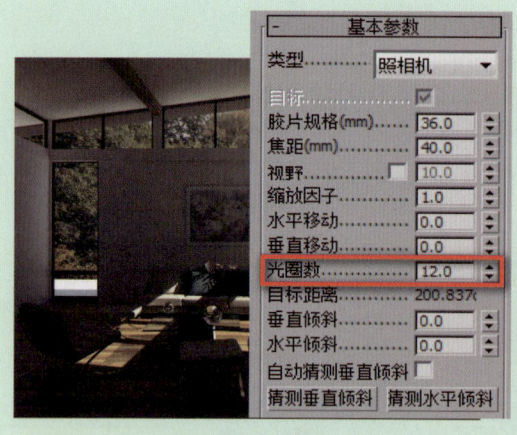 

图 2-57　　　　　　　　　　　图 2-58

目标距离：控制相机到目标点的距离。默认情况下是关闭的，当相机的目标点去掉时，就可以用"目标距离"来控制目标点的距离。

垂直倾斜：控制相机在垂直方向上的变形，主要用于纠正三点透视到两点透视的效果。

水平倾斜：控制相机在水平方向上的变形，主要用于纠正三点透视到两点透视的效果。

白平衡：和真实相机的功能一样，控制图像的色偏。

当设置平衡颜色为浅红色时，渲染得到如图2-59所示的效果。

快门速度：控制光的进光时间。值越小，进光时间越长，图就越亮。反之，值越大，进光时间越短，图就越暗。图2-60所示分别为"快门速度"为"80.0"和"20.0"时所渲染的效果。

● 技巧 提示

快门速度值越小，图就越亮，反之越暗。

感光速度（ISO）：控制图像的明暗。值越大，表示感光系数越大，渲染出的图像就越亮。图2-61所示为"胶片速度（ISO）"分别为"40.0"和"300.0"时的渲染效果。

图 2-59

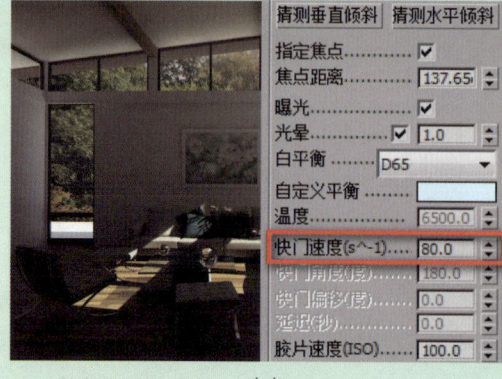 

　　　(a)　　　　　　　　　　(b)

图 2-60

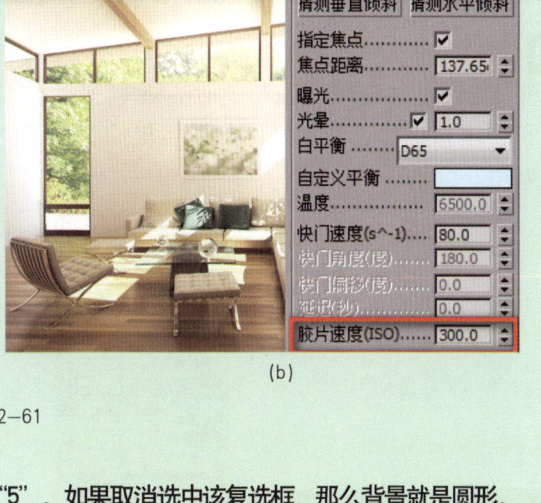

(a)　　　　　　　　　　　　　　(b)

图 2-61

2."散景特效"卷展栏

叶片数：控制背景产生的小圆圈的边，默认为"5"。如果取消选中该复选框，那么背景就是圆形。
旋转（度）：背景小圆圈的旋转角度。
中心偏移：背景偏移原物体的距离。
各向异性：控制背景的各向异性，值越大，背景的小圆圈越长，于是会变成椭圆。

3."采样"卷展栏

景深：控制是否产生景深。如果想得到景深效果，就需要选中该复选框。
运动模糊：控制是否产生动态模糊效果。

● **技巧 提示**

当使用了物理相机里面的景深和动态模糊时，渲染面板的景深和动态模糊将失去作用。

2.8　VRay的景深

2.8.1　景深介绍

当相机的镜头对着某一物体聚焦清晰时，在镜头中心所对的位置垂直镜头轴线的同一平面的点都可以在胶片或者接收器上呈现相当清晰的图像，在这个平面沿着镜头轴线的前面和后面一定范围的点也可以结成眼睛可以接受的较清晰的像点，通常把这个平面的前面和后面的所有景物的距离称为相机的景深。

以持照相机拍摄者为基准，从焦点到近处容许弥散圆的距离称前景深，从焦点到远方容许弥散圆的距离称后景深。所谓景深，就是当焦距对准某一点时，其前后都仍可清晰的范围。它能决定是把背景模糊化来突出拍摄对象，还是拍出清晰的背景。人们经常能够看到拍摄花、昆虫等的照片中，将背景拍得很模糊（称之为小景深）。但是在拍摄纪念照或集体照、风景等的照片时一般会把背景拍摄得和拍摄对象一样清晰（称之为大景深）。图2-62所示为小景深效果的欣赏。

图 2-62

2.8.2 景深实例

01 打开智慧职教网站本课程中的"Chapter2\2.8.2 景深实例\素材景深.max"文件，此场景的灯光和物理相机都已经布好，物理相机的参数设置如图2-63所示。

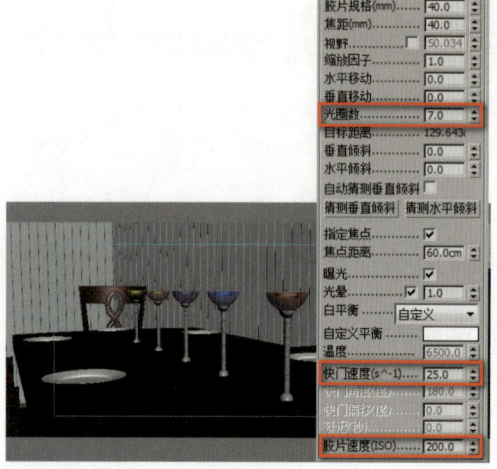

图 2-63

02 单击"渲染"按钮，可以得到如图2-64所示的渲染效果。

图 2-64

03 接下来设置场景的景深参数，选中"视域"复选框和"指定焦点"复选框，设定"焦点距离"为"60.0cm"，此时焦点在第一个烛台跟前，单击"渲染"按钮，可以得到如图2-65所示的效果。

04 从图2-65可以看出，从第一个烛台开始往后面逐渐开始变模糊，接下来设定"焦点距离"为"120.0cm"，此时焦点在第3个烛台跟前，单击"渲染"按钮，可以得到如图2-66所示的效果。

05 继续设定"焦点距离"为"250.0cm"，此时焦点在第5个烛台跟前，单击"渲染"按钮，可以得到如图2-67所示的效果。

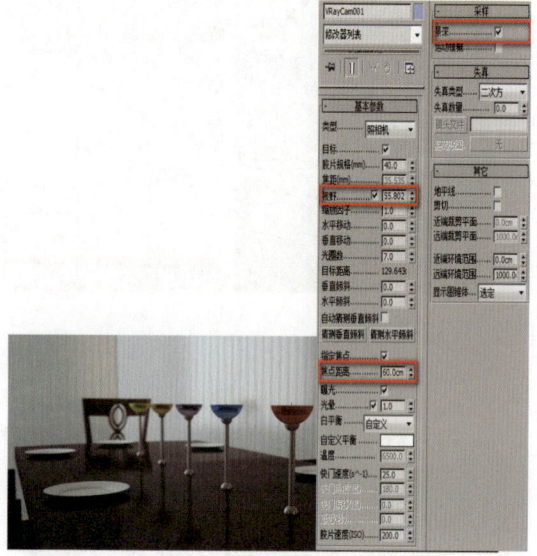

图 2-65

图 2-66

图 2-67

● 技巧 提示

景深效果非常影响渲染速度，所以在制作景深特效时，可以用其他软件来辅助，如Photoshop。

2.9　知识与技能梳理

VRay渲染器之所以在国内外这么流行，原因主要有以下3个，一是渲染速度快，适合商业用途（渲染速度是衡量一个渲染器好坏的重要标准之一，VRay渲染器的渲染速度在业界是公认的，渲染效果也是非常好的）；二是参数少，操作比较方便，容易上手；三是VRay渲染器的研发团队不断对版本进行更新、完善，这也是VRay渲染器能够一直保持国际上用户最多的原因之一。

2.10　课后练习

一、选择题（共3题），请扫描二维码进入即测即评。

二、简答题

2.10　课后练习

1．为什么在渲染图像时会选择不同的渲染器，默认扫描线渲染器和Mental Ray渲染器有何不同？

2．模拟阳光从窗户照射进室内的效果时，会采取哪种光源？

Chapter

VRay的质感表现

　　本章从材质的基础知识入手，通过多个案例全面系统地讲解了用VRay渲染器表现各种材质质感的方法。

	知识点　　　　　　学习目标	了解	应用	创新	重点知识
学习要求	常见材质的基本物理属性	🚩			
	分析材质的属性方法				🚩
	金属材质的制作方法				🚩
	玻璃材质的制作方法				🚩
	瓷器材质的制作方法				🚩
	渲染设置方法	🚩			
	Photoshop后期处理		🚩		
	线框图的制作方法	🚩			

3.1 材质基础知识

3.1.1 什么是材质

什么是材质呢？简单而言，就是物体看起来是什么样的，材质可以看成是材料和质感的结合。在渲染过程中，它是物体表面各种属性的结合，这些属性是指物体表面的色彩、纹理、光滑度、透明度、反射率、折射率、发光度等。正是有了这些属性，才能让观者识别三维空间中的物体属性是怎样表现的，也正是有了这些属性，计算机模拟的三维虚拟世界才会和真实世界一样缤纷多彩。

微课：
什么是材质

如果想做出真实的材质，就必须深入了解物体的属性，这需要对真实物理世界中的物体多观察、多分析。

本章将要着重学习材质的知识，会通过3个案例分别讲解金属、玻璃和瓷器的物理属性及材质的设置。每个案例中都会讲到不同物体中共有的属性和彼此的差别。图3-1～图3-3所示为本章要讲的3个案例的效果图。

图 3-1

图 3-2

图 3-3

3.1.2 材质环境搭建

01 读者都知道环境对于物体的质感影响是很大的，并且可以发现图3-1～图3-3所示的3个案例的效果图用的是同一个场景，本节将讲解这个场景的搭建。首先打开智慧职教网站本课程中的"Chapter3\3.1.2材质环境搭建\素材金属-start.max"场景文件，如图3-4所示。

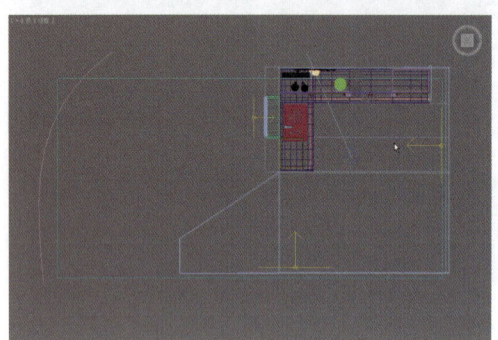

图 3-4

02 通过观察，发现整个场景已经创建完毕，摄像机已经架好，灯光也打好了。场景中一共打好了3盏灯：一盏主光灯、两盏补光灯。主光灯在场景中的窗户位置，光线是从窗外照射进来的，如图3-5所示。

微课：
材质环境搭建

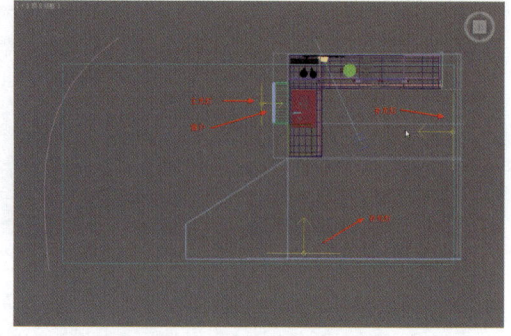

图 3-5

03 这里主光灯采用的是冷光，"倍增"的值为"18.0"，并取消选中"影响高光"复选框，具体参数如图3-6所示。

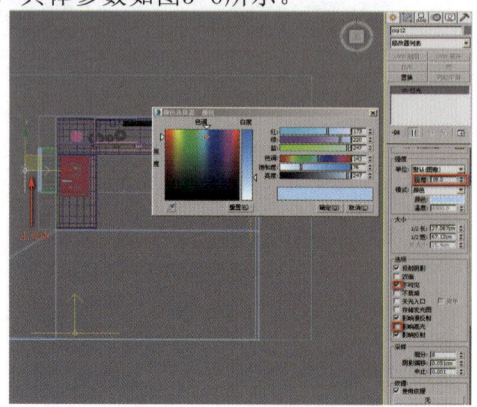

图 3-6

04 为了使整个场景有一个冷暖变化，第2盏灯——补光灯用的是暖光源，"倍增"的值设置为"10.0"，和主光灯一样选中"不可见"复选框，取消选中"影响高光"复选框，如图3-7所示。

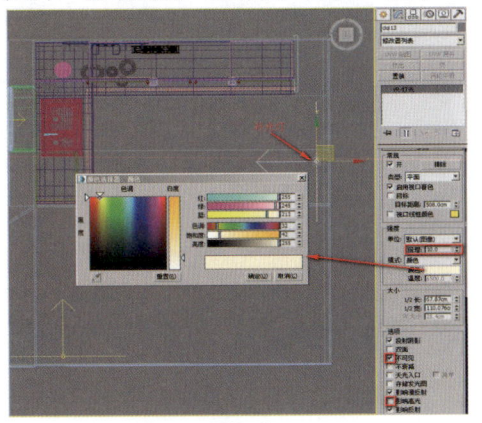

图 3-7

05 第3盏灯采用的是冷光源，"倍增"的值设置为"8.0"。接下来看一下摄像机的设置，可以看到该场景用的是物理相机，"焦距"设置为"35mm"，"光圈数"设置为"6.0"，"垂直倾斜"设置为"-0.091"，"快门速度"设置为"25.0"，如图3-8所示。

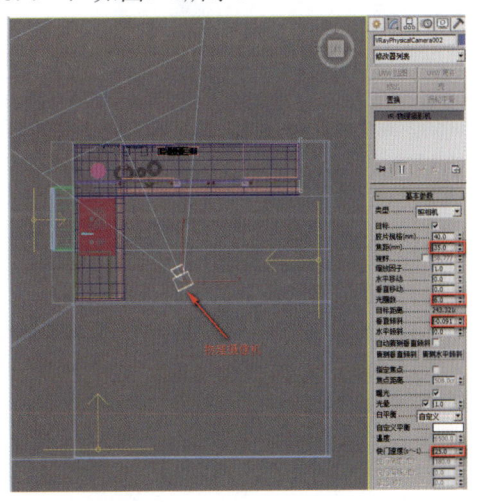

图 3-8

06 接下来看一下"渲染设置"窗口的设置。VRay渲染器已经指定好了，下面进行草图设置。设置图像采样器的"类型"为"固定"，关掉"抗锯齿过滤器"，然后设置"固定图像采样器"的"细分"值为"1"，如图3-9所示。

07 间接照明的设置：开启全局光，设置"首次引擎"为"发光图"、"二次引擎"为"BF算法"。在"发光图"卷展栏中设置"当前预设"为"自定义"、"细分"为"50"、"插值采样"为"20"，并选中"显示计算相位"复选框，如图3-10所示。

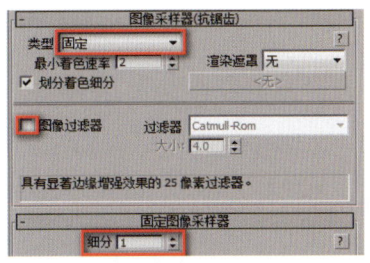

图 3-9

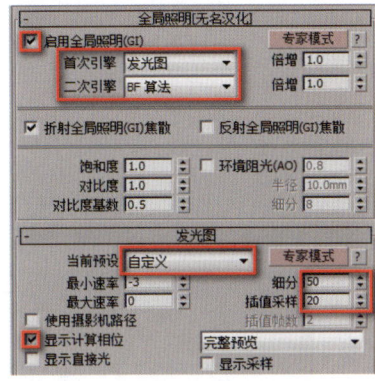

图 3-10

08 将图片尺寸的宽高比设置为2:1，设置"输出大小"为"800×400"，如图3-11所示。

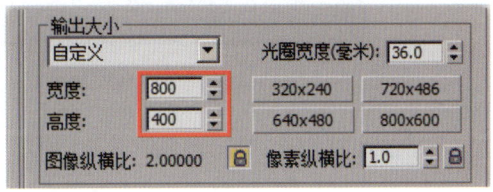

图 3-11

09 场景中的金属物品使用了一个白色的默认材质球，其他的场景模型都已经赋予各自的材质，具体参数可参考配套素材，如图3-12所示。

图 3-12

10 单击"渲染"按钮,得到如图3-13所示的效果。

图3-13

3.2 金属材质表现

3.2.1 金属材质分析

1. 磨砂金属物体

磨砂金属物体如图3-14所示。磨砂金属物体的特点如下。

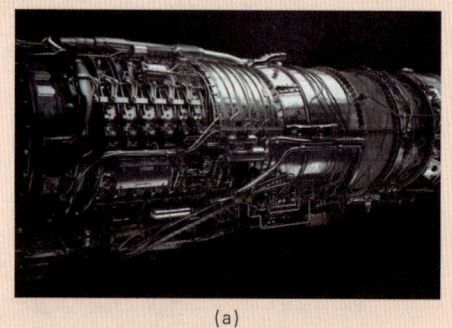
(a)

(b)

图3-14

① 表面不光滑。
② 有很强的反射模糊。
③ 高光面积较大。

2. 不锈钢金属物体

不锈钢金属物体如图3-15所示。不锈钢金属物体的特点如下。
① 表面光滑。
② 有很强的反射。
③ 高光面积较小。
④ 表面颜色为灰色。

3. 黑色金属物体

黑色金属物体如图3-16所示。黑色金属物体的特点如下。
① 表面粗糙。
② 有较弱的反射。
③ 高光面积较大。
④ 表面颜色为黑色。

微课:
金属材质分析

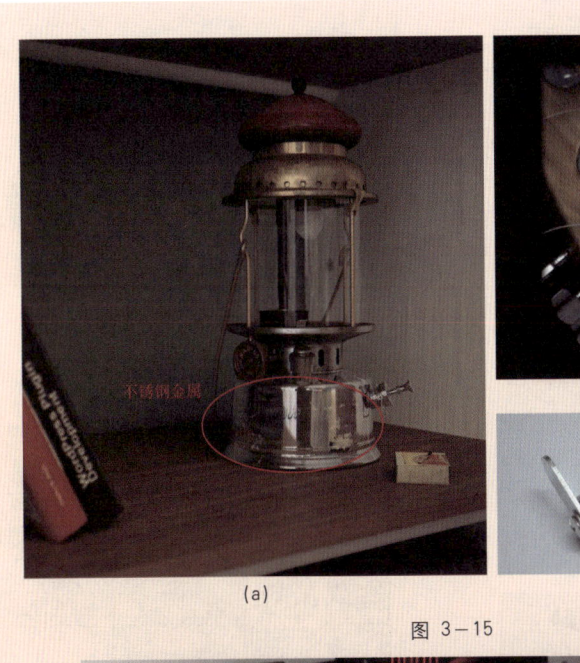

图 3-15

图 3-16

3.2.2 金属材质设置

01 本节具体学习金属材质的表现，图3-17中标有数字1的物体都是一个材质。

02 选择图3-17中标示的所有物体，按【M】键打开"材质编辑器"窗口，选择一个空白材质球，给其指定一个VRayMtl材质，设置"漫反射"颜色为"黑色（22）"，调整"反射"为"40"、"反射光泽度"为"0.8"，如图3-18所示。

图 3-17

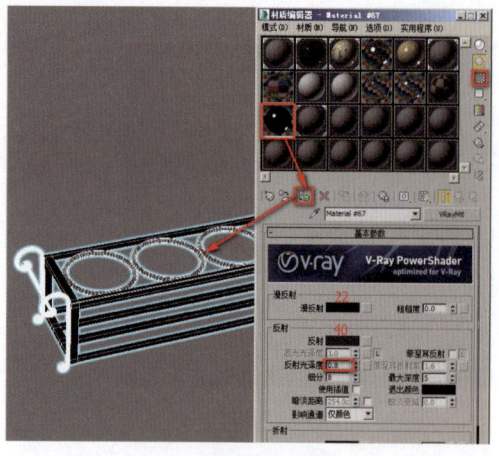

图 3-18

03 将该材质指定给其他的物体，如图3-19所示。

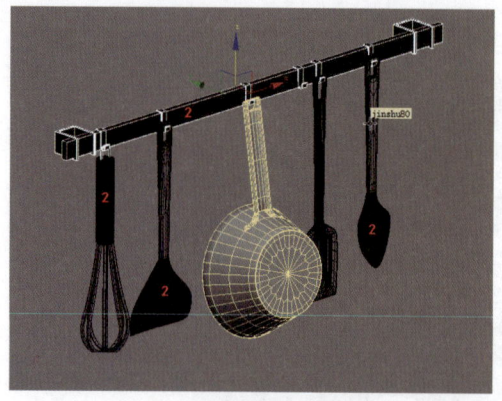

图 3-19

04 接下来设置一下不锈钢金属，首先选择图3-20中标示的物体。

05 按快捷键【M】打开"材质编辑器"窗口，选择一个空白材质球，给其指定一个VRayMtl材质，然后设置"漫反射"颜色为"黑色（8）"，调整"反射"接近一个镜面反射颜色，其值为"245"，并选中"菲涅耳反射"复选框，暂时不使它模糊，如图3-21所示。

06 选择图3-22中的物体，打开"材质编辑器"窗口，将刚才设置的不锈钢金属拖曳至新的材质球上，然后指定给它，设置"反射光泽度"为"0.6"。

微课：
金属材质设置

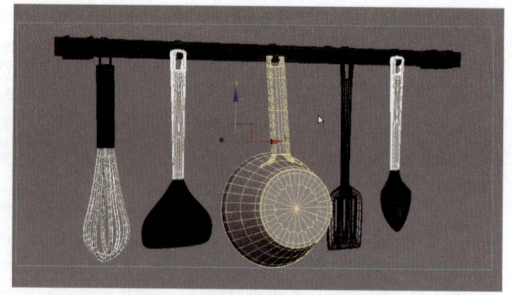

图 3-20

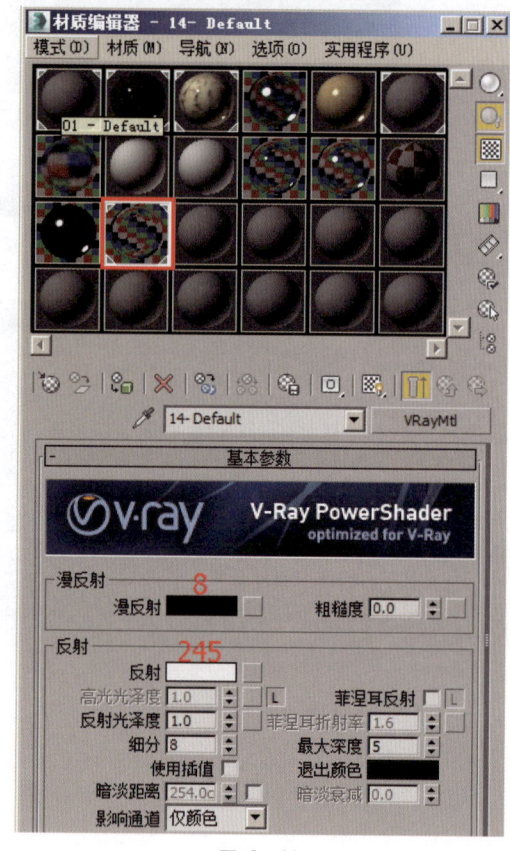

图 3-21

07 暂时给图3-23中所示的物体设置不锈钢金属材质。

08 选择图3-24中所示的物体，打开"材质编辑器"窗口，将刚才设置的不锈钢金属拖曳至新的材质球上，然后指定给它，设置"反射光泽度"为"0.9"。

Chapter 3　VRay的质感表现

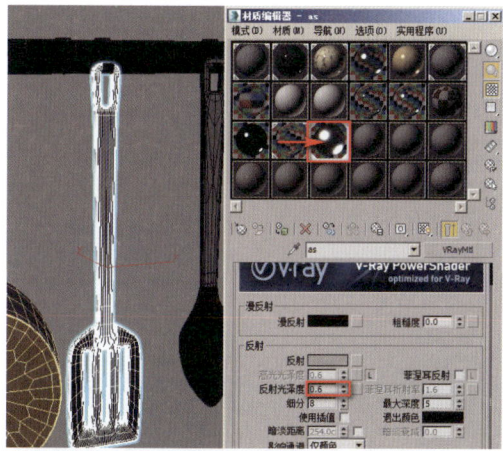

图3-22

图3-23

图3-24

09 将不锈钢金属也指定给图3-25中所示的物体。

图3-25

10 选择图3-26中所示的物体，打开"材质编辑器"窗口，将刚才设置的黑色金属拖曳至新的材质球上，然后指定给它，设置"反射光泽度"为"0.9"。

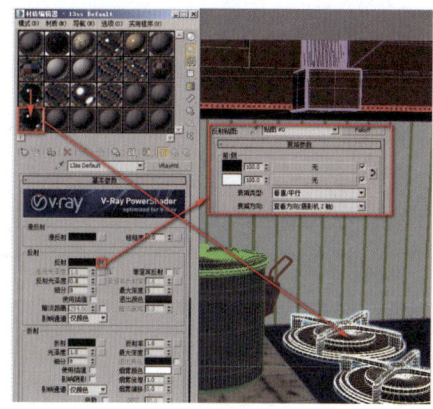

图3-26

11 选择图3-27中的物体，打开"材质编辑器"窗口，将刚才设置的磨砂金属拖曳至新的材质球上，然后指定给它，设置"反射光泽度"为"0.9"。

图3-27

12 单击"渲染"按钮，得到如图3-28所示的效果。

图 3-28

13 通过上面的测试渲染发现，效果是比较好的。接下来为场景中剩余的物体指定材质，观察场景最终效果图发现，烧水壶的高光和其他物体的高光有所不同，这是因为在它的材质设置中加了一个"各向异性"的属性，如图3-29所示。

图 3-29

14 接下来设置一下烧水壶的材质，首先选择图3-30所示的两个物体，然后选择"组"→"解组"菜单命令进行解组。

15 选择烧水壶外壳，按【M】键打开"材质编辑器"窗口，选择一个空白材质球，给其指定一个VRayMtl材质，并设置其"漫反射"颜色为"白色（205）"。由于此时反射很强烈，调整"反射值"为"166"、"反射光泽度"为"0.8"，如图3-31所示。

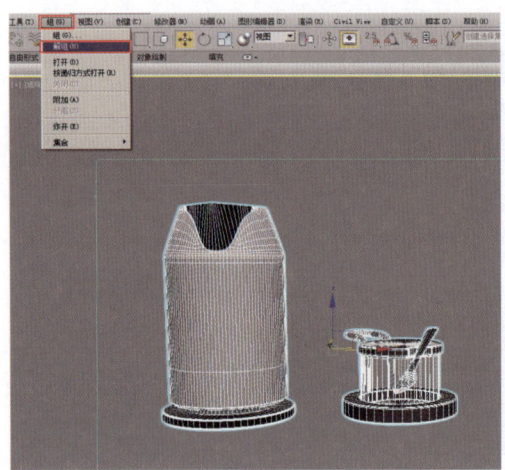

图 3-30

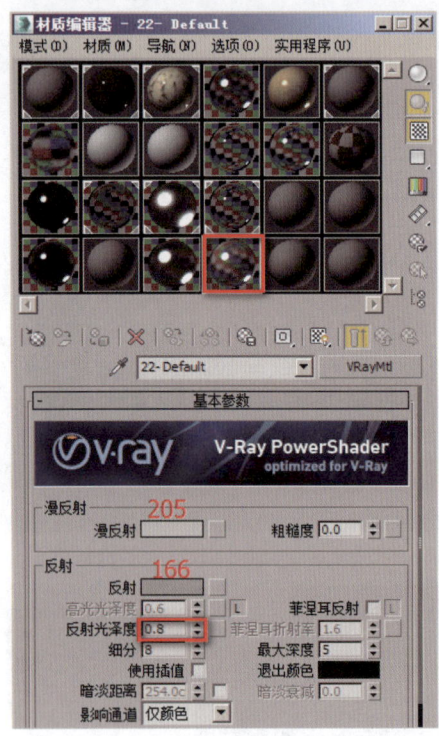

图 3-31

16 打开"双向反射分布函数"卷展栏，设置各向异性的类型为"沃德"、参数值为"0.7"，此时发现材质球的高光方向发生了变化，如图3-32所示。

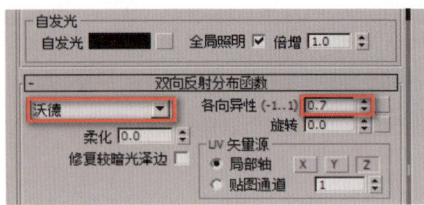

图 3-32

17 选择图中的物体，打开"材质编辑器"窗口，将刚才设置的烧水壶外壳材质拖曳至新的材质球上，然后指定给它，更改"反射"为"131"，设置"反射光泽度"为"0.9"，如图3-33所示。

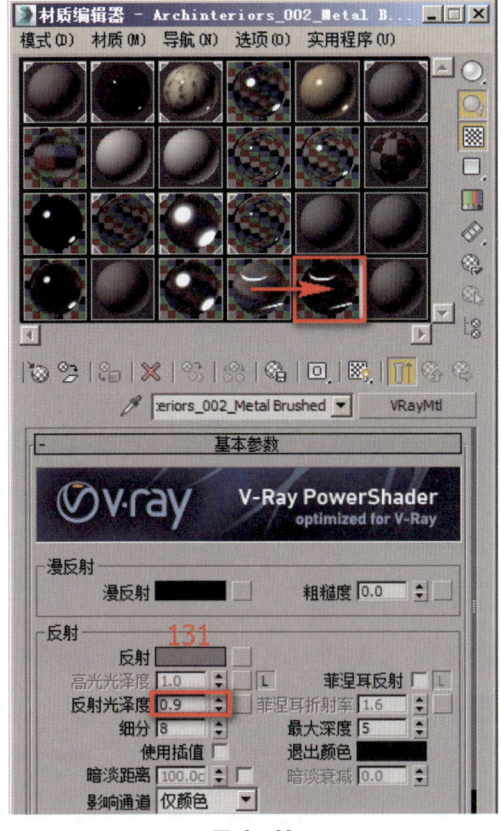

图 3-33

18 打开"双向反射分布函数"卷展栏，设置"各向异性"的值为"0.8"，如图3-34所示。

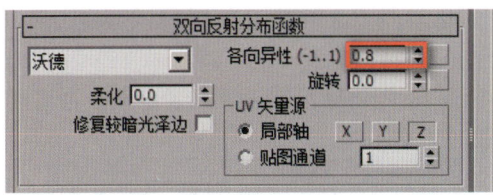

图 3-34

19 选择盐罐的外罩，按【M】键打开"材质编辑器"窗口，选择一个空白材质球，给其指定一个VRayMtl材质，设置其"漫反射"颜色为"纯白色（255）"，调整"反射"为"65"，并选中"菲涅耳反射"复选框和"影响阴影"复选框，设置"折射"为"纯白色（纯白色表示透明，值为255）"，如图3-35所示。

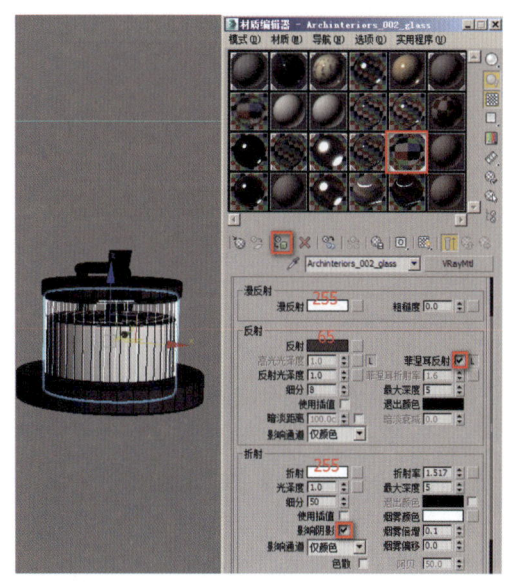

图 3-35

20 选择盐罐中的物体，按【M】键打开"材质编辑器"窗口，选择一个空白材质球，给其指定一个VRayMtl材质，设置其"漫反射"颜色为"白色偏黄（R:255，G:252，B:247）"，其他采用默认设置，如图3-36所示。

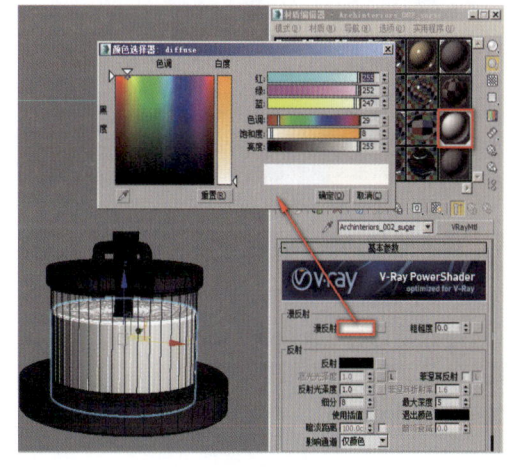

图 3-36

21 选择图3-30中所示的物体，设置一个塑料材质。然后按【M】键打开"材质编辑器"窗口，选择一个空白材质球，给其指定一个VRayMtl材质，设置其"漫反射"颜色为"黑色（34）"，调整"反射"为"52"，设置"反射光泽度"为"0.6"，如图3-37所示。

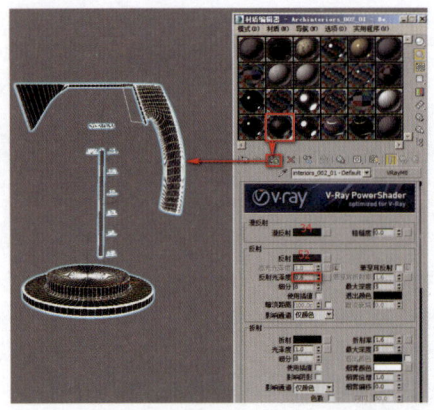

图 3-37

22 选择剩下的物体,按【M】键打开"材质编辑器"窗口,选择一个空白材质球,给其指定一个VRayMtl材质,设置其"漫反射"颜色为"白色(228)"、"反射"为"12",如图3-38所示。

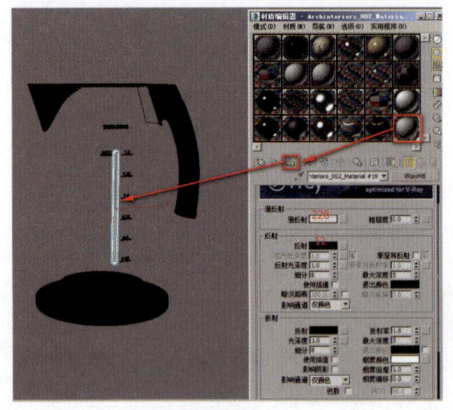

图 3-38

23 退出"孤立选择"模式,然后右击,在弹出的快捷菜单中选择"显示所有的物体"命令。为了节约时间,打开"渲染帧"窗口,然后在"要渲染的区域"下拉列表框中选择"区域",调整区域如图3-39所示。

图 3-39

24 单击"渲染"按钮,得到如图3-40所示的效果。

图 3-40

25 调整一下测试渲染中出现问题的材质,接下来继续对场景中的一些材质细致调整。选择场景中如图3-38所示的物体,单击"修改"面板中多边形里的面层级,然后选择ID2,按【M】键打开"材质编辑器"窗口,选择一个空白材质球,给其指定一个VRayMtl材质,设置其"漫反射"颜色为"褐色(R:85,G:71,B:50)",调整"反射"为"127",设置"反射光泽度"为"0.8",如图3-41所示。

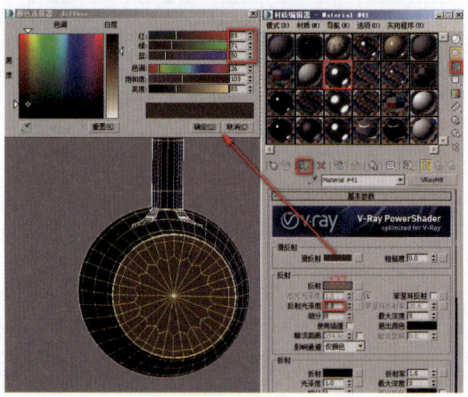

图 3-41

26 打开"贴图"卷展栏,给"凹凸"通道指定一张位图(智慧职教网站本课程中的"Chapter3\3.2.2金属材质设置\素材\archinteriors15_2_brushed_bump_tiable.jpg"文件),贴图坐标已经设置好了,无须再设置,如图3-42所示。

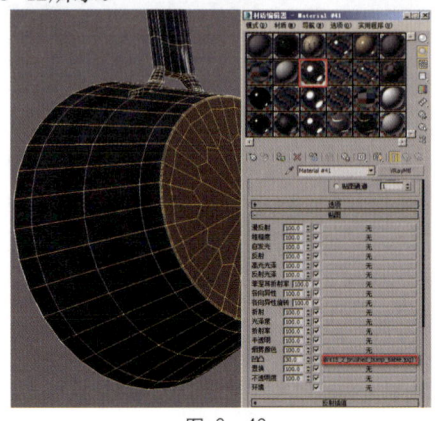

图 3-42

27 选择图中的物体（ID3），按【M】键打开"材质编辑器"窗口，将上一步设置的材质拖曳至新的材质球上，然后指定给它，更改凹凸通道贴图为"法线贴图"，如图3-43所示。

材archinteriors15_2_Normals from radial_bump2.jpg"文件），如图3-44所示。

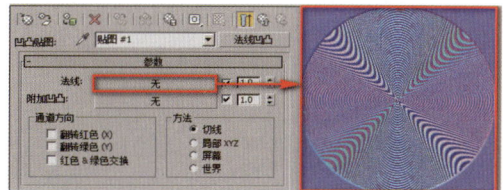

图 3-44

29 通过测试渲染看一下效果，如图3-45所示。

图 3-43

28 进行上一步的操作后，会打开如图3-41所示的面板，再给它指定一张贴图（智慧职教网站本课程中的"Chapter3\3.2.2金属材质设置\素

图 3-45

3.2.3 最终渲染设置

01 以上材质的设置完成以后，本小节来学习最终渲染设置的一些方法，这些设置决定了将来图像质量的好坏。首先打开"材质编辑器"窗口，将所有有模糊反射的材质的细分值改得高一些，如将磨砂金属都改为"24"，如图3-46所示。

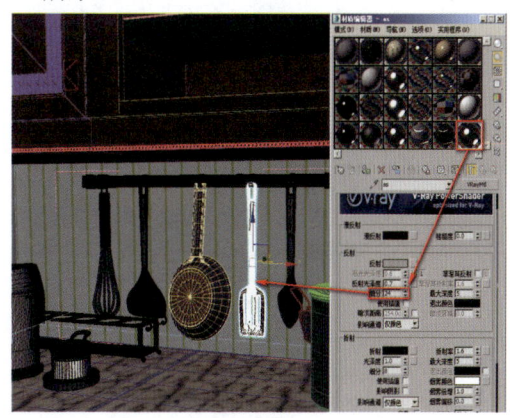

图 3-46

02 除了材质的影响以外，灯光的影响其实也很大，接下来对灯光进行设置。选择灯光，对灯光的细分值进行设置，如图3-47所示。

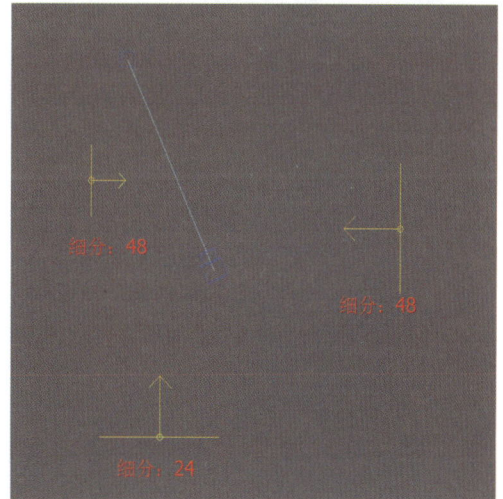

图 3-47

03 打开"渲染设置"窗口，设置渲染尺寸为"2400×1200"，如图3-48所示。

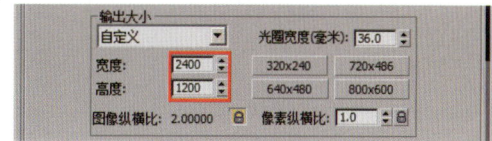

图 3-48

04 在"渲染输出"选项组中单击"文件"按钮,确定文件保存的位置,并设置为自动保存,如图3-49所示。

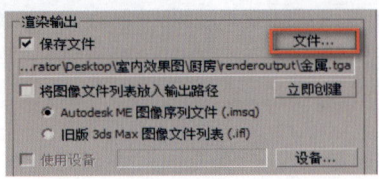

图 3-49

05 设置"图像采样器"的"类型"为"自适应细分",开启"抗锯齿过滤器",并选择"Catmull-Rom"。然后设置"自适应细分图像采样器"的"最小速率"和"最大速率"分别为"-1"和"2",如图3-50所示。

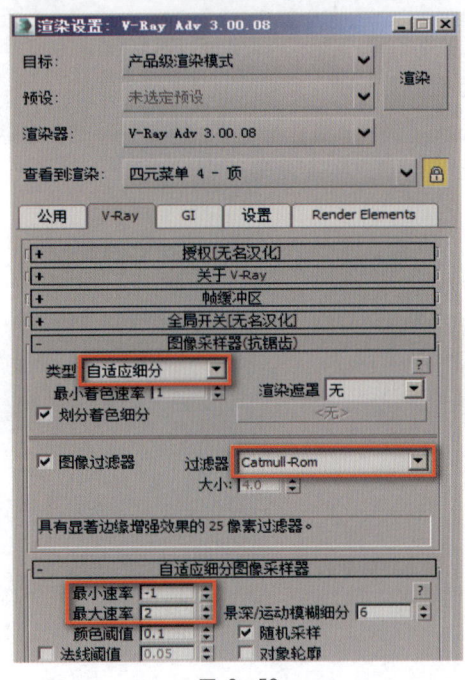

图 3-50

06 间接照明的设置:开启"全局照明",设置"首次引擎"为"发光图"、"二次引擎"为"BF算法"。在"发光图"卷展栏中设置"当前预设"为"低"、"细分"为"70"、"插值采样"为"30",并选中"显示计算相位"复选框,如图3-51所示。

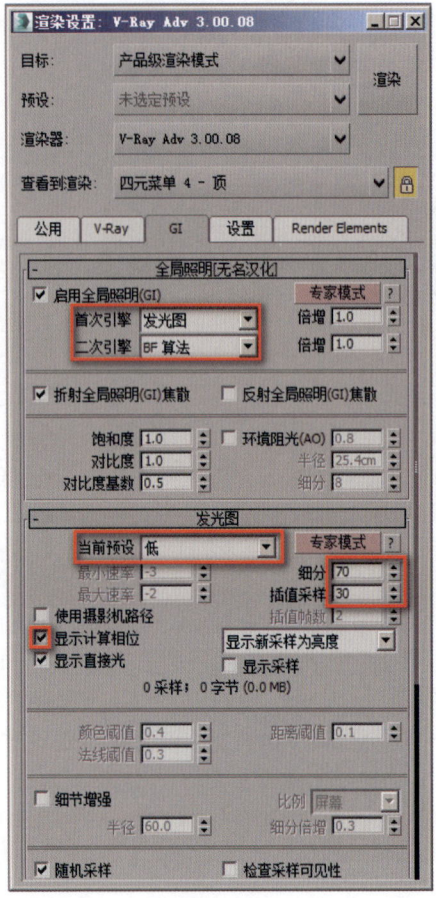

图 3-51

07 打开VR"设置"选项卡,设置"自适应数量"为"0.75"、"噪波阈值"为"0.001"、"最少采样"为"16"。设置完毕后,就可以进行大图渲染了,效果如图3-52所示。

图 3-52

微课:
金属材质最终渲染设置

3.2.4 金属材质后期处理

01 用Photoshop打开渲染出来的效果图和材质通道图，先双击渲染图将背景图层改为图层0，然后再按【Ctrl+J】组合键，得到图层0副本，通过鼠标拖曳调整图层顺序，如图3-53所示。

微课：金属材质后期处理

图 3-53

02 选择图层0副本，然后选择"图像"→"调整"→"曲线"菜单命令，弹出"曲线"对话框，调整曲线，让曲线中间部分向上一点，以使整体画面更亮一些，如图3-54所示。

图 3-54

03 选择椭圆选框工具，在画面中框选如图3-55所示的区域并右击，然后在弹出的快捷菜单中选择"羽化"命令，并在弹出的对话框中输入"羽化半径"为"200"，单击"确定"按钮。

图 3-55

04 接下来按照步骤02所示的方法，进一步调整曲线，使画面的视觉中心再亮一些。然后选择"图像"→"调整"→"色彩平衡"菜单命令，弹出"色彩平衡"对话框，调整色彩平衡，使画面更冷一些，如图3-56所示。

图 3-56

05 按【Ctrl+Shift+I】组合键反选画面区域，再按【Ctrl+H】组合键隐藏选区，然后按【Ctrl+M】组合键弹出"曲线"对话框，将曲线中间部分向下一点，使整体画面更暗一些，如图3-57所示。

图 3-57

06 至此，金属部分的后期处理就结束了，处理结果如图3-58所示。

图 3-58

3.3 玻璃材质表现

3.3.1 玻璃材质分析

前面读者已经对金属材质的表现进行了学习，本节对玻璃材质的表现进行学习，首先要了解一下玻璃的物理属性。通常，玻璃具有以下几个特点：透明、折射和反射等。玻璃是透明的，并且具有大多数透明物体所特有的反射和折射特性。另外，观察玻璃的外观，还可以发现一个常被忽略的特点，那就是由于折射的关系，玻璃的边比玻璃表面的颜色要深，这个颜色的侧边可以反映出玻璃的厚度。

本节主要讲两种玻璃，一种是清玻璃，另一种是磨砂玻璃，除此以外还会讲解透明液体的制作方法。

1. **清玻璃物体**

清玻璃物体如图3-59所示。清玻璃物体的特点如下。

(a)　　　　　　　　　　　　　　(b)

图 3-59

① 表面光滑。
② 透明。
③ 有少量放射。
④ 存在很强的菲涅尔现象。
⑤ 高光面积较小。

2. **磨砂玻璃物体**

磨砂玻璃物体如图3-60所示。磨砂玻璃物体的特点如下。

① 表面略微粗糙。
② 透明度不高。
③ 有少量放射。
④ 存在很强的菲涅尔现象。
⑤ 高光面积较大。

Chapter 3　VRay的质感表现

(a)　　　　　　　　(b)　　　　　　　　(c)

图 3-60

3.3.2　玻璃材质设置

01 打开智慧职教网站本课程中的"Chapter3\3.3.2玻璃材质设置\素材玻璃-start.max"场景文件，如图3-61所示。

微课：
玻璃材质设置

03 首先从场景中最简单的玻璃着手，一个是没有颜色的玻璃，一个是有淡淡红色的玻璃，如图3-63所示。

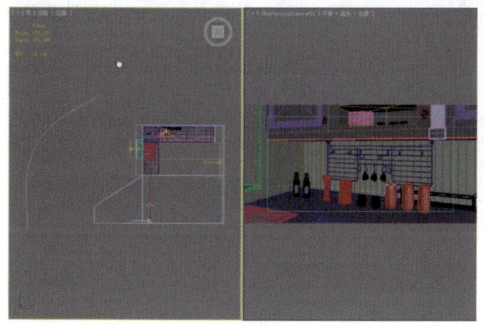

图 3-61

02 场景文件的参数和前面金属材质的场景大概是一样的，不一样的只是物体做了一些改变，先来进行一下渲染测试，如图3-62所示。

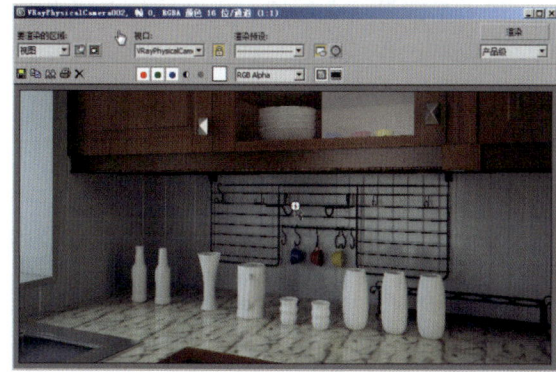

图 3-62

图 3-63

04 选择图中物体，按【M】键打开"材质编辑器"窗口，选择一个空白材质球，给其指定一个VRayMtl材质，然后指定给其中一个物体。设置其"漫反射"颜色为"白色（195）"，调整其漫反射为一张衰减贴图（设置"衰减贴图"的前面色为"黑色(0)"、侧面色为"白

61

色(255)"、衰减类型为"Fresnel"），调整"折射"为"240"（纯白色表示透明，颜色越亮表示越透明，其值为255），如图3-64所示。

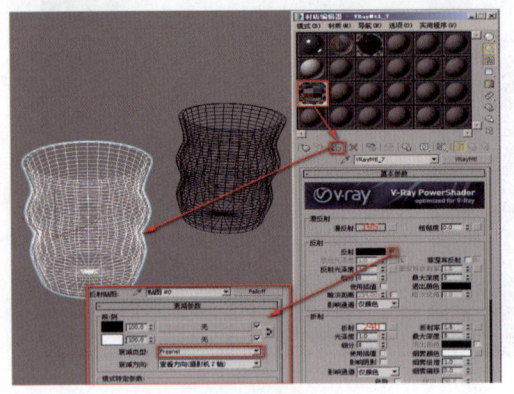

图 3-64

05 选择图3-60中所示的物体（有颜色的玻璃），打开"材质编辑器"窗口，将刚才设置的磨砂金属拖曳至新的材质球上，然后指定给它，设置"漫反射"颜色为"红色（R:226，G:12，B:12）"、"折射"颜色为"浅红色（R:255，G:213，B:213）"，如图3-65所示。

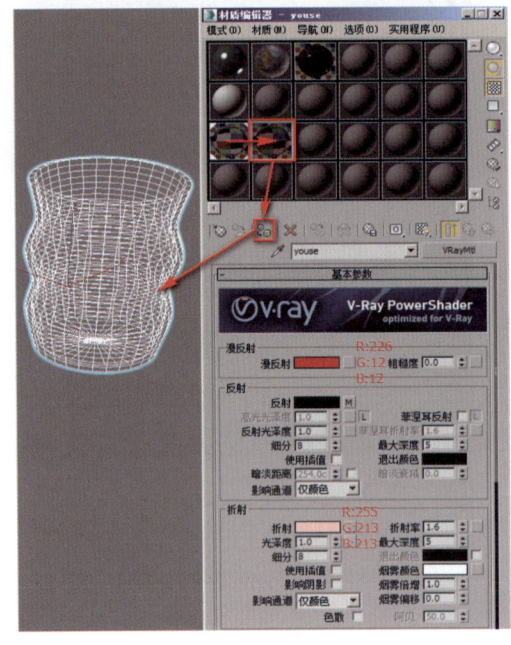

图 3-65

06 为了便于测试渲染，打开"渲染设置"窗口，更改渲染的尺寸为"1200×600"，如图3-66所示。

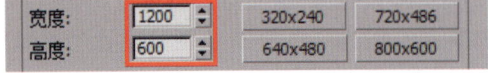

图 3-66

07 打开"图像采样器（抗锯齿）"卷展栏，设置其"类型"为"自适应细分"，并选中"图像过滤器"复选框，如图3-67所示。

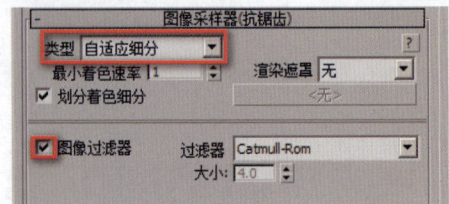

图 3-67

08 为了节约时间，打开"渲染帧"窗口，然后在"要渲染的区域"下拉列表框中选择"区域"，调整区域进行测试渲染，如图3-68所示。

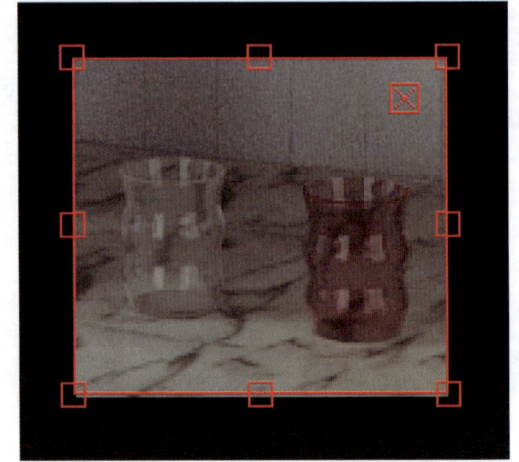

图 3-68

09 通过上面的测试渲染发现了两个问题，一个是杂点太多，这个问题是由于各种细分都没给足，如灯光、材质等，不过到后面大图渲染时就可以解决。另一个问题就是阴影稍微有点重，接下来解决这个问题，首先打开"材质编辑器"窗口，在"折射"选项组中选中"影响阴影"复选框，如图3-69所示。

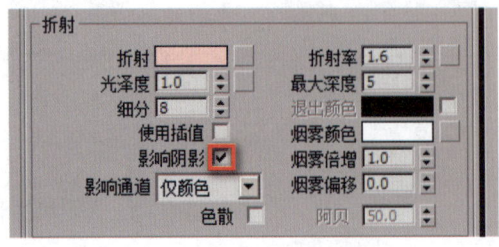

图 3-69

10 玻璃材质设置完毕后，再次进行测试渲染，得到如图3-70所示的效果。

图 3-70

● 技巧 提示

要想渲染出有颜色的玻璃，只需要改变漫反射颜色和折射颜色，例如想设置一个绿色玻璃材质，那么就需要将漫反射颜色改为绿色，将折射颜色改为淡绿色。当然，改变烟雾颜色也可以，这个在后面的液体渲染处会具体讲解。

11 接下来讲解一下其他玻璃材质的设置方法，啤酒玻璃杯和啤酒液体的最终渲染效果如图3-71所示。

图 3-71

12 选择这两个物体，按【Alt+Q】组合键孤立它们，然后选择如图3-72所示的部分，将前面调整好的清玻璃材质赋予它们。接着右击，在弹出的快捷菜单中选择"隐藏选定对象"命令将其隐藏起来。

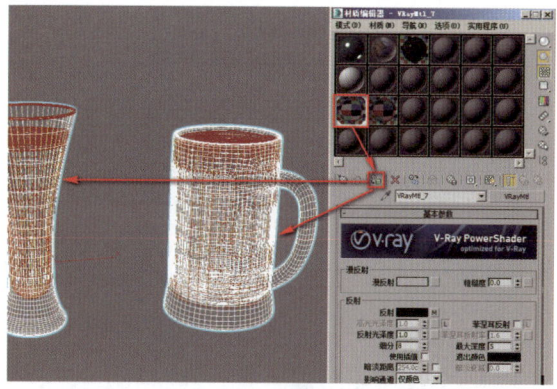

图 3-72

13 选择图3-73中玻璃杯上的金属环，按【M】键打开"材质编辑器"窗口，选择一个空白材质球，给其指定一个VRayMtl材质，设置其"漫反射"颜色为"暗黄色（R:151, G:115, B:52）"，调整"反射"为"40"，设置"反射光泽度"为"0.86"，然后将其隐藏起来。

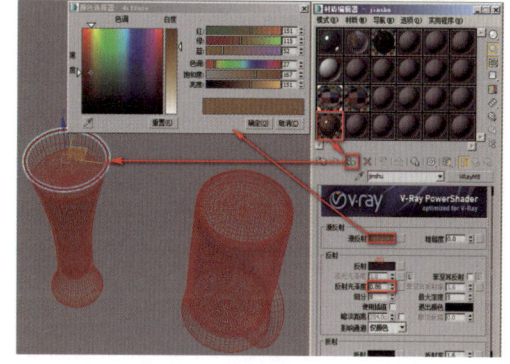

图 3-73

14 选择图3-73中的泡沫物体，按【M】键打开"材质编辑器"窗口，选择一个空白材质球，给其指定一个VRayMtl材质，调整其漫反射为一张噪波贴图，如图3-74所示。

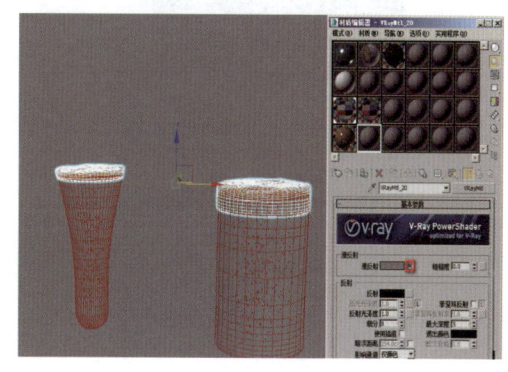

图 3-74

15 设置噪波贴图的"大小"为"0.01",在"噪波参数"卷展栏中设置"颜色#1"为"乳白色(R:255,G:251,B:226)"、"颜色#2"为"纯白色(255)",如图3-75所示。

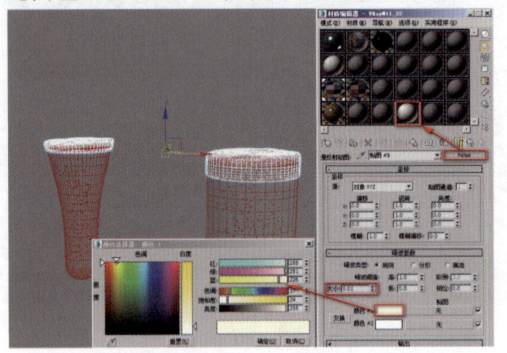

图 3-75

16 单击"转到父对象"按钮，回到泡沫材质上,打开"贴图"卷展栏,将"漫反射"通道里的"Noise(噪波贴图)"复制关联到"凹凸"通道中,如图3-76所示。

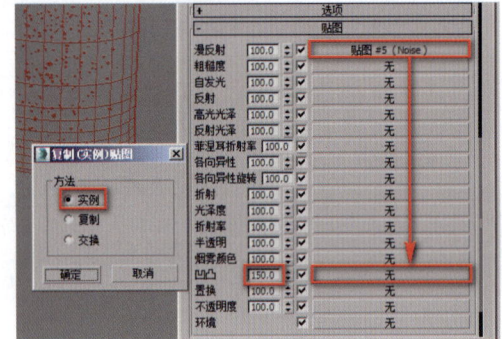

图 3-76

17 将"漫反射"通道中的"噪波贴图"拖曳至"反射"通道,如图3-77所示。

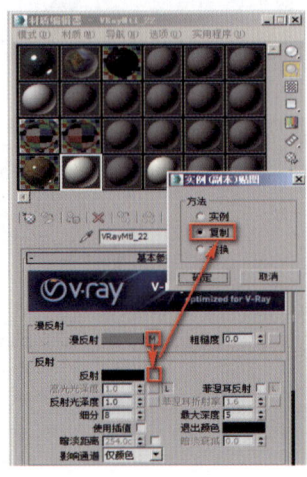

图 3-77

18 更改"反射"通道里的部分参数,打开"噪波参数"卷展栏,更改"颜色#1"为"灰色(R:44,G:45,B:45)"、"颜色#2"为"黑色(16)",如图3-78所示。

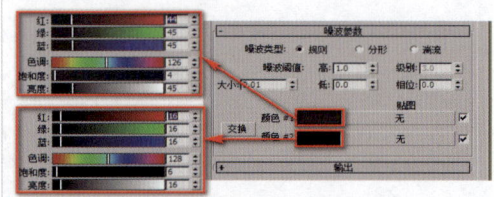

图 3-78

19 接下来学习黄铁色啤酒液体的制作,方法是:选择液体物体,按【M】键打开"材质编辑器"窗口,选择一个空白材质球,给其指定一个VRayMtl材质,设置其"漫反射"颜色为"铁色(R:214,G:187,B:128)",调整"反射"颜色为"偏红色(R:254,G:173,B:129)",选中"菲涅耳反射"复选框和"影响阴影"复选框,设置"折射"为"白色"(纯白色表示透明,值为248),设置"烟雾颜色"为黄色(R:246 G:227 B:191)、"烟雾倍增"为"0.02",然后隐藏起来,如图3-79所示。

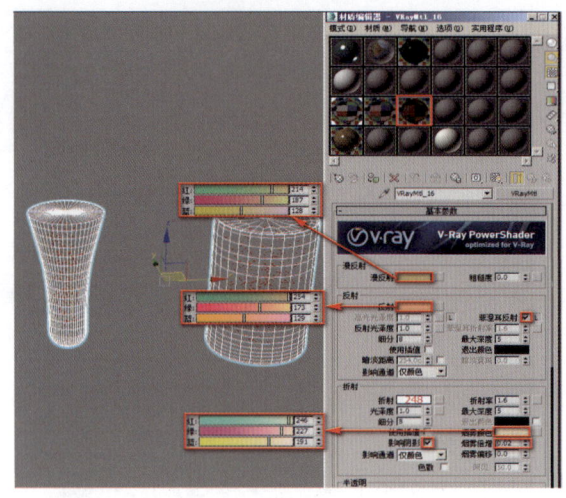

图 3-79

20 剩下的就是设置啤酒里边的气泡材质了,气泡材质的设置很简单,只需要给一个很强的反射"226",然后再给一个透明度,设置"折射"颜色为"216"即可,如图3-80所示。

21 取消隐藏全部,然后通过区域渲染,得到如图3-81所示的效果。

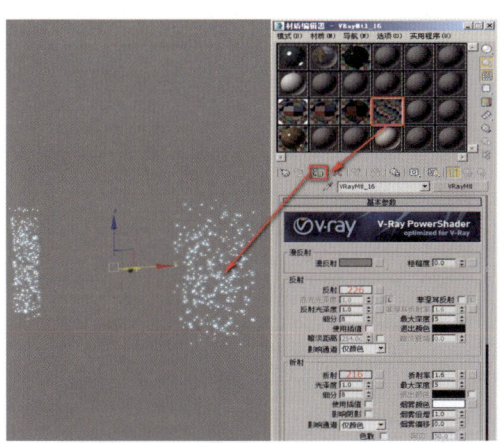

图 3-80

23 再次进行测试渲染，得到如图3-83所示的效果。

图 3-83

图 3-81

24 由于时间的关系，上面的测试渲染就到此为止，接下来进行下一步的学习，效果如图3-84所示。

图 3-84

22 通过上面的测试发现一个问题，啤酒玻璃杯里边的液体不像啤酒反而像雪碧，需要给它赋予一定的颜色。接下来解决这个问题，首先更改"烟雾颜色"，使饱和度更大（这里将饱和度改为"202"），这样啤酒就有颜色了，然后把"烟雾倍增"改为"0.1"，设置"高光光泽度"为"0.86"、"折射"颜色为"235"，如图3-82所示。

25 选择图3-85中所示的物体，把普通玻璃的材质指定给它，然后隐藏起来。

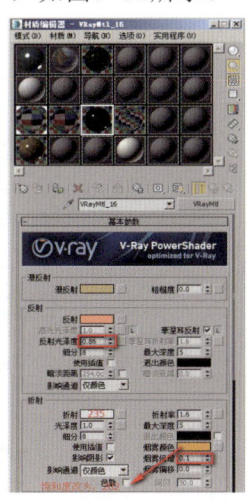

图 3-82

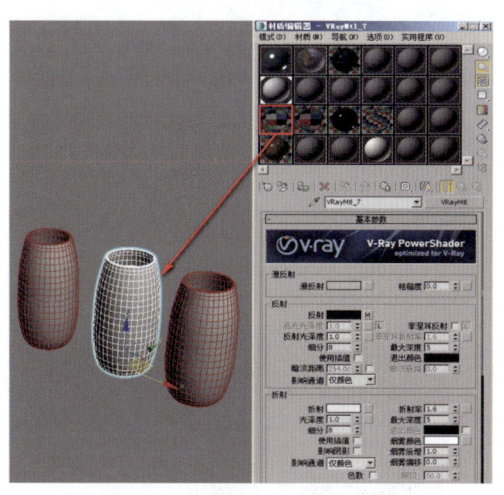

图 3-85

26 选择图3-86中所示的物体，单击"修改"面板中多边形里的面层级，然后选择杯子口部（磨砂玻璃），打开"材质编辑器"窗口，将刚才设置的普通玻璃材质拖曳至新的材质球上，然后指定给它，更改"反射光泽度"为"0.6"，在"折射"选项组中设置"光泽度"为"0.8"。

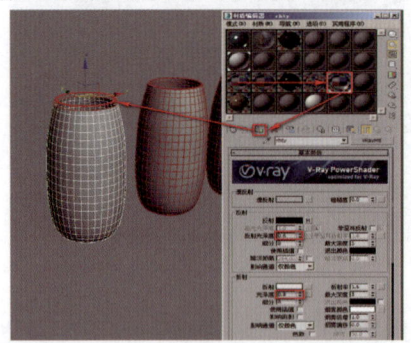

图 3-86

27 按【Ctrl+I】组合键反选，然后按【M】键打开"材质编辑器"窗口，将刚才设置好的普通玻璃材质拖曳至新的材质球上，并指定给它，如图3-87所示。

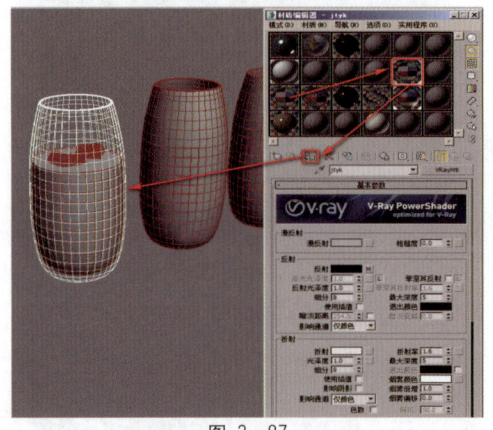

图 3-87

28 进入"修改"面板退出面层级，然后打开"材质编辑器"窗口，先单击"从对象拾取材质"按钮，再选择物体，这样可以把物体的材质吸到"材质编辑器"窗口中，得到"多维子材质"，如图3-88所示。

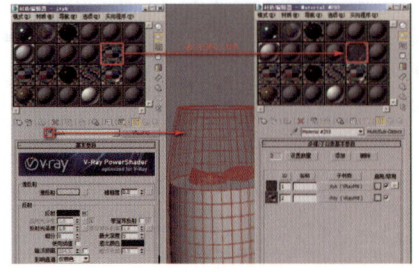

图 3-88

29 选择另外一个玻璃杯，将刚才得到的多维子材质指定给它，然后隐藏起来，如图3-89所示。

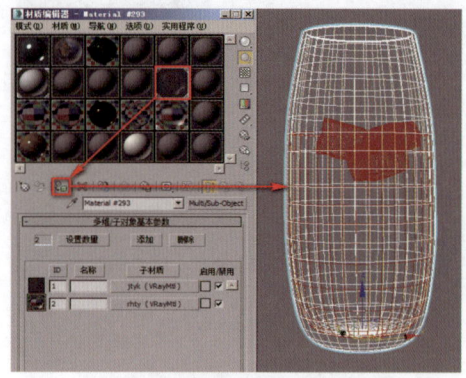

图 3-89

30 剩下的是制作液体材质，方法跟上面的啤酒材质一样。选择中间的液体，然后将刚才吸出来的啤酒材质指定给它，如图3-90所示。

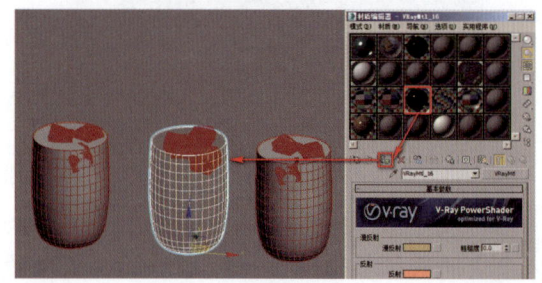

图 3-90

31 选择3个冰块，按【M】键打开"材质编辑器"窗口，选择一个空白材质球，给其指定一个VRayMtl材质，设置其"漫反射"颜色为"白色（255）"，给"反射"通道一张"衰减贴图"，然后把"衰减贴图"拖曳复制给"折射"通道，将"高光光泽度"设置为"0.8"，并隐藏起来，如图3-91所示。

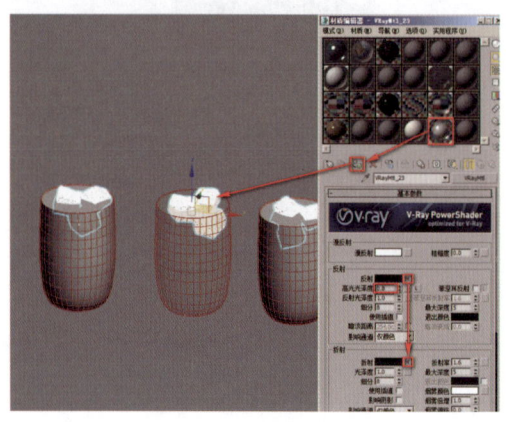

图 3-91

32 选择最右边的液体，打开"材质编辑器"窗口，将刚才设置的啤酒材质拖曳至新的材质球上，然后指定给液体，更改"漫反射"颜色为"红色（R:238，G:70，B:18）"，把"漫反射"颜色拖曳复制给"烟雾颜色"，如图3-92所示。

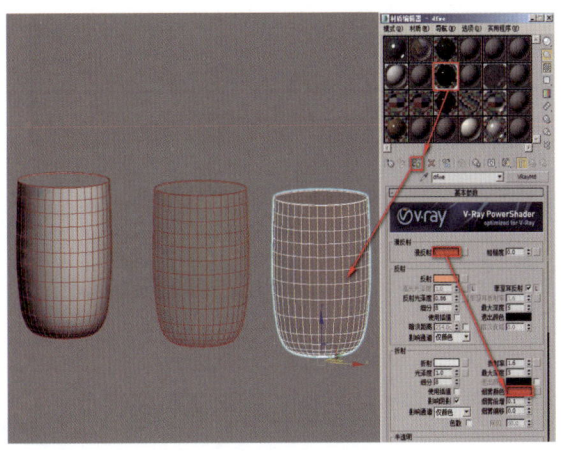

图 3-92

33 选择最左边的液体，打开"材质编辑器"窗口，将刚才设置的红色液体材质拖曳至新的材质球上，然后指定给左边的液体，更改"漫反射"颜色为"绿色（R:113，G:255，B:18）"，把"漫反射"颜色拖曳复制给"烟雾颜色"，如图3-93所示。

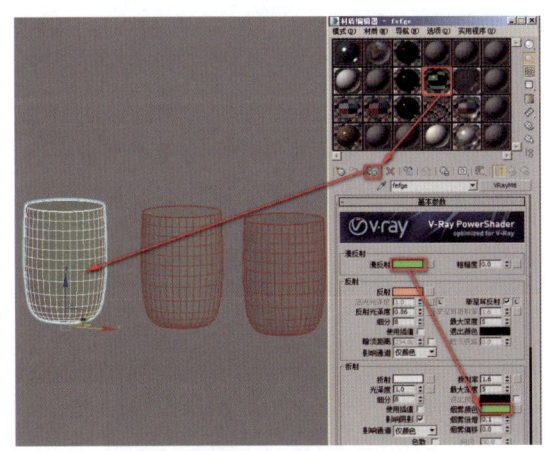

图 3-93

34 退出"孤立模式"，取消隐藏的全部物体，到此为止，这3个饮料的材质就设置完毕了。首先通过测试渲染观看一下效果，然后修改材质的参数。为了节省时间，这一步仍然采用区域渲染的方法，得到如图3-94所示的效果。

图 3-94

35 通过观察发现冰块的材质还不够理想，打开"材质编辑器"窗口，选择冰块材质球，在"把折射贴图通道中的衰减贴图清除，然后将"折射"颜色设置为"237"，使其看上去是透明的，将"光泽度"设置为"0.86"，如图3-95所示。

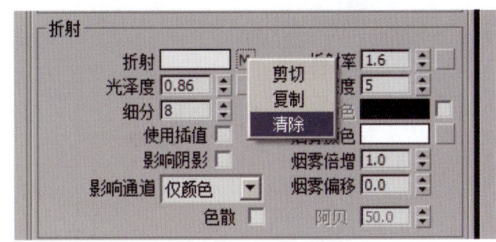

图 3-95

36 剩下的两个酒瓶的材质比较简单，有兴趣的读者可以看一看配套资源中该场景最终文件的参数，这里不再讲解。接下来重点讲一下橱柜上的玻璃材质，如图3-96所示。

图 3-96

37 进入场景中选择玻璃物体，按【Alt+Q】组合键，把玻璃物体孤立出来，可见它的材质（清玻璃）已经设置好了，接下来将其更改为磨砂玻璃材质。选择一个空白材质球，先单击"从对象拾取材质"按钮,再单击玻璃物体得到清玻璃材质,更改"反射光泽度"为"0.86"、"折射光泽度"为"0.9",至此磨砂玻璃材质已经设置完毕,如图3-97所示。

38 退出"孤立模式",取消隐藏的全部物体,至此,磨砂玻璃材质设置完毕。首先通过测试渲染观看效果,然后修改材质的参数。为了节省时间,这一步仍然采用区域渲染的方法,得到如图3-98所示的效果。

图 3-98

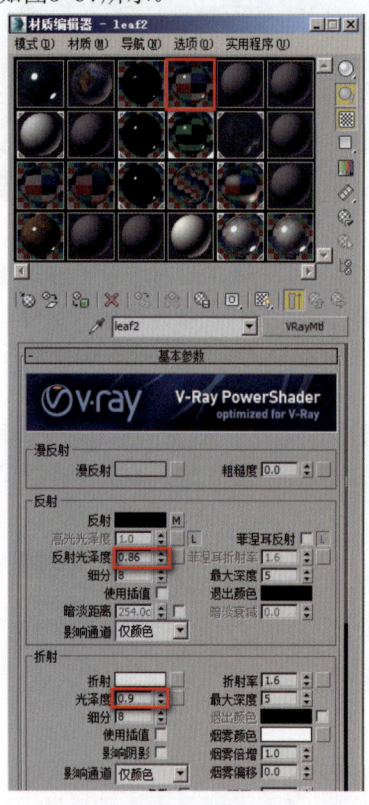

图 3-97

3.3.3 最终渲染设置

以上的材质设置完成以后,本节主要学习最终渲染的设置方法,这些设置决定了图像质量的好坏。通过前面的学习,读者知道影响图像质量的因素除了"渲染设置"以外,还有灯光和材质的"细分",同时它们也影响着渲染的速度。

01 首先孤立选择灯光,进入顶视图,设置灯光的"细分",除了橱柜里灯的"细分"设置为"32",其他"细分"都设置为"48",如图3-99所示。

微课:
玻璃材质最
终渲染参数

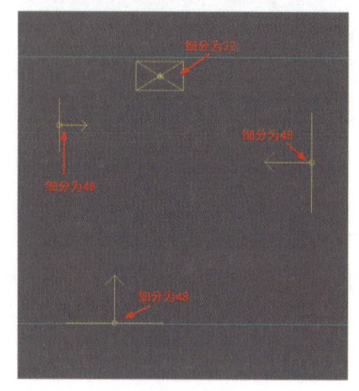

图 3-99

02 接下来设置材质的"细分"。打开"材质编辑器"窗口,把所有有模糊反射的材质的"细分"值设置得高一些,如将磨砂金属的"细分"以及有折射值的折射"细分"都改为"24",如图3-100所示。

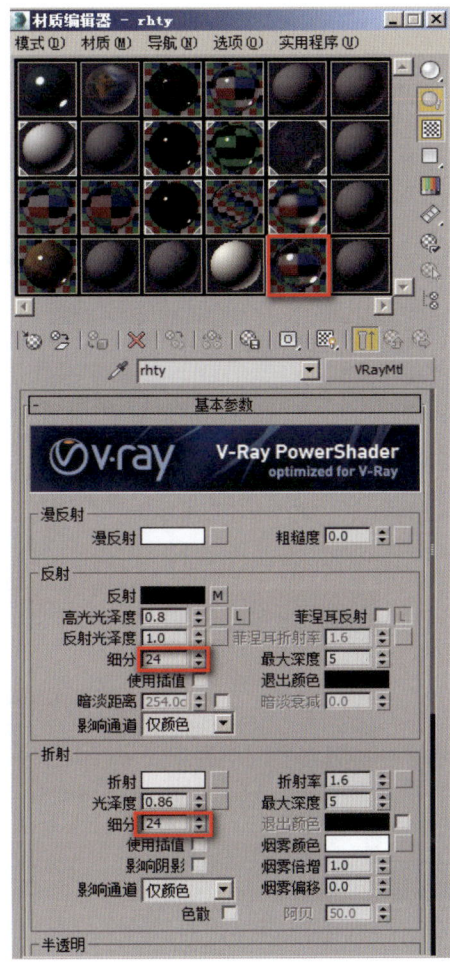

图 3-100

03 打开"渲染设置"窗口,设置渲染尺寸为"2400×1200",如图3-101所示。

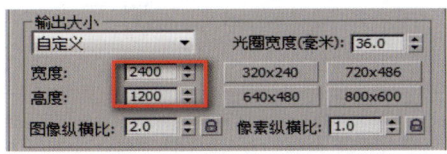

图 3-101

04 设置"图像采样器(抗锯齿)"的"类型"为"自适应",选中"图像过滤器"复选框,并设置"过滤器"为"Catmull-Rom"。然后,设置"自适应图像采样器"的"最小细分"和"最大细分"分别为"2"和"5",如图3-102所示。

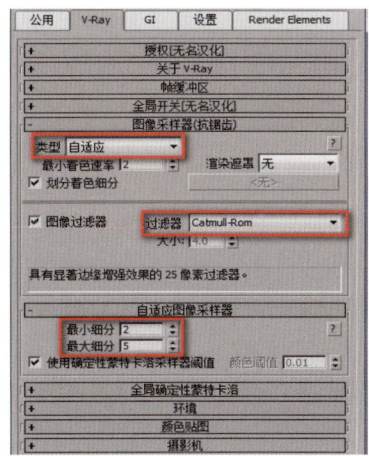

图 3-102

05 设置"二次引擎"为"BF算法",在"发光图"卷展栏中设置"当前预设"为"低"、"细分"为"70"、"插值采样"为"30",并选中"显示计算相位"复选框,如图3-103所示。

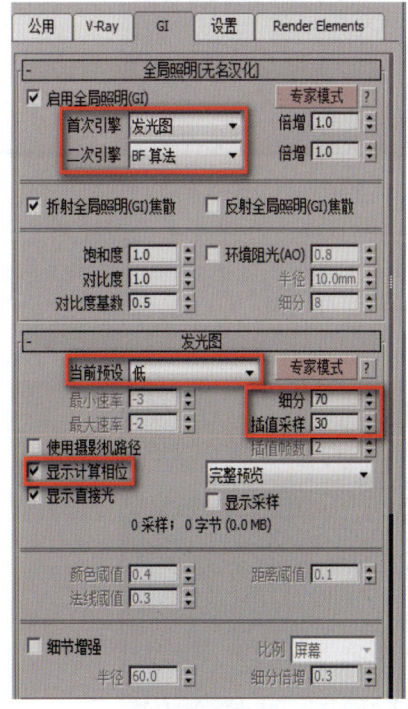

图 3-103

06 打开"V-Ray"选项卡,设置"自适应数量"为"0.75"、"噪波阈值"为"0.001"、"最小采样"为"16",如图3-104所示。设置完毕后,就可以进行大图渲染了。

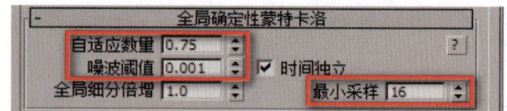

图 3-104

3.3.4 玻璃材质后期处理

01 用Photoshop打开渲染出来的效果图、清玻璃效果图、磨砂玻璃效果图和材质通道图。先双击渲染图将背景图层改为图层0,再按【Ctrl+J】组合键复制一层,得到图层0副本。本节还要讲在做项目的时候如果遇到局部渲染,需要后期合进去的情况,首先通过鼠标拖曳调整一下图层顺序,如图3-105所示。

微课:
玻璃材质后期处理

图 3-107

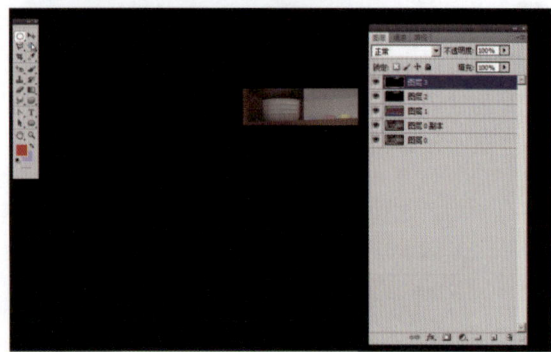

图 3-105

02 在选择图层3的情况下,用魔棒工具选择黑色部分(这是由于在渲染的时候采取的是区域渲染),按【Delete】键将其删除,如图3-106所示。

04 选择图层3,然后选择"图层"→"向下合并"菜单命令,如图3-108所示。

图 3-108

05 经过合并得到图层0副本,如图3-109所示。

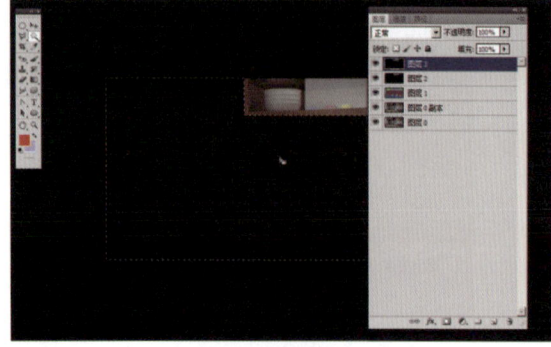

图 3-106

03 同样的方法删除图层2的黑色部分,然后调整一下图层顺序,如图3-107所示。

图 3-109

06 首先调整磨砂玻璃层，选择图层0副本，然后选择"图像"→"调整"→"曲线"菜单命令，弹出"曲线"对话框，调整曲线，让曲线向上一点，使整体画面更亮一些，如图3-110所示。

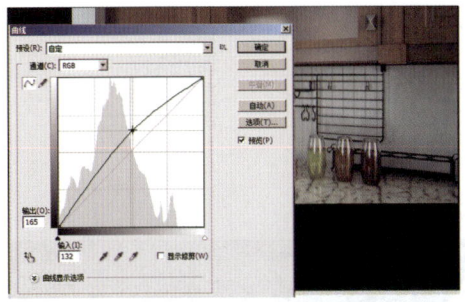

图 3-110

07 接下来调整色调，选择"图像"→"调整"→"色彩平衡"菜单命令，弹出"色彩平衡"对话框，选择高光，调整色彩平衡，使画面更冷一些，如图3-111所示。

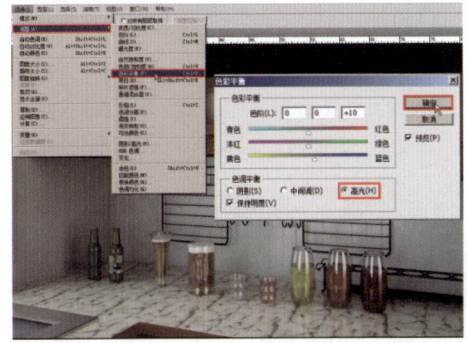

图 3-111

08 选择椭圆选框工具，在画面中框选如图3-108所示的区域，然后右击，并在弹出的快捷菜单中选择"羽化"命令，在弹出的"羽化选区"对话框中输入"羽化半径"为"200"，如图3-112所示，单击"确定"按钮。

图 3-112

09 按【Ctrl+H】组合键隐藏选区，再按【Ctrl+M】组合键弹出"曲线"对话框，将曲线中间部分向上一点，使所选区域画面更亮一些，如图3-113所示。

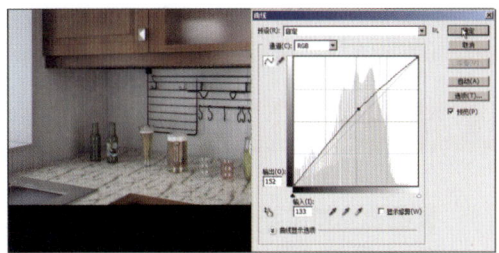

图 3-113

10 按【Ctrl+Shift+I】组合键反选画面区域，再按【Ctrl+H】组合键隐藏选区，然后按【Ctrl+M】组合键弹出"曲线"对话框，让曲线向下一点，使所选区域画面更暗一些，如图3-114所示。

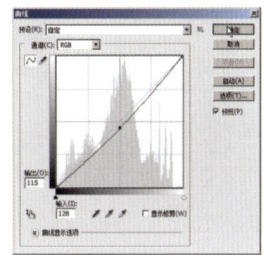

图 3-114

11 至此，磨砂玻璃就制作完毕了，效果如图3-115所示。

图 3-115

12 选择清玻璃图层，按【Ctrl+M】组合键弹出"曲线"对话框，让曲线向上一点，使清玻璃画面更亮一些，效果如图3-116所示。

图 3-116

13 至此，玻璃材质效果图的后期制作全部完成。

3.4 瓷器材质表现

3.4.1 瓷器材质分析

瓷器物体如图3-117所示。瓷器物体的特点如下。
① 表面较光滑。
② 有强烈的反射。
③ 高光面积较小。
④ 表面颜色不同。

微课：
瓷器材质分析

(a)

(b)

(c)

图 3-117

3.4.2 瓷器材质设置

01 打开智慧职教网站本课程中的"Chapter3\3.4.2瓷器材质设置\素材-瓷器-start.max"场景文件，如图3-118所示。

微课：
瓷器材质设置

图 3-118

02 选择如图3-119所示的瓷器，按【M】键打开"材质编辑器"窗口，选择一个空白材质球，给其指定一个VRayMtl材质，设置其"漫反射"颜色为近似纯白的颜色（243），调整"反射"为"220"、"反射光泽度"为"0.8"。

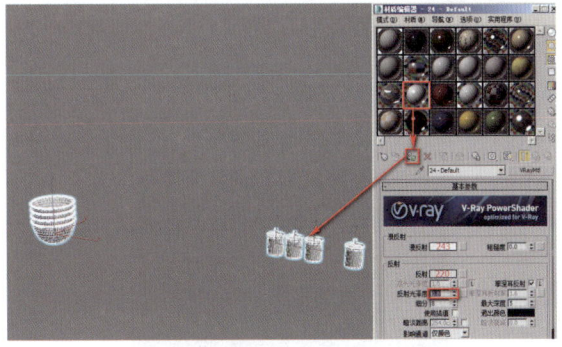

图 3-119

03 退出"孤立模式"，右击并在弹出的快捷菜单中选择"显示所有的物体"命令。为了节约时间，打开"渲染帧"窗口，然后在"要渲染的区域"下拉列表框中选择"区域"，并调整区域，如图3-120所示。

图 3-120

04 进行测试渲染，效果如图3-121所示。

图 3-121

05 选择图3-122中所示的小瓷杯子，这里要设置的小杯子和前面设置的瓷器只有一个区别，那就是表面颜色不同，即漫反射颜色不同。打开"材质编辑器"窗口，将刚才设置的瓷器材质拖曳至新的材质球上，然后指定给第一个小杯子，设置"漫反射"颜色为"蓝色（R:13，G:62，B:185）"。

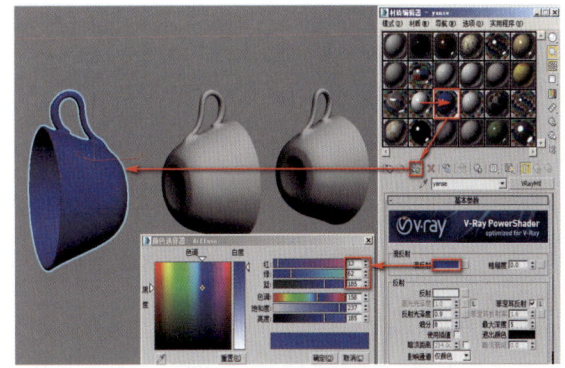

图 3-122

06 选择图3-123中所示的第2个小瓷杯子，打开"材质编辑器"窗口，将刚才设置的小瓷杯子材质拖曳至新的材质球上，然后指定给第2个小杯子，设置"漫反射"颜色为"红色（R:190，G:10，B:10）"。同样的方法设置第3个杯子的材质，将其"漫反射"颜色设置为"黄色（R:250，G:203，B:13）"。

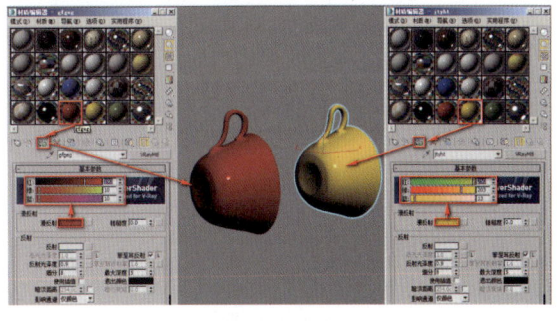

图 3-123

07 采用区域渲染的方法，单击"渲染"按钮进行测试渲染，效果如图3-124所示。

图 3-124

08 选择图3-125中所示的盘子，按【M】键打开"材质编辑器"窗口，选择一个空白材质球，给其指定一个VRayMtl材质，给"漫反射"通道一张位图（智慧职教网站本课程中的"Chapter3\3.4.2瓷器材质设置\素材Archmodels57_025_diffuse1.jpg"文件），调整"反射"为"181"、"反射光泽度"为"0.85"，并选中"菲涅耳反射"复选框。

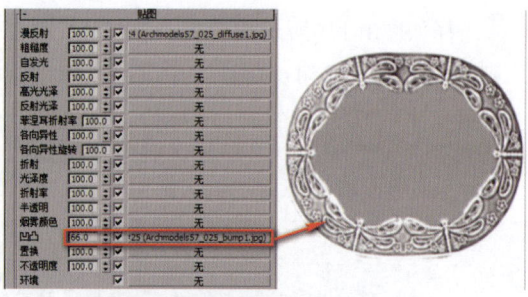

图 3-126

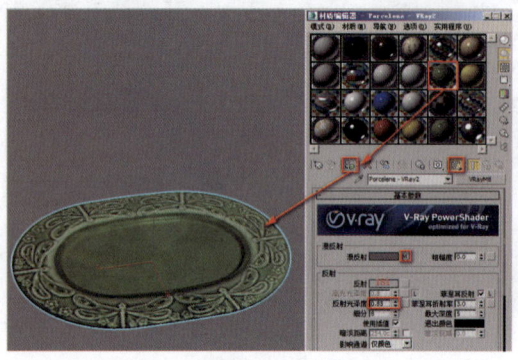

图 3-125

09 打开"贴图"卷展栏，给"凹凸"通道一张位图（智慧职教网站本课程中的"Chapter3\3.4.2瓷器材质设置\素材Archmodels57_025_bump1.jpg"文件），设置其"凹凸"为"66"，如图3-126所示。

10 材质球效果如图3-127所示。

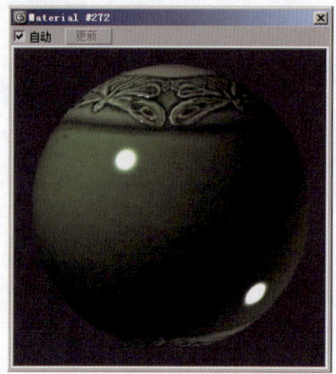

图 3-127

11 通过区域渲染的方法，得到如图3-128所示的效果。

图 3-128

3.4.3 最终渲染设置

01 打开"材质编辑器"窗口，其中有反射光泽度的细分都要提高，反射光泽度越高，细分值越大，例如将磨砂玻璃的细分都调为"16"，如图3-129所示。

02 将所有灯光的"细分"都改为"48"。

03 打开"渲染设置"窗口，设置"输出大小"为"2400×1200"，如图3-130所示。

微课：
瓷器材质最
终渲染设置

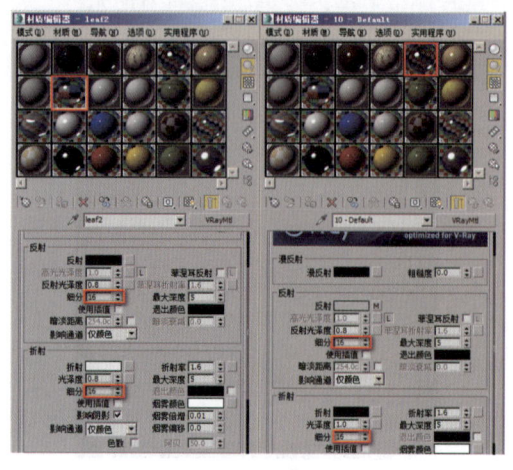

图 3-129

图 3-130

04 设置"图像采样器(抗锯齿)"的"类型"为"自适应",选中"图像过滤器"复选框,并设置"过滤器"为"Catmull-Rom"。然后设置"自适应图像采样器"的"最小细分"和"最大细分"分别为"2"和"5",如图3-131所示。

用,设置"首次引擎"为"发光图"、"二次引擎"为"BF算法"。在"发光图"卷展栏中设置"当前预设"为"低"、"细分"为"70"、"插值采样"为"30",并选中"显示计算相位"复选框,如图3-132所示。

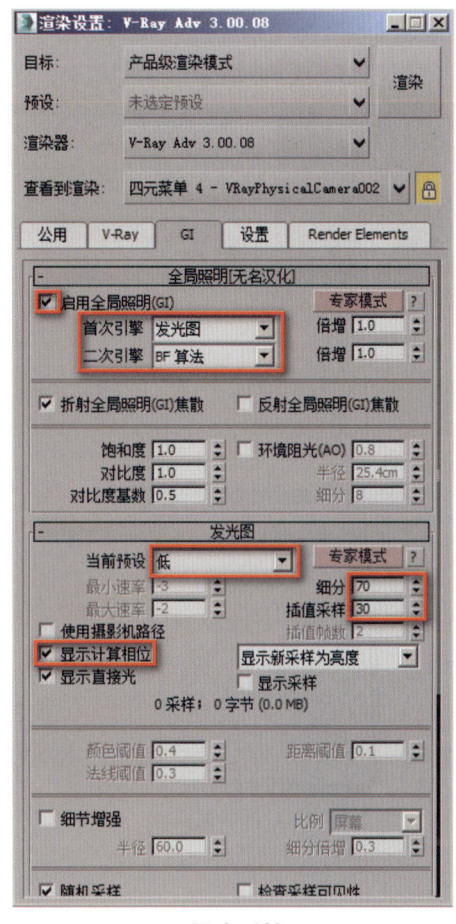

图 3-132

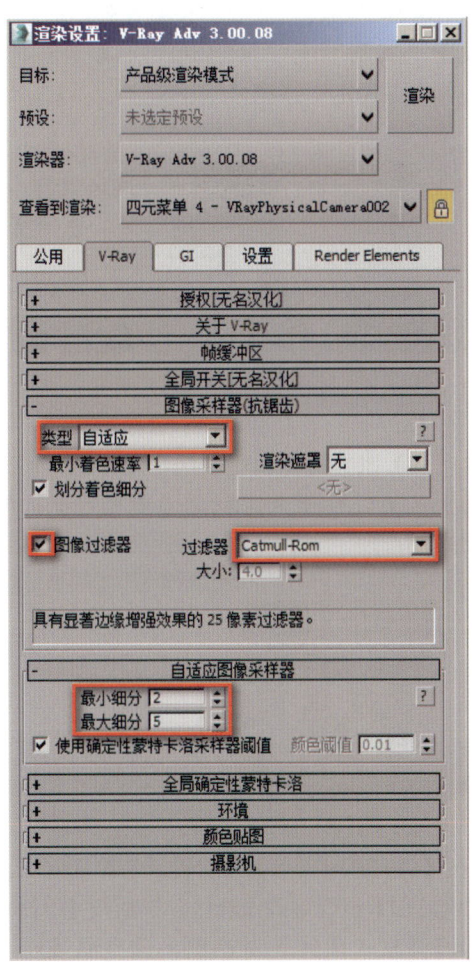

图 3-131

05 接下来设置"GI"选项卡。选中"启用全局照明(GI)"复选框,这样场景的全局光才起作

06 打开"V-Ray"选项卡,设置"自适应数量"为"0.75"、"噪波阈值"为"0.001"、"最小采样"为"16",如图3-133所示。设置完毕后,就可以进行大图渲染了。

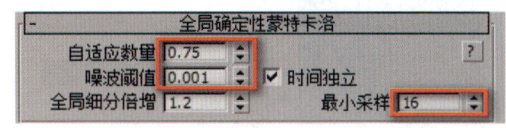

图 3-133

3.4.4 瓷器材质后期处理

01 用Photoshop打开渲染出来的效果图和材质通道图。先双击渲染图将背景图层改为图层0，再按【Ctrl+J】组合键复制一层，得到图层0副本，再通过鼠标拖曳调整图层顺序，关掉材质通道前面的小眼睛图标，如图3-134所示。

微课：
瓷器材质后期处理

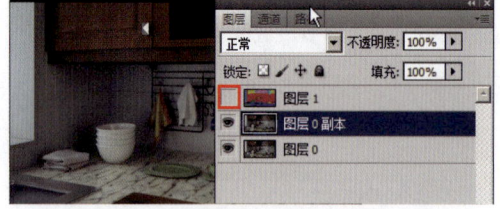

图 3-134

02 按【Ctrl+M】组合键弹出"曲线"对话框，调整曲线向上一点，使画面整体更亮一些，如图3-135所示。

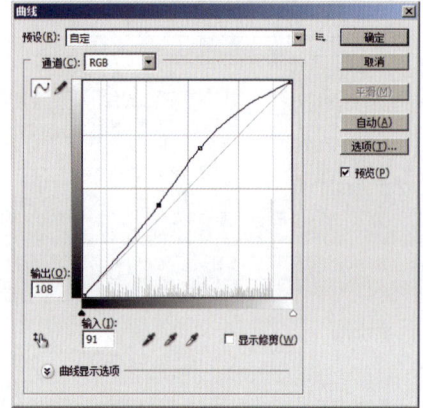

图 3-135

03 选择材质通道图层，用魔棒工具选择白色的瓷器，然后按【Ctrl+J】组合键复制一层，再按【Ctrl+M】组合键弹出"曲线"对话框，调整曲线向上一点，使瓷器更亮一些，如图3-136所示。

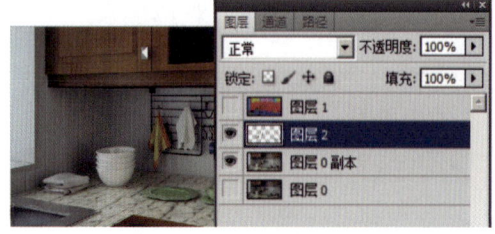

图 3-136

04 按【Ctrl+B】组合键弹出"色彩平衡"对话框，调整瓷器的颜色为冷色，如图3-137所示。

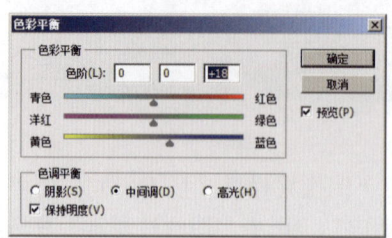

图 3-137

05 选择椭圆选框工具，在画面上选择如图3-145所示的区域，然后右击，并在弹出的快捷菜单中选择"羽化"命令，接着在弹出的对话框中设置"羽化半径"为"200"，如图3-138所示，单击"确定"按钮。

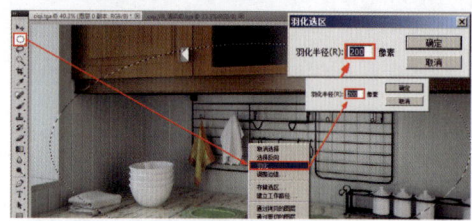

图 3-138

06 按【Ctrl+H】组合键隐藏选区，再按【Ctrl+M】组合键弹出"曲线"对话框，调整曲线向上一点，使所选区域画面更亮一些，如图3-139所示。

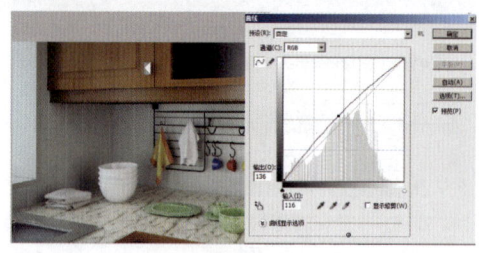

图 3-139

07 按【Ctrl+Shift+I】组合键反选画面区域，再按【Ctrl+H】组合键隐藏选区，然后按【Ctrl+M】组合键弹出"曲线"对话框，调整曲线向下一点，使所选区域画面更暗一些，如图3-140所示。

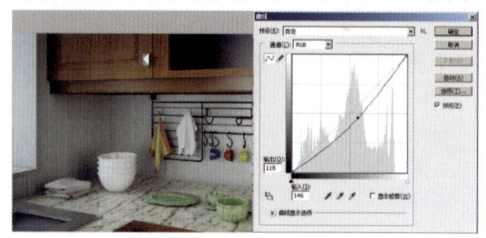

图 3-140

08 按【Ctrl+B】组合键弹出"色彩平衡"对话框，调整瓷器的颜色为暖色，如图3-141所示。

09 至此，瓷器材质效果图的后期制作全部完成，效果如图3-142所示。

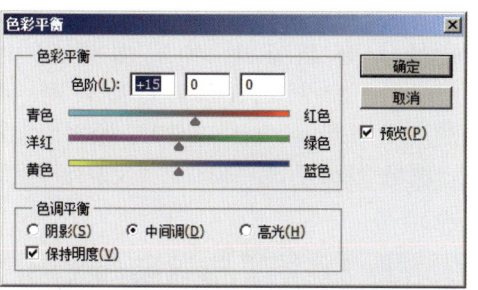

图 3-141

图 3-142

3.5 其他材质表现

3.5.1 布料材质表现

首先观察一下生活中的布料，如图3-143所示。布料材质的特点如下。
① 表面柔软。
② 有少量反射。
③ 高光面积大。
④ 表面较粗糙，有纹理。

微课：
其他材质表现

(a)

(b)

图 3-143

本节主要学习其他材质的表现方法。

01 首先选择场景中的毛巾，按【M】键打开"材质编辑器"窗口，选择一个空白材质球，给其指定一个VRayMtl材质，设置其"漫反射"颜色为"黄色（R:255, G:243, B:218）"，由于反射很小，调整反射值为"15"，它的高光比较弱，将"反射光泽度"设置为"0.56"，其他参数如图3-144所示。

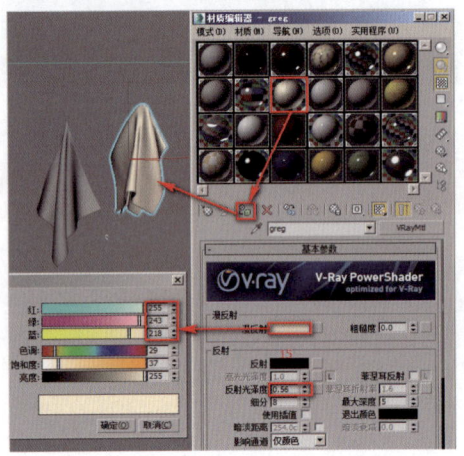

图3-144

02 打开"贴图"卷展栏，给"凹凸"通道一张噪波贴图，设置其"大小"为"6"、"噪波类型"为"分形"，如图3-145所示。

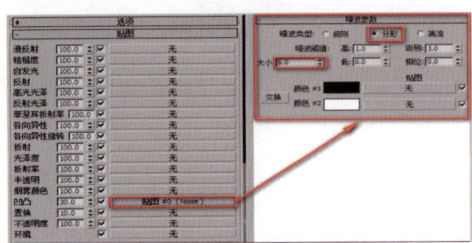

图3-145

03 材质球效果如图3-146所示。

图3-146

04 选择图3-147中所示的毛巾，按【M】键打开"材质编辑器"窗口，选择一个空白材质球，给其指定一个VRayMtl材质，给"漫反射"通道一张位图（智慧职教网站本课程中的"Chapter3\3.5.1布料材质表现\素材Arch30_018_diffuse.jpg"文件），反射值设置小一些，调整"反射"为"12"、"反射光泽度"为"0.56"。

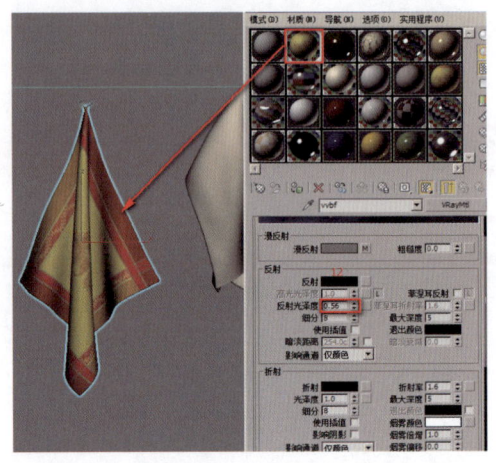

图3-147

05 打开"贴图"卷展栏，给"凹凸"通道一张位图（智慧职教网站本课程中的"Chapter3\3.5.1布料材质表现\素材Arch30_018_bumpdisp.jpg"文件），设置其"凹凸"为"66"，如图3-148所示。

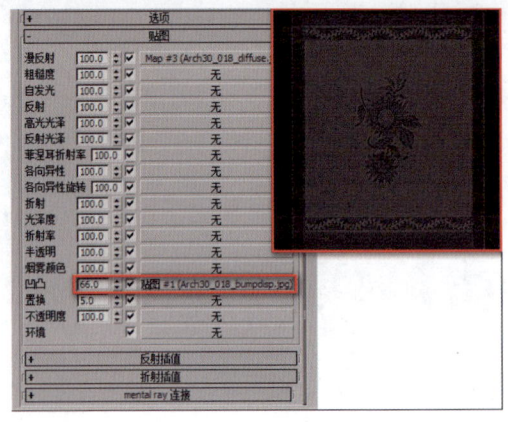

图3-148

06 选择图3-148中所示的毛巾，按【M】键打开"材质编辑器"窗口，选择一个空白材质球，给其指定一个VRayMtl材质，将"漫反射"颜色设置为"蓝色（R:15, G:65, B:88）"，如图3-149所示。

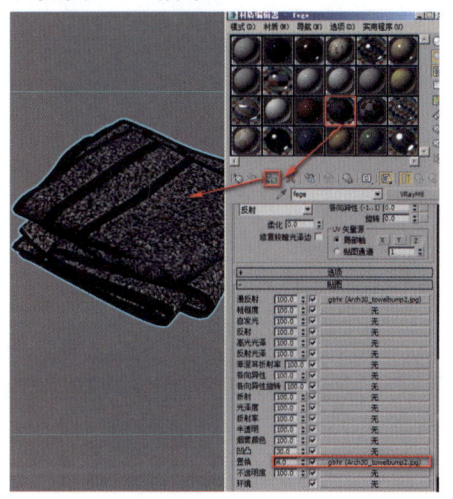

图 3-149

07 打开"贴图"卷展栏，给"置换"通道添加一张位图（智慧职教网站本课程中的"Chapter3\3.5.1布料材质表现\素材Arch30_towelbump2.jpg"文件），设置其"置换"为"4"，如图3-150所示。

08 接下来进行测试渲染，为了看得更清楚一些，可以将尺寸调大至"1200×600"，打开"图像采样器（抗锯齿）"卷展栏，设置如图3-151所示。

图 3-151

09 为了节约时间，仍然采用区域渲染的方法，单击"渲染"按钮，得到如图3-152所示的效果。

图 3-152

图 3-150

3.5.2 石料材质表现

接下来看一下场景中的大理石材质，如图3-153所示。

(a)

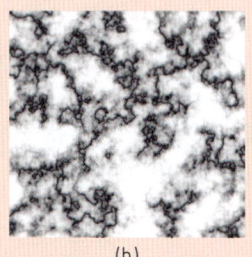
(b)

(c)

(d)

图 3-153

场景中的大理石材质的表现是这样的：首先在"漫反射"通道里添加一张有大理石纹理的位图，其次添加反射、反射光泽度（高光）、菲涅耳反射现象，如图3－154所示。

大理石是室内外设计当中经常用到的材料，真实世界中的大理石具有以下几个特征。

① 天然的大理石纹理。

② 表面有比较强烈的反射现象。

③ 高光面积较小（打磨过的大理石表面很平整）。

④ 每块大理石之间有拼缝。

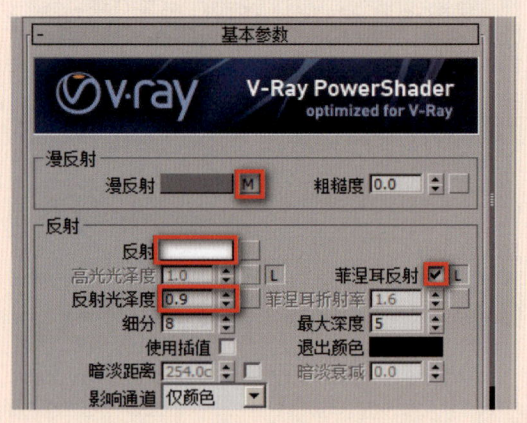

图 3－154

3.5.3　木料材质表现

接下来看一下场景中的木头材质，木头材质如图3－155所示。

图 3－155

木头是室内外设计当中经常用到的材料之一，真实世界中的木头具有以下几个特征。

① 具备天然的木头纹理。

② 表面有反射，反射的强弱会根据家具使用的时间长短而变化。

③ 表面会有少量的凹凸，凹凸的数量取决于油漆的厚度，如果油漆刷得厚，则凹凸不明显。

④ 高光面积较小。

场景中的木头材质表现是这样的：表面有纹理贴图、反射、反射光泽度、菲涅耳反射现象，具体参数设置如图3－156所示。

然后是场景中的铝塑板，场景中的铝塑板是这样的：有一个基本的颜色（即漫反射颜色）、一个反射、反射光泽度、菲涅耳反射现象，如图3－157所示。

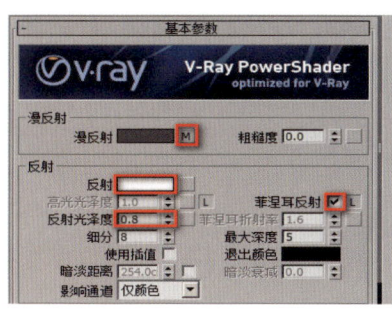

图 3-156

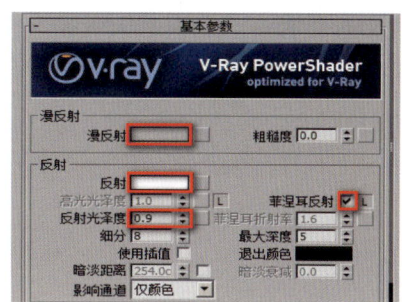

图 3-157

3.6 知识与技能梳理

本章主要讲解了材质的设置，怎样才能设置好材质呢？这里给出两点注意事项。

① 环境的搭建对材质的表现非常关键。环境首先要有明暗对比，其次要有冷暖变化。

② 一定要深入了解材质的物理属性。首先是物体表面的颜色、纹理和肌理，其次是物体的反射强弱程度、反射模糊和高光情况，最后是折射和折射模糊。

微课：
知识与技能
梳理

3.7 课后练习

一、选择题（共4题），请扫描二维码进入即测即评。

二、简答题

1．当为一个场景合并外部家具时，为什么通过缩放操作会使家具的比例失调？

2．通过哪些方法可以为对象分配材质？

3.7 课后练习

Chapter 4

简约客厅

客厅（Living Room）也称起居室，是主人与客人会面的地方，也是房子的门面。客厅的摆设、颜色能反映主人的性格、特点、品味、喜好等。客厅宜用浅色，从而让客人有耳目一新的感觉，同时帮助主人消除一天奔波的疲劳。

	知识点　　　　　　　学习目标	了解	应用	创新	重点知识
学习要求	家具和房间结构的建模				🚩
	摄像机的创建				🚩
	检查模型的目的和方法		🚩		
	材质的设置方法	🚩			
	渲染参数设置	🚩			
	材质通道的渲染	🚩			
	Photoshop后期处理				🚩

Chapter 4　简约客厅

4.1　客厅空间分析

在实际的展示空间中，灯光是气氛表现的重要因素之一，展示空间的好坏，在很大程度上取决于灯光的应用。本章将要学习太阳光和天光的模拟，图4-1所示为本章所讲案例的效果图。

微课：
客厅空间分析

图 4-1

4.2　家具的建立

4.2.1　创建桌子

01 打开3ds Max 2016，选择"自定义"→"单位设置"菜单命令，弹出"单位设置"对话框。单击"系统单位设置"按钮，弹出"系统单位设置"对话框，在"系统单位比例"选项组中将"单位"设置为"毫米"，然后单击"确定"按钮，返回"单位设置"对话框。在"显示单位比例"选项组中选择"公制"单选按钮，并设置为"毫米"，然后单击"确定"按钮，如图4-2所示。

微课：
创建桌子

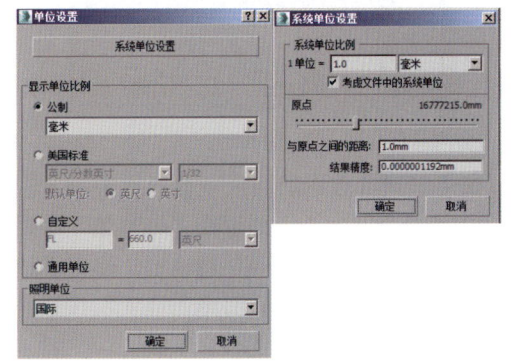

图 4-2

02 在"创建"下的"几何体"中单击"长方体"按钮，然后激活顶视图，在顶视图中创建一个长方体，设置其"长度"为"1000.0mm"、"宽度"为"1000.0mm"、"高度"为"200.0mm"，如图4-3所示。

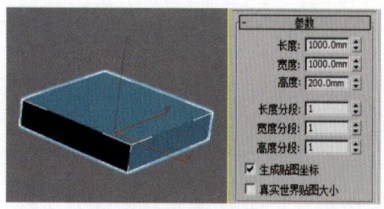

图 4-3

03 在长方体上右击，然后在弹出的快捷菜单中选择"转换为"→"转换为可编辑多边形"命令，如图4-4所示，将模型转换为可编辑的多边形物体。

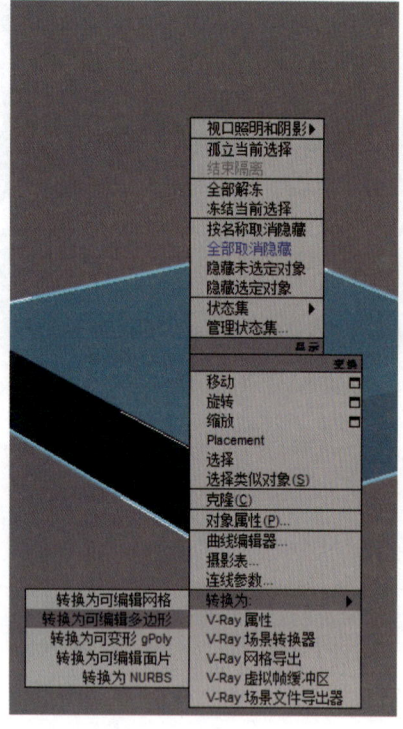

图 4-4

04 在可编辑多边形的层级下选择边层级，在顶视图中选择所有的边，然后在"编辑边"卷展栏中单击"切角"按钮右侧的□按钮，弹出"边切角量"对话框，设置参数后单击"√"按钮完成桌边的倒角，如图4-5所示。

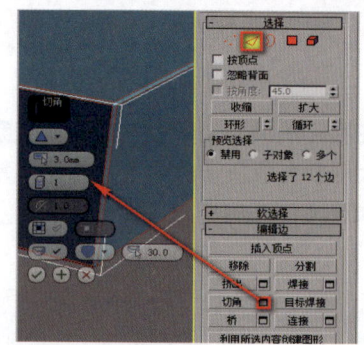

图 4-5

05 接下来对桌腿进行创建，仔细观察并分析效果图中桌腿的造型，然后进行创建，如图4-6所示。

图 4-6

06 激活顶视图，然后最大化顶视图，在"创建"下的"图形"中单击"矩形"按钮创建一个矩形，设置其"长度"为"50.0mm"、"宽度"为"50.0mm"，如图4-7所示。

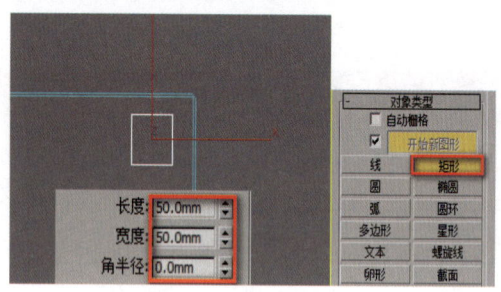

图 4-7

07 选中图形后右击，在弹出的快捷菜单中选择"转换为"→"转换为可编辑样条线"命令，如图4-8所示，将图形转换为可编辑的样条线。

08 在"修改"面板中单击"可编辑样条线"中的"线段"选项，然后选择红色线标识的边，按【Delete】键删除，如图4-9所示。

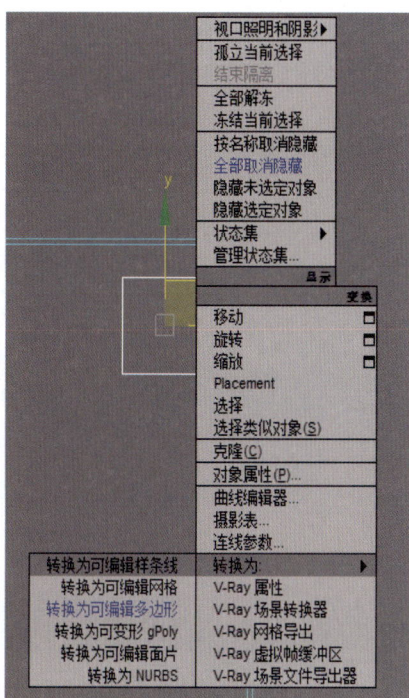

图 4-8

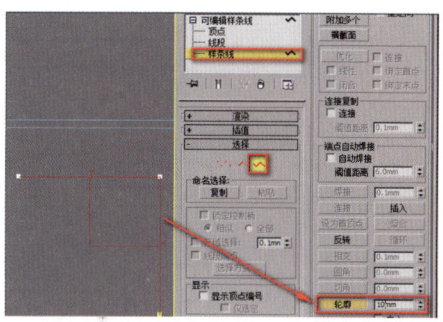

图 4-10

10 选中刚才加过轮廓的图形，然后右击，在弹出的快捷菜单中选择"转换为"→"转换为可编辑多边形"命令，将模型转换为可编辑的多边形物体。按【1】键进入点层级，选中如图4-11中所示红色标识的点。

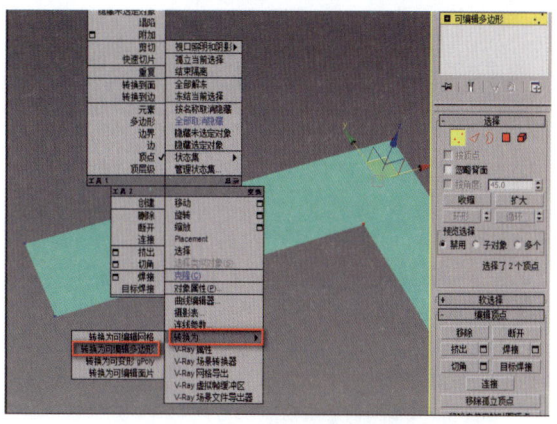

图 4-11

11 然后右击，在弹出的快捷菜单中选择"连接"命令，在两个红色的点之间加一条线，以方便后面的操作，得到的效果如图4-12所示。

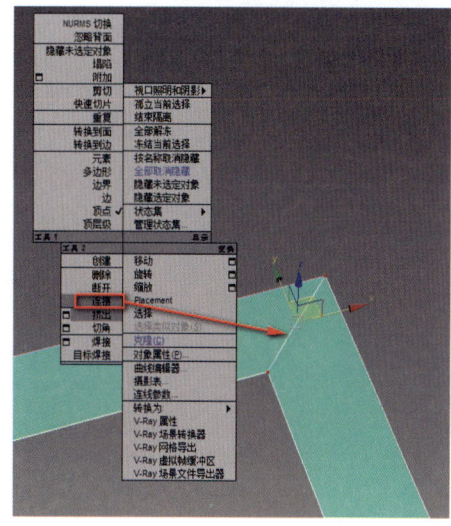

图 4-12

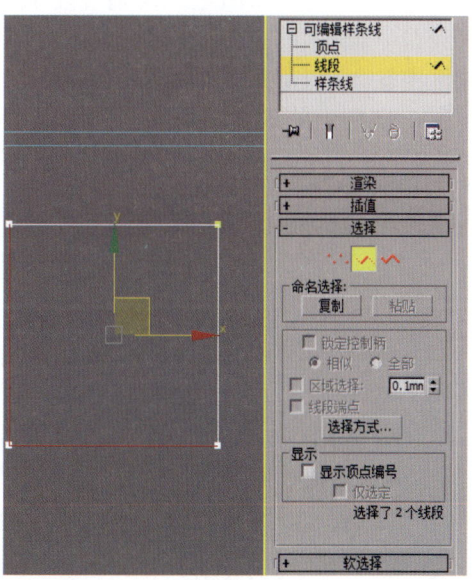

图 4-9

09 进入"修改"面板的样条线层级，选择所有边，在"几何体"卷展栏中单击"轮廓"按钮，在其右边的数值框中输入"10mm"，然后按【Enter】键，得到桌腿的截面图形，如图4-10所示。

12 按【Alt+Q】组合键孤立选择桌腿，在"修改"面板的下拉列表框中选择"壳"选项，然后将"参数"卷展栏中的"外部量"设为"200.0mm"，得到桌腿效果，如图4-13所示。

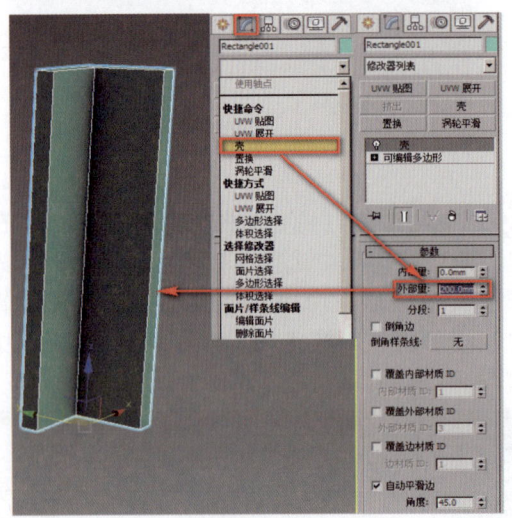

图 4-13

13 观察最终效果图可以得知，还需要建立一个中间连接桌腿的结构。首先选择物体，在该物体上右击，在弹出的快捷菜单中选择"转换为"→"转换为可编辑多边形"命令，将模型转换为可编辑的多边形物体，选中如图4-14所示的边。

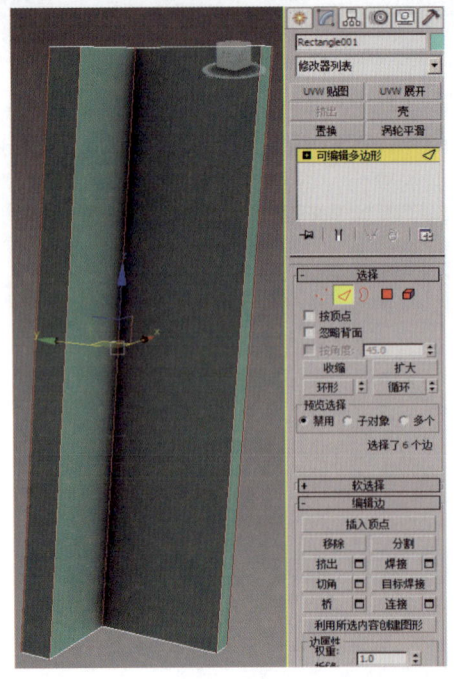

图 4-14

14 然后右击，在弹出的快捷菜单中单击"连接"左侧的□按钮，在弹出的对话框中设置分段数为"1"，得到一条环形边，效果如图4-15所示。

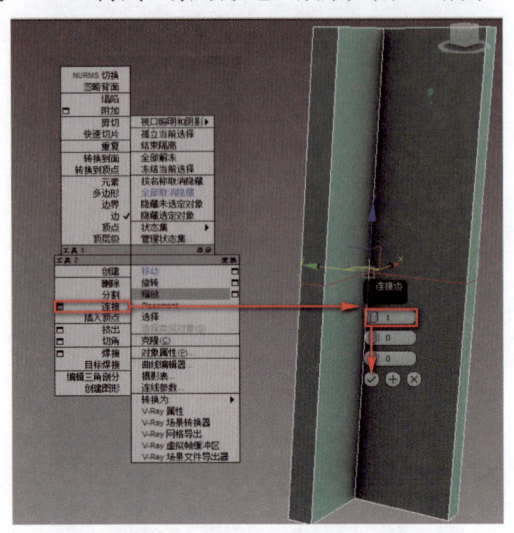

图 4-15

15 进入前视图，按【Alt+W】组合键最大化视图，选中刚才增加的边，用捕捉工具将其吸引到最下面的边，然后在时间线下方的Y轴数值框中输入"10mm"，按【Enter】键，得到如图4-16所示的效果。

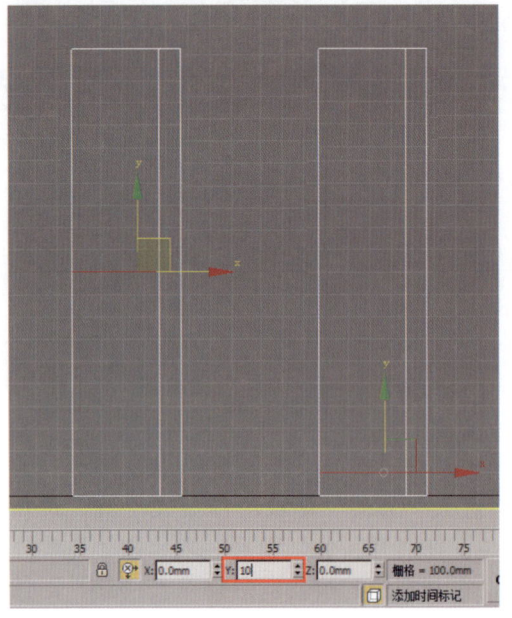

图 4-16

16 用步骤13到步骤15的方法做出第二条线，距离第一条线的垂直距离为"20mm"，即Y轴的数值为"30mm"，如图4-17所示。

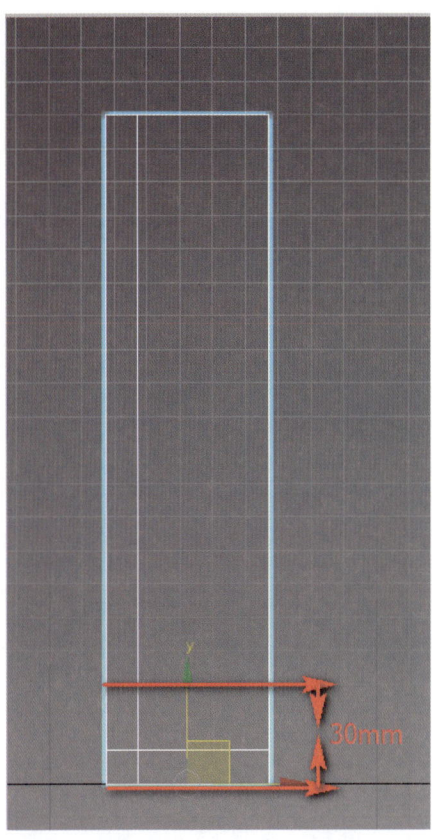

图 4-17

17 进入透视图,在"修改"面板中进入面层级,然后选择图4-18中红色区域的面,删除该面。

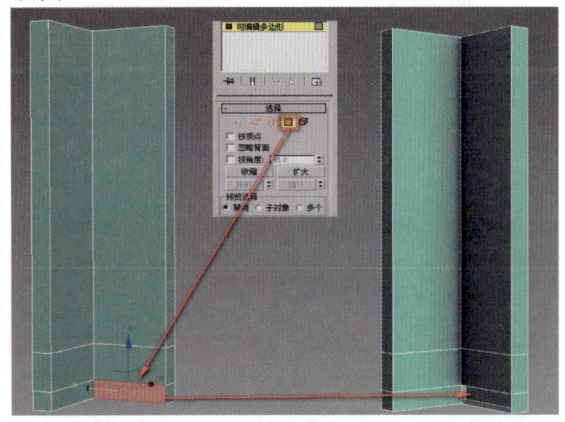

图 4-18

18 选择图4-18中红色区域的面并右击,在弹出的快捷菜单中选择"挤出"命令,得到如图4-19所示的效果。

19 在"修改"面板中进入面层级,然后选择图4-20中红色区域的面,删除该面。

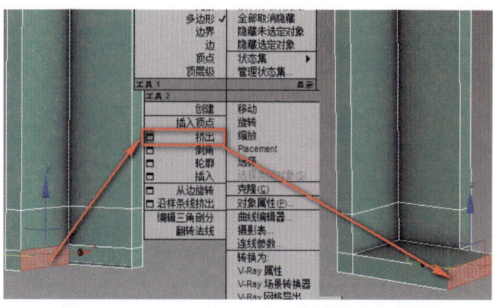

图 4-19

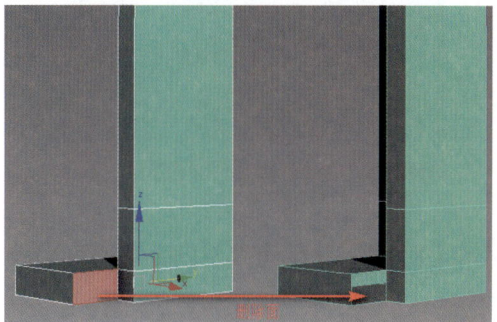

图 4-20

20 焊接图4-21中红色标识的点,然后使用移动工具移动另外两个点。

图 4-21

21 按【T】键进入顶视图,在主工具栏中选择捕捉工具,如图4-22所示。

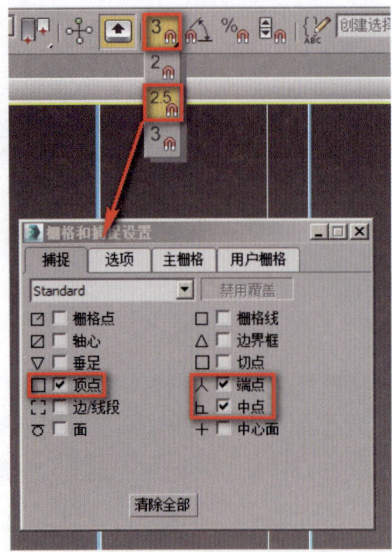

图 4-22

22 按【1】键，进入可编辑多边形的点层级，选择红色标识的点然后拖曳，得到如图4-23所示的效果。

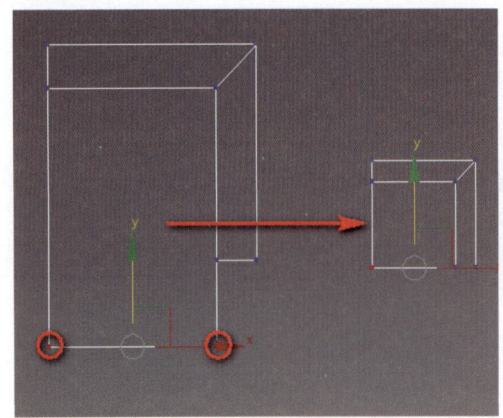

图 4-23

23 进入透视图，选择如图4-23所示的点，然后在"修改"面板中单击"焊接"按钮右侧的□按钮，弹出"焊接顶点"对话框，调节焊接阈值，然后单击"√"按钮，如图4-24所示。

24 按【4】键进入可编辑多边形的面层级，选择图4-24中红色区域的面并右击，在弹出的快捷菜单中选择"挤出"命令，分别进行3次挤出，挤出的数值分别为"800mm""10mm""10mm"，得到如图4-25所示的效果。

25 按【1】键进入可编辑多边形的点层级，选择图4-26中红色标识的点，然后向Y轴正方向移动"30mm"，如图4-26所示。

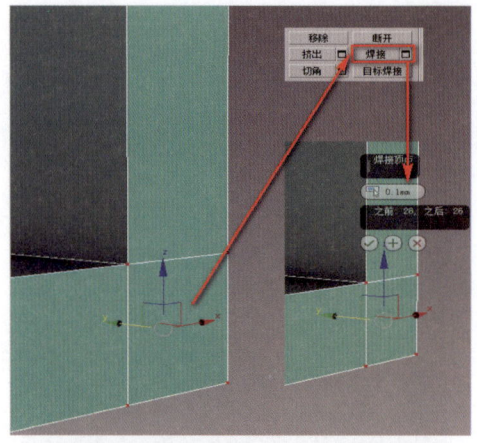

图 4-24

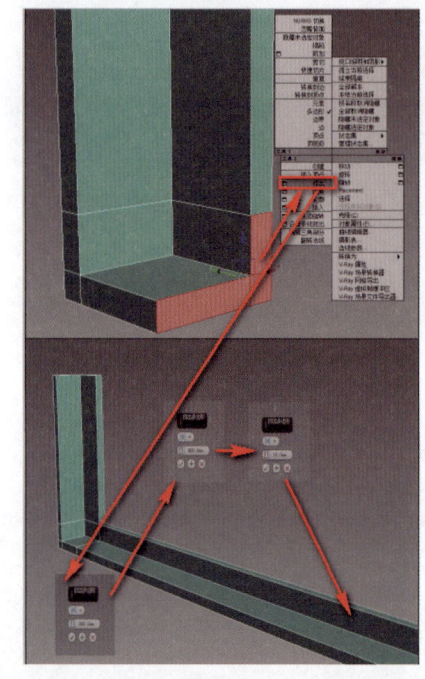

图 4-25

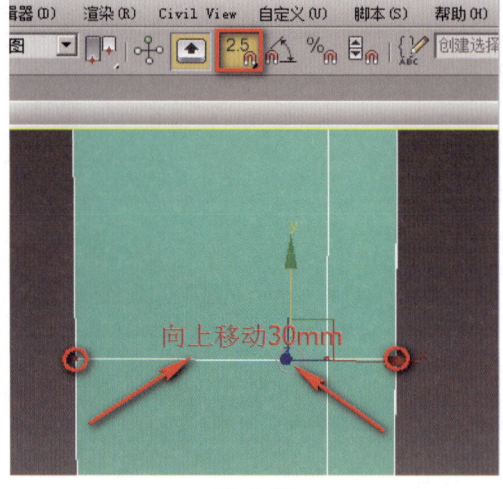

图 4-26

26 按【4】键进入可编辑多边形的面层级,选择图4-27中红色区域的面,然后按【Delete】键删除。

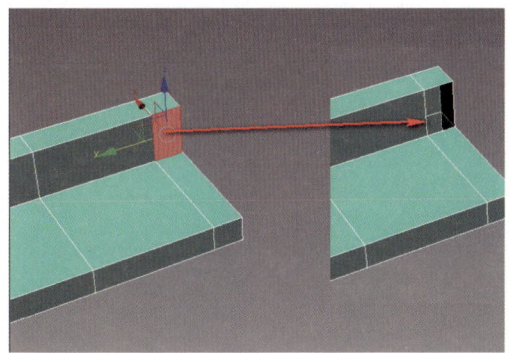

图 4-27

27 选择图4-28中红色区域的面并右击,在弹出的快捷菜单中选择"挤出"命令,然后删除多余的面,并把多余的点焊接上。

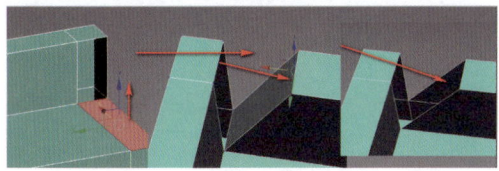

图 4-28

28 按【2】键进入可编辑多边形的边层级,选择红色标识的线,在"修改"面板中通过"目标焊接"按钮,做一下目标焊接,把红色标识的线段拖曳过去即可,如图4-29所示。

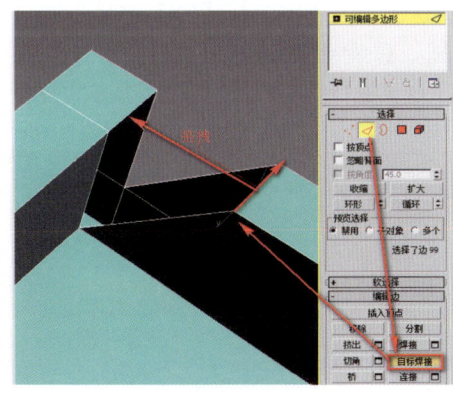

图 4-29

29 按【4】键进入可编辑多边形的面层级,选择图4-29中的面并右击,在弹出的快捷菜单中选择"挤出"命令,设置挤出的参数值为"160.0mm",如图4-30所示。

30 进入前视图,按【S】键打开捕捉功能,把刚挤出的面与另一边对齐,效果如图4-31所示。

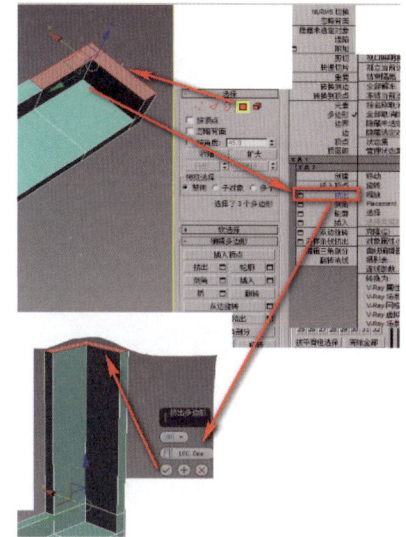

图 4-30

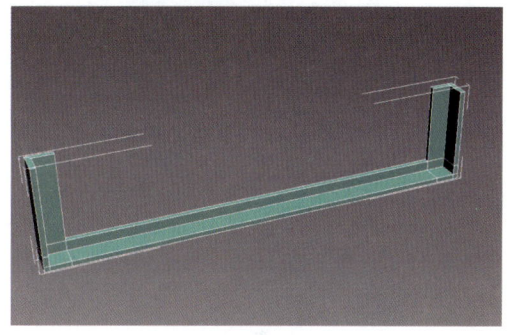

图 4-31

31 制作两个桌腿之间的连接结构——横梁。选择物体,按【2】键进入可编辑多边形的边层级,然后选择红色的边并右击,在弹出的快捷菜单中选择"连接"命令,如图4-32所示。

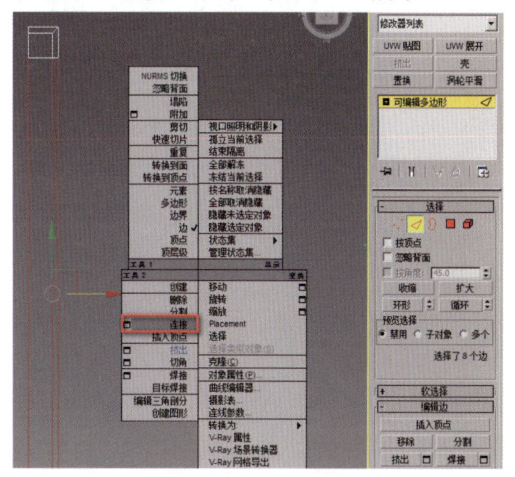

图 4-32

32 再次右击,在弹出的快捷菜单中选择"切角"命令,设置切角变量为"20.0mm",如图4-33所示。

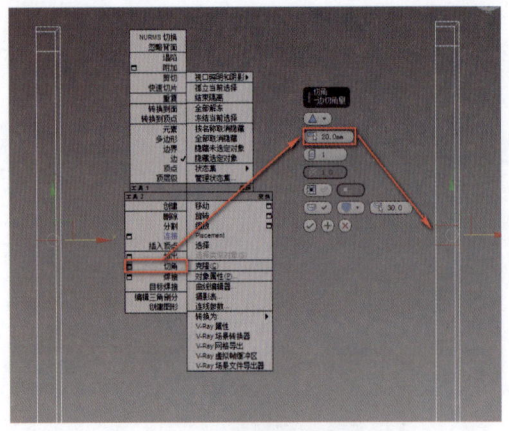

图 4-33

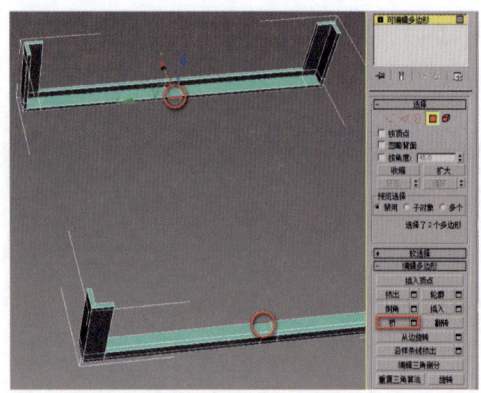

图 4-36

33 把做好的桌腿按X轴配合快捷键【Shift】复制一个，如图4-34所示。

36 桥接后的效果如图4-37所示。

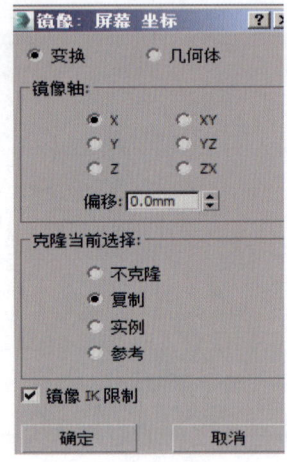

图 4-34

34 进入偏移模式，按X轴负方向移动"800mm"，然后右击，在弹出的快捷菜单中选择"附加"命令，得到如图4-35所示的效果。

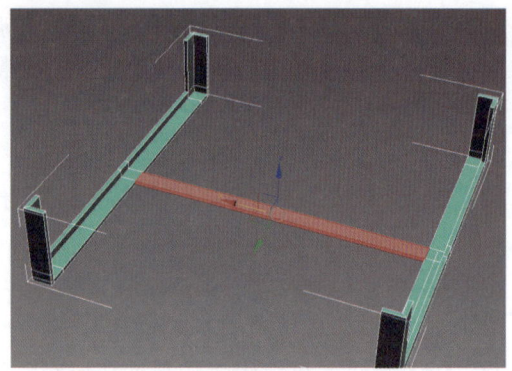

图 4-37

37 单击"警告：已孤立的当前选择"对话框中的"×"按钮，退出"孤立模式"，然后按【T】键进入顶视图，按【F3】键显示线框。选择桌腿，读者会发现坐标中心点不在物体几何中心，这里进行调整，分别单击"层次"面板中的"仅影响轴""居中到对象"按钮，如图4-38所示。

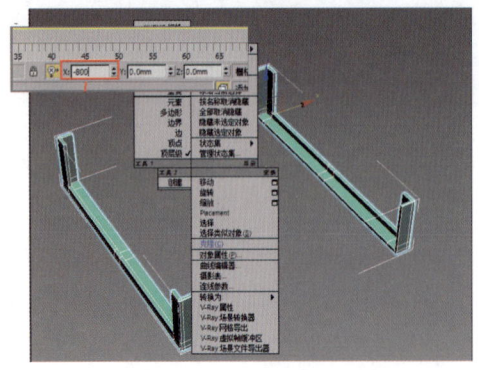

图 4-35

35 按【4】键进入可编辑多边形的面层级，选择图4-36中红圈圈出的面，单击"修改"面板中的"桥"按钮，进行桥接。

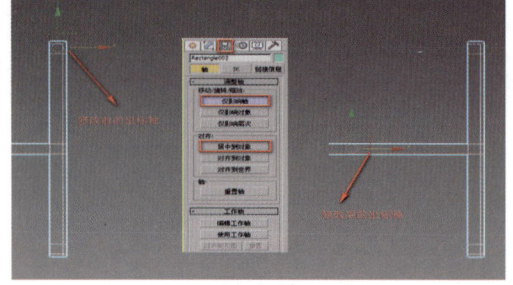

图 4-38

38 选择桌腿，再选择主工具栏中的对齐工具，然后选择桌面，如图4-39所示。

39 弹出"对齐当前选择"对话框，设置参数后，单击"确定"按钮，如图4-40所示。

Chapter 4 简约客厅

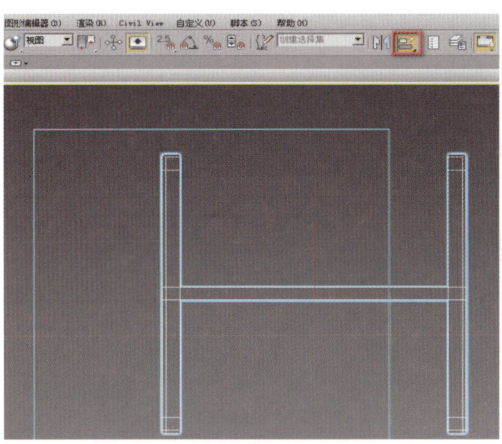

图 4-39

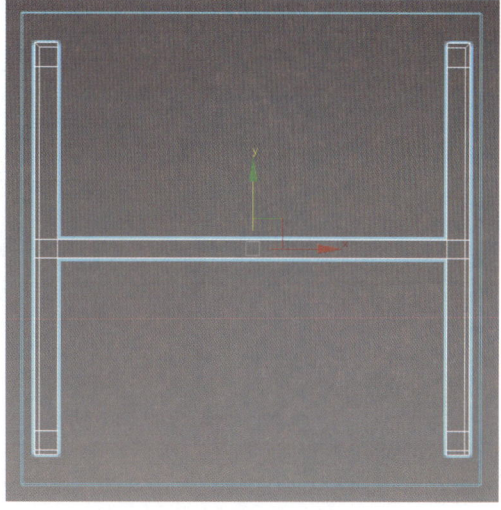

图 4-42

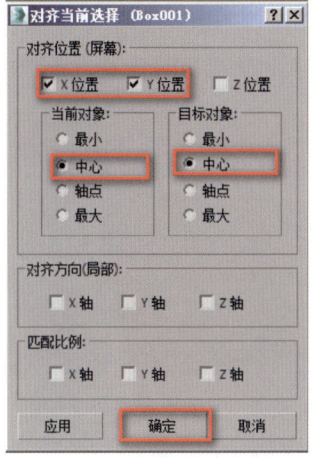

图 4-40

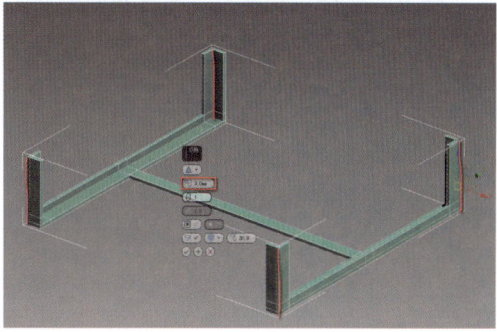

图 4-43

40 按【F】键进入前视图，按【S】键打开捕捉功能，将桌腿与桌面对齐，如图4-41所示。

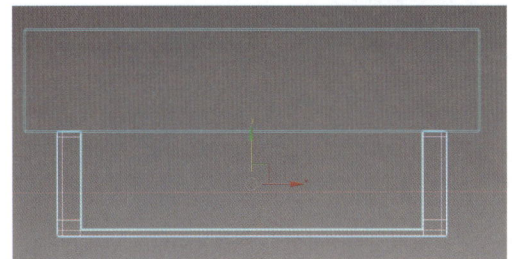

图 4-41

41 进入顶视图，调整一下桌腿的距离，如图4-42所示。

42 按【Alt+Q】组合键，孤立选择桌腿。由于最终效果图渲染的尺寸比较大，品质也比较高，所以要给模型增加一些细节。接下来对桌腿外侧用红色标识的线进行切角，设置切角变量为"3mm"，如图4-43所示。

43 退出"孤立模式"，显示所有的物体。按【M】键，弹出"材质编辑器"窗口，分别给桌面与桌腿指定黑白的默认材质球，如图4-44所示。这里先大概指定一个材质，关于材质的细节后面会讲到。

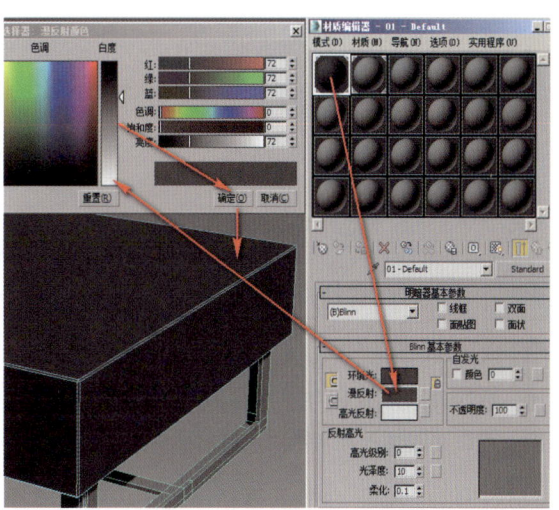

图 4-44

91

44 至此，桌子就创建完成了，最终效果如图4-45所示。

图 4-45

4.2.2 创建巴塞罗那椅

本节的操作比较复杂，需要读者有足够的耐心。本节主要讲著名家具巴塞罗那椅的创建，最终效果如图4-46所示。

图 4-46

01 经过分析得知，这个椅子由金属和皮革两部分组成。建议读者先从椅子腿部开始创建，为了相对准确，可以采取导入参考图再进行创建的办法。

02 打开3ds Max 2016，激活前视图，进入前视图。按【Alt+B】组合键，弹出"视口配置"对话框，单击"文件"按钮，选择智慧职教网站本课程中的"Chapter4\4.2.2创建巴塞罗那椅\素材2078.jpg"文件，并选择"匹配位图"单选按钮，目的是防止导入图片比例发生变化，然后单击"确定"按钮，如图4-47所示。

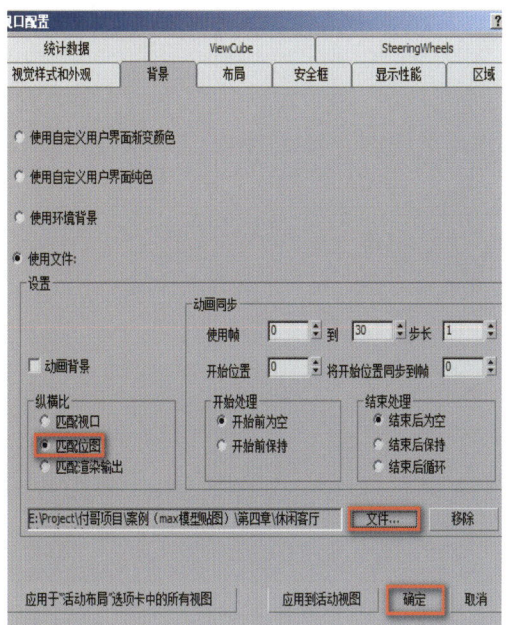

图 4-47

03 最大化前视图，按【G】键隐藏网格，如图4-48所示。

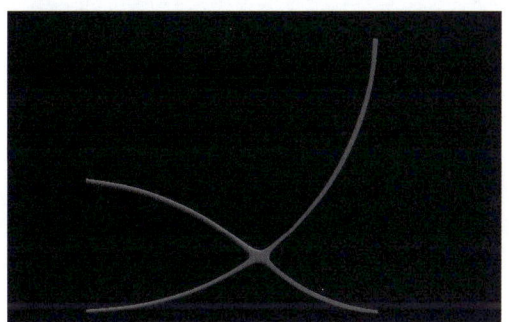

图 4-48

04 首先用二维线给椅子腿起形，在"创建"面板中单击"图形"按钮，打开图形的"对象类型"卷展栏，如图4-49所示。

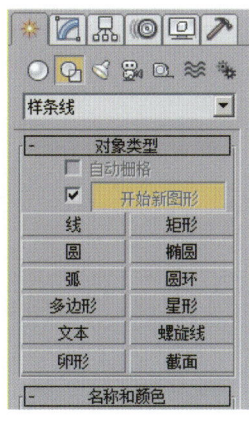

图 4-49

05 单击"线"按钮，然后在前视图中对着位图画线，如图4-50所示。需要注意，当画二维线遇到视图显示不全的时候可以配合【I】键移动视图显示。

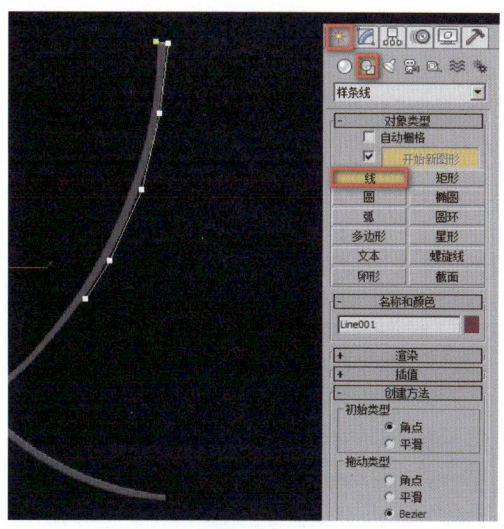

图 4-50

06 画到最后一点的时候会弹出一个对话框，询问是否闭合样条线，单击"是"按钮即可，如图4-51所示。

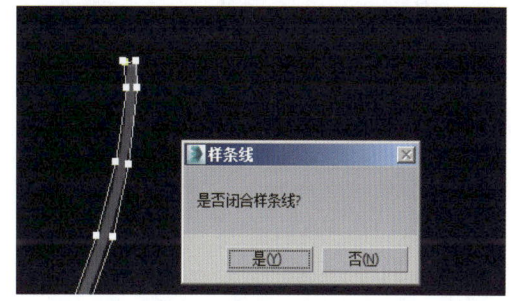

图 4-51

07 进入"修改"面板，选择点层级，对画好的样条线图形进行细调，如图4-52所示。

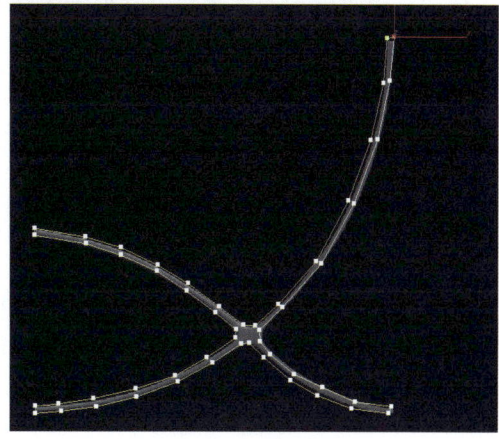

图 4-52

08 在转换成可编辑多边形之前，要将所有的点转换成角点。由于刚才画的图形本身就是角点，这里就不再转换了。

09 直接进入下一步，选择刚才创建的二维线物体，然后右击，在弹出的快捷菜单中选择"转换为"→"转换为可编辑多边形"命令，将模型转换为可编辑的多边形物体。

10 此时已经用不到背景图片了，按【Alt+B】组合键，弹出"视口配置"对话框，选中"使用环境背景"单选按钮，如图4-53所示。

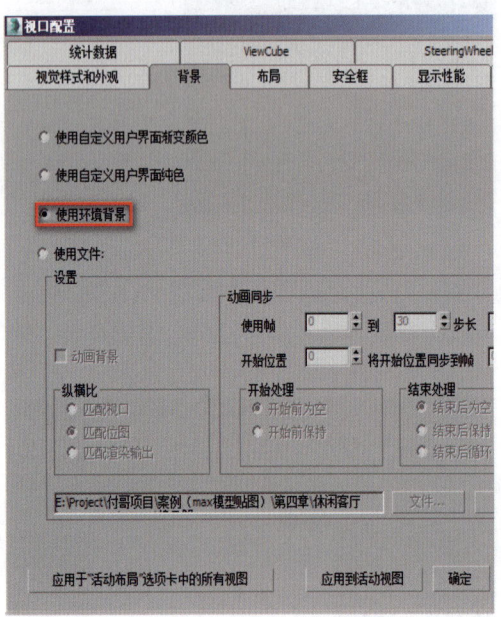

图 4-53

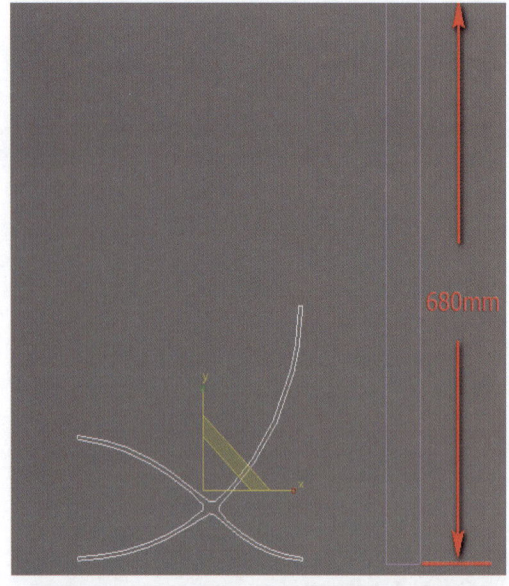

图 4-54

11 巴塞罗那椅有高度要求（680mm左右），读者可以在视图中创建一个参照物，如立方体。这里以立方体为例，创建立方体的高度为巴塞罗那椅的高度，然后通过缩放工具把刚才转换的多边形缩放至矩形的高度即可，如图4-54所示。

12 调整后，将参考物立方体删除掉，然后对多边形的点做如图4-55所示的连接。用同样的方法，对其他的点都做连接操作。

13 这一步主要对椅子腿部交叉的地方进行调整。观察样图可知，这个椅子是个比较圆滑的模型，因此连接所有的点后，还要加一些点将其做得更光滑一些，这里通过加线来实现加点。

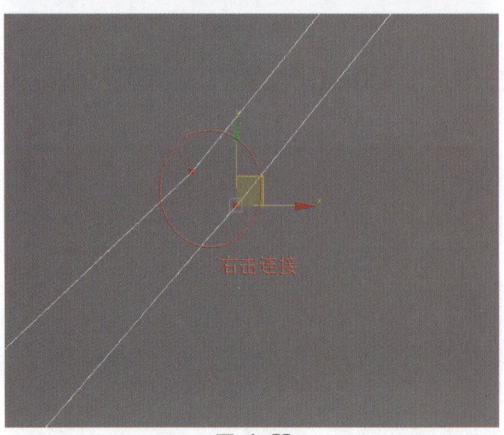

图 4-55

14 按【2】键进入可编辑多边形的线层级，在水平方向上选择红色的边并右击，在弹出的快捷菜单中选择"连接"命令，做水平方向上的连接。用同样的方法做垂直方向上的连接，最终效果如图4-56所示。

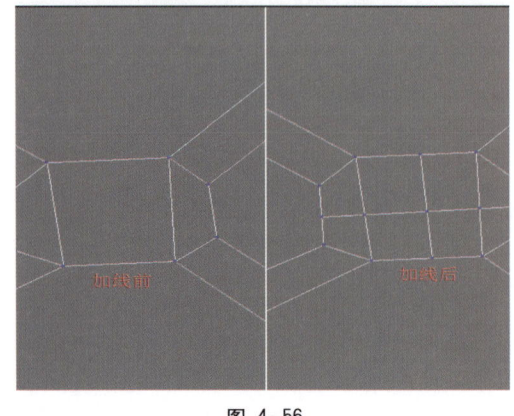

图 4-56

15 按【1】键进入可编辑多边形的点层级,调整椅子腿部交叉地方的各个点,使其尽量成为一个环形,如图4-57所示。

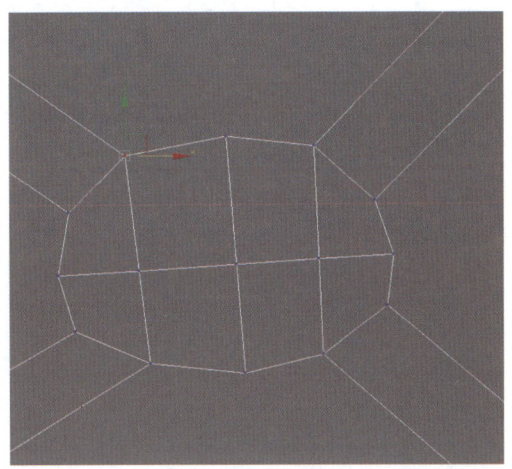

图 4-57

16 接下来给这个面片设置厚度,在"修改"面板的下拉列表框中找到"壳"命令,然后将"参数"卷展栏中的"内部量"设置为"10.0mm",得到如图4-58所示的效果。

微课:
创建巴塞罗那椅(2)

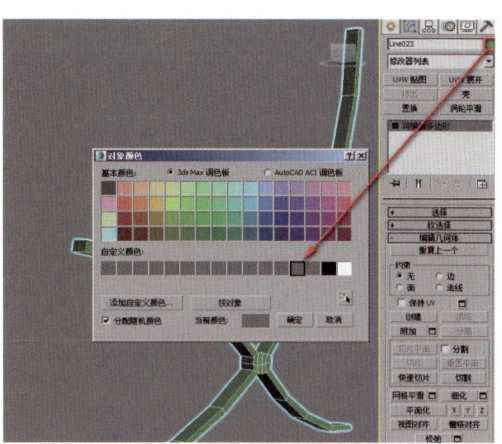

图 4-59

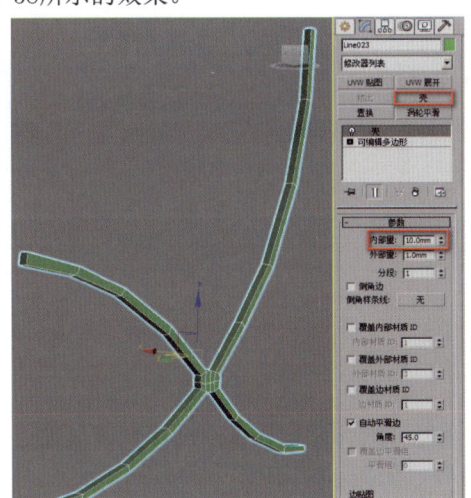

图 4-58

17 选中物体并右击,在弹出的快捷菜单中选择"转换为"→"转换为可编辑多边形"命令,将模型转换为可编辑的多边形物体。然后单击"修改"面板右侧的色块,修改模型的颜色为灰色,如图4-59所示。

18 按【T】键进入顶视图,然后按【Ctrl+C】和【Ctrl+V】组合键原位置复制一个多边形物体,并在Y轴的正方向上移动"650mm",如图4-60所示。

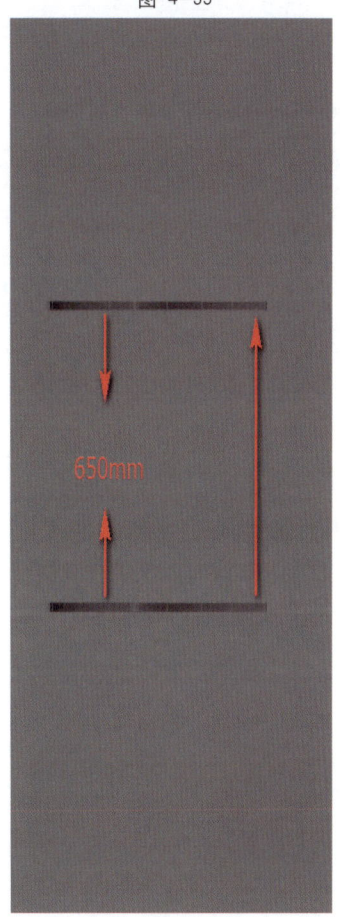

图 4-60

19 按【P】键进入透视图,因为巴塞罗那椅的两条腿都是金属的,是同一个物体,因此要将两个物体合并成一个物体。方法是,选中后右击,在弹出的快捷菜单中选择"附加"命令,如图4-61所示。

20 为了给椅子腿部做一个支撑,需要在图4-62中红色标识的地方做连接。

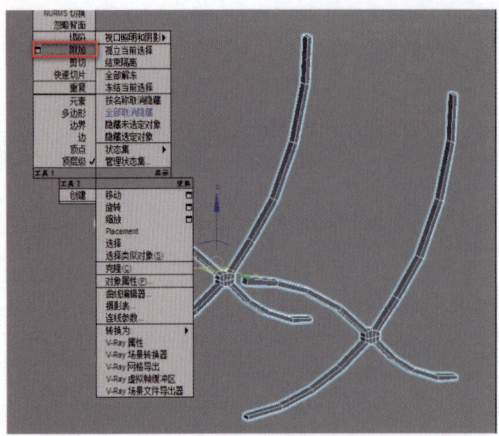

图 4-61

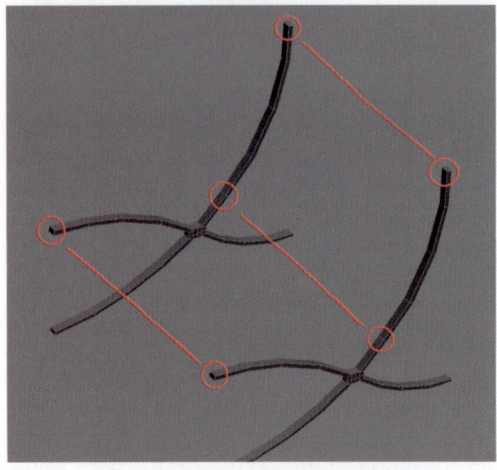

图 4-62

21 按【F】键进入前视图,框选红色标识部分的线,然后右击,在弹出的快捷菜单中选择"切角"命令,设置"切角"为"2mm",如图4-63所示。

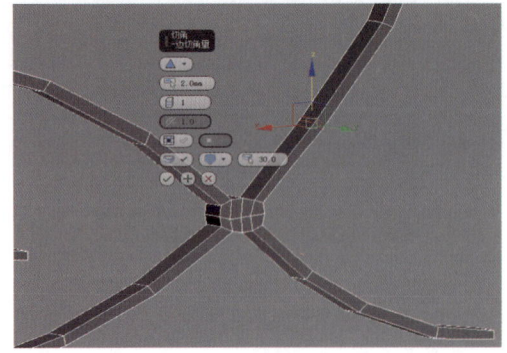

图 4-63

22 选择物体,按【2】键进入可编辑多边形的边层级,然后选择红色的边并右击,在弹出的快捷菜单中选择"连接"命令,在弹出的对话框中设置滑块的值,可以根据具体情况设置不同的值,图4-64所示只是一个参考。

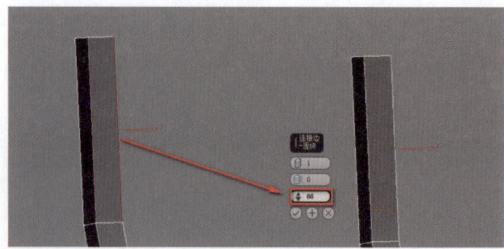

图 4-64

23 用同样的方法把椅子腿的另一端也进行连接处理,如图4-65所示。

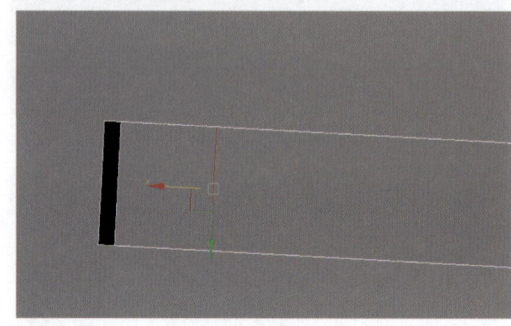

图 4-65

24 按【P】键进入透视图,然后按【4】键进入可编辑多边形的面层级,选择图4-66中红色标识的面,单击"修改"面板中的"桥"按钮,把两个面进行桥接。

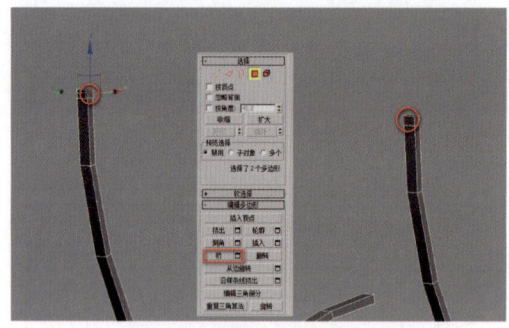

图 4-66

25 用同样的方法把椅子腿的另外两端也进行桥接处理,如图4-67所示。

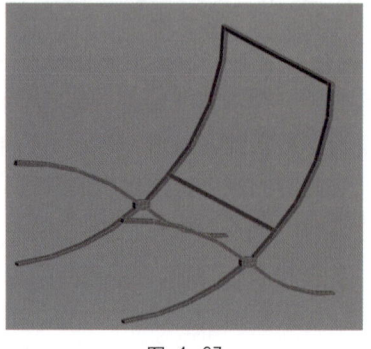

图 4-67

26 选择物体,在"修改"面板中单击"涡轮平滑"按钮,得到如图4-68所示的效果。

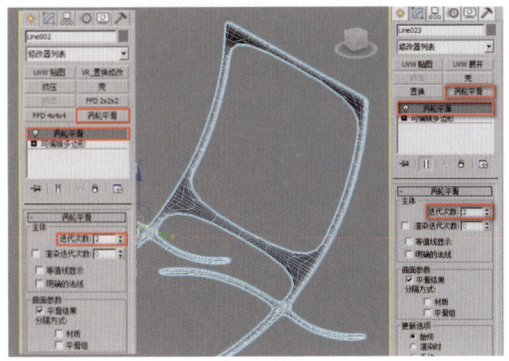

图 4-68

27 显然,这种结果肯定不是读者想要的。出现这种结果的原因是没有加线卡边(即约束)。接下来对各个边进行加线卡边操作。

微课:
创建巴塞罗那椅(3)

28 随着软件的更新,3ds Max 2016为读者提供了一个非常好的加线工具——石墨工具,使用它读者可以很轻松地为模型加循环边。

29 选择物体,取消涡轮平滑,依次单击主工具栏中的"建模"→"编辑"→"快速循环"按钮,然后在模型的角上、边上加循环线,如图4-69所示。

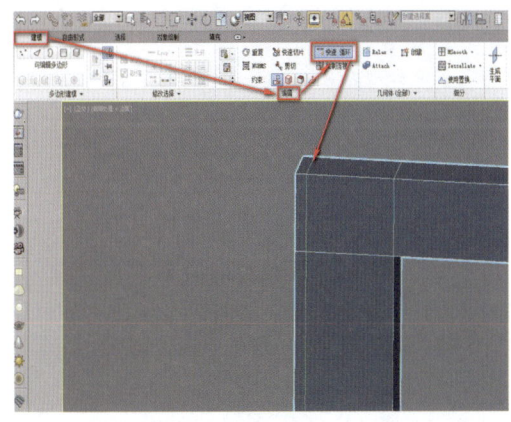

图 4-69

30 加循环边的方法是,每个边都要有3条线来卡住,每个角也要有3条线卡住,如图4-70所示。

31 用同样的方法给模型的所有棱和角都加上循环边,把所有的循环边加完以后,检查一下,然后再加上涡轮平滑。按【M】键打开"材质编辑器"窗口,选择一个默认材质,按【F4】键取消网格显示,效果如图4-71所示。至此,巴塞罗那椅的金属腿部已经创建完成。

 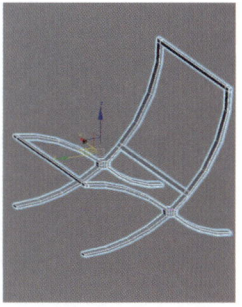

图 4-70　　　　图 4-71

32 巴塞罗那椅金属部分创建完以后,就要开始椅子绷带的创建了。首先进入前视图,把创建好的巴塞罗那椅金属部分模型的涡轮平滑去掉,如图4-72所示。

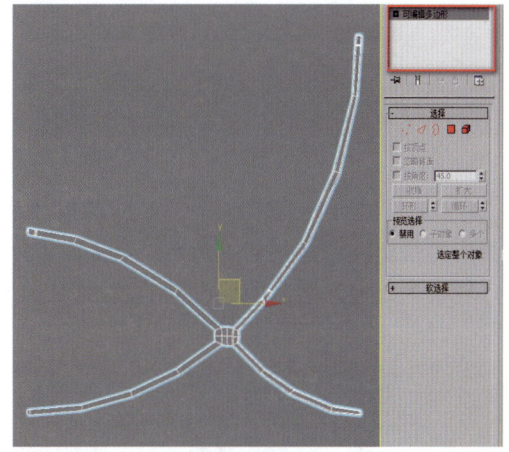

图 4-72

33 绷带创建的方法和金属部分一样,也是采用二维线起形。在"创建"面板中单击"图形"按钮,打开图形的"对象类型"卷展栏,如图4-73所示。

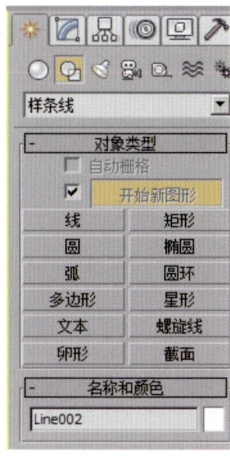

图 4-73

34 单击"线"按钮,然后在前视图中对着椅子金属部分的线条画出图中红色标识的二维线。需要注意,当画二维线遇到视图显示不全的时候同样可以配合【I】键进行显示,如图4-74所示。

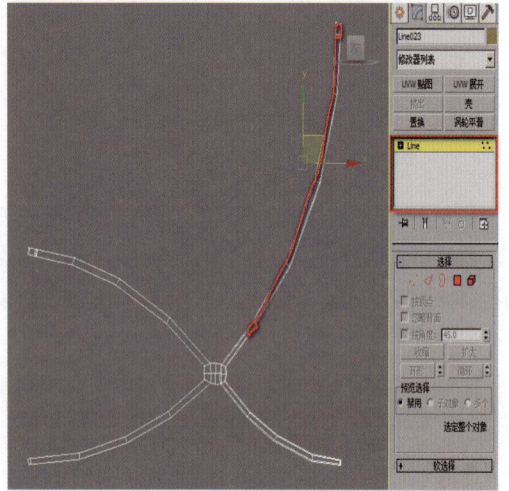

图 4-74

35 画完所有的点以后,选择所有的点并右击,在弹出的快捷菜单中选择"角点"命令,将所有的点转换为角点,然后调整所有的点,如图4-75所示。

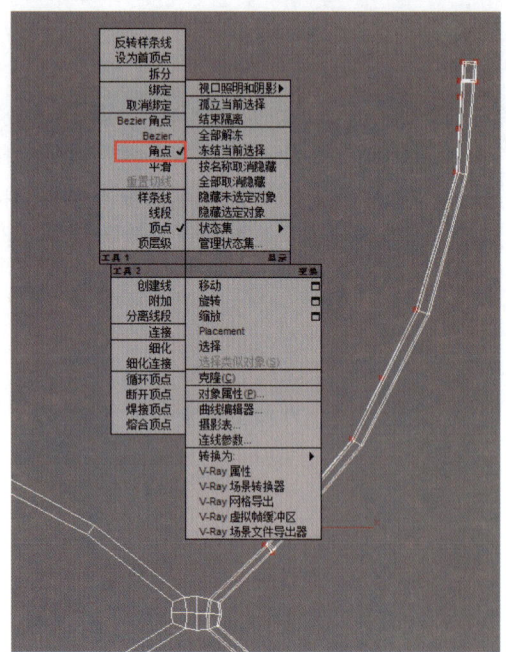

图 4-75

36 接下来给刚才画的二维线进行一次扩边,使其有一个厚度。在"修改"面板中单击"轮廓"按钮,设置其参数为"3mm",如图4-76所示。

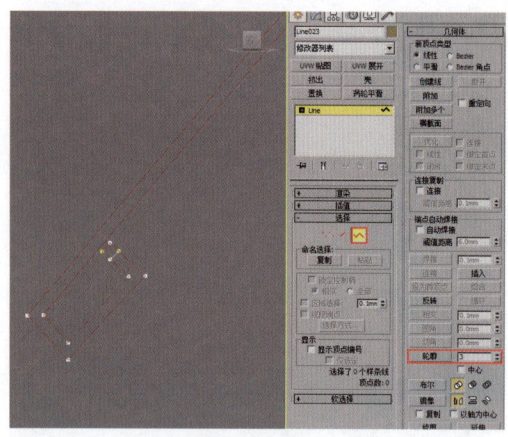

图 4-76

37 要使整个图形成为一个模型,必须将这个二维线整合成一个闭合的图形,首先按【2】键,进入线段层级,删掉多余的线,如图4-77所示。

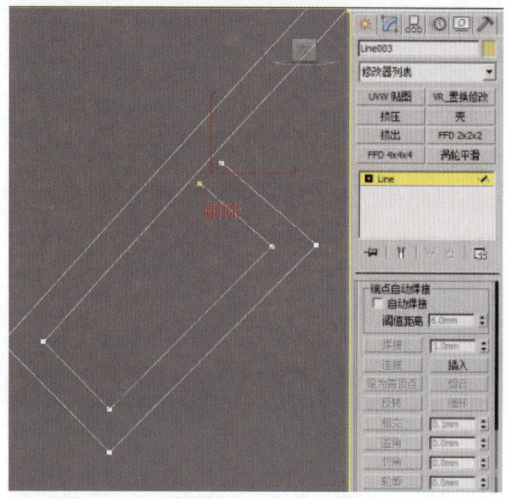

图 4-77

38 按【1】键进入点层级,然后在"修改"面板中单击"优化"按钮,给需要加点的地方加点,如图4-78所示。

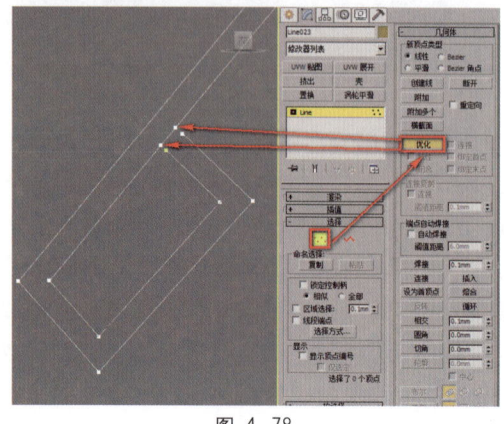

图 4-78

39 用同样的方法，把绷带的另一端也进行以下操作，按【S】键打开点捕捉功能，把如图4-79所示的点进行对齐。

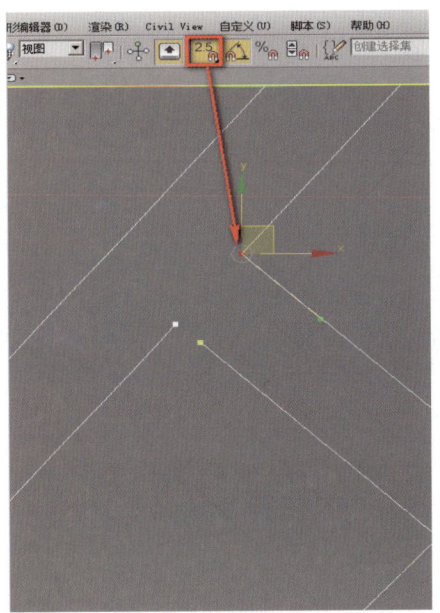

图 4-79

40 框选所有的点并右击，在弹出的快捷菜单中选择"角点"命令，然后单击"修改"面板中的"焊接"按钮，焊接所有的点，如图4-80所示。

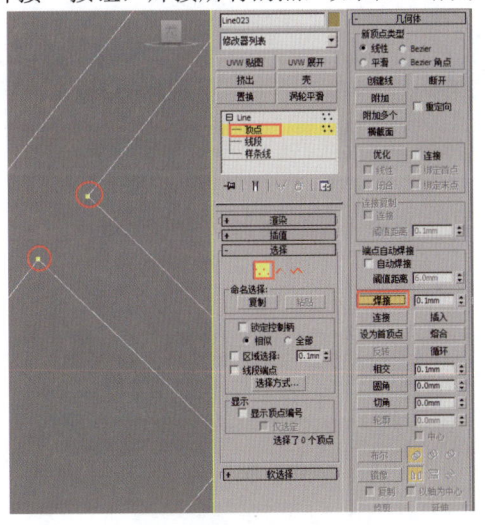

图 4-80

41 选中刚才画的图形并右击，在弹出的快捷菜单中选择"转换为"→"转换为可编辑多边形"命令，将模型转换为可编辑的多边形物体，然后把相应的点做一下连接，把多余的线删掉，如图4-81所示。

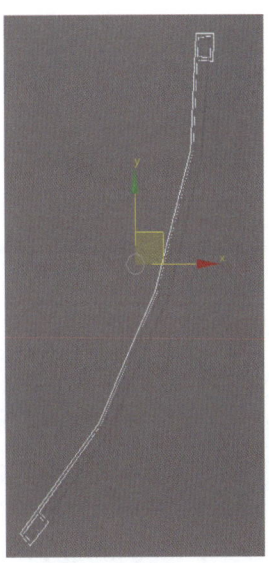

图 4-81

42 接下来给其增加一个厚度，在"修改"面板中单击"壳"按钮，设置其"内部量"为"30.0mm"，如图4-82所示。

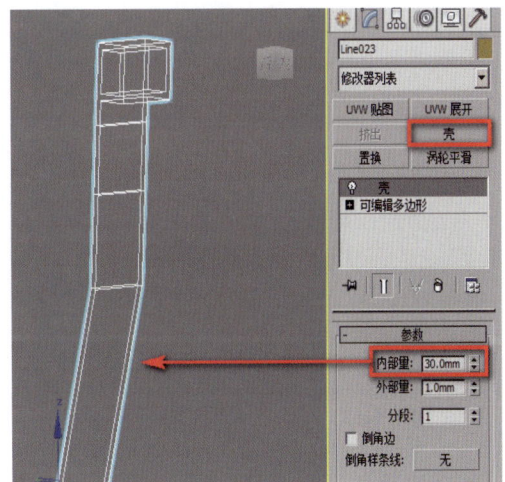

图 4-82

43 按【P】键进入透视图，更改模型的颜色为灰色，如图4-83所示。

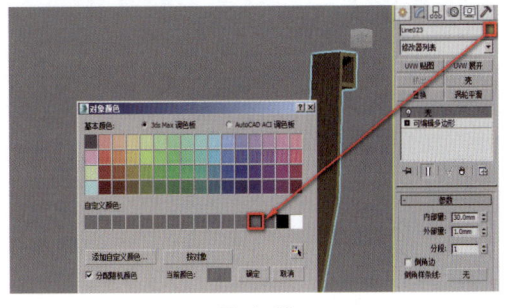

图 4-83

44 用同样的方法给模型的每条棱加循环线，依次单击主工具栏中的"建模"→"编辑"→"快速循环"按钮，然后在模型的角上、边上加循环线，如图4-84所示。

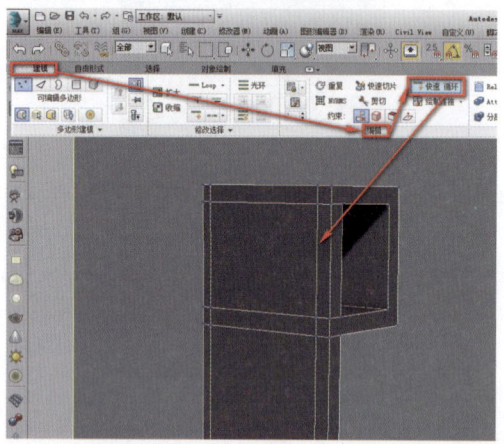

图 4-84

45 加循环线的方法仍然是，每个边都要有3条线来卡住，每个角也要有3条线卡住，如图4-85所示。

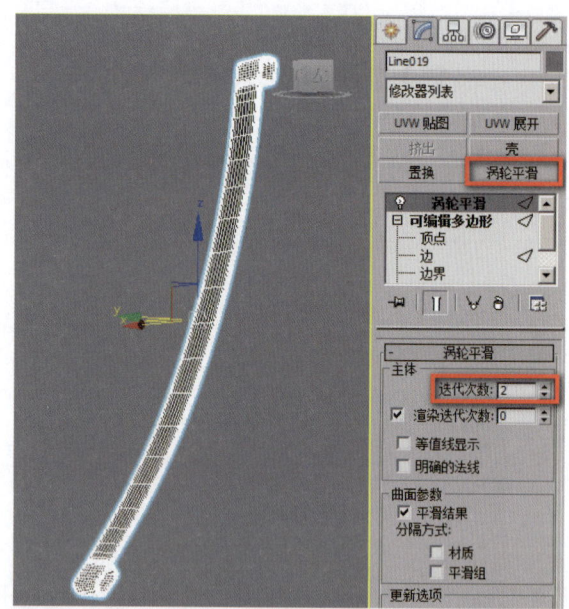

图 4-86

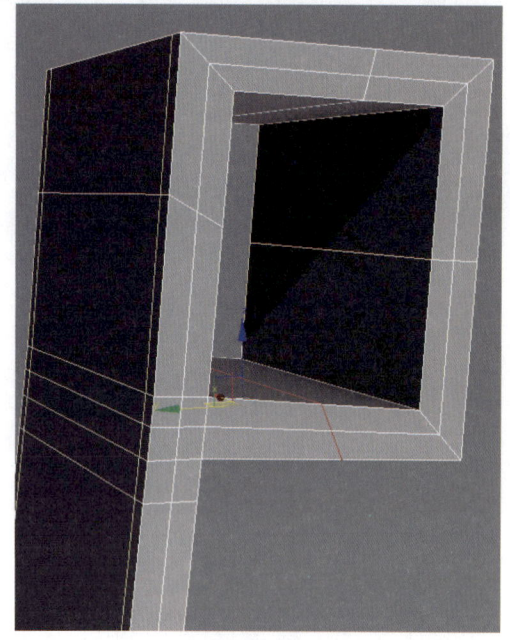

图 4-85

46 加完循环线，单击"修改"面板中的"涡轮平滑"按钮，效果如图4-86所示。

47 单击"警告：已孤立的当前选择"对话框中的"×"按钮，退出"孤立模式"。然后调整绷带的位置，给绷带指定一个和椅子腿一样的材质，如图4-87所示。

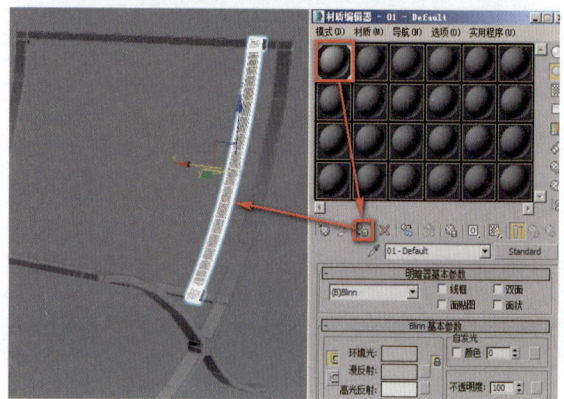

图 4-87

48 用同样的方法创建另一端的绷带，并采用二维线起形。在"创建"面板中单击"图形"按钮，打开图形的"对象类型"卷展栏，然后单击"线"按钮，在前视图中对着椅子金属部分的线条画出图4-88中以红色标识的二维线。

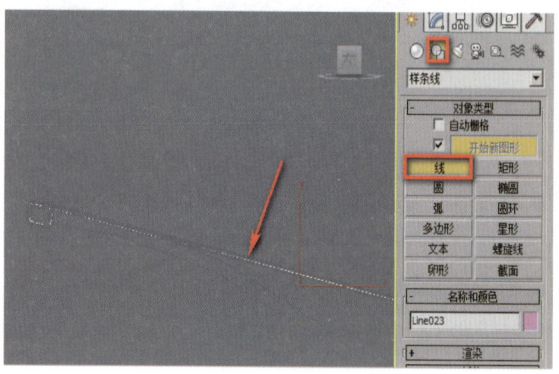

图 4-88

49 选择所有的点并右击，在弹出的快捷菜单中选择"角点"命令，将所有的点转换为角点，并调整所有点的位置，如图4-89所示。

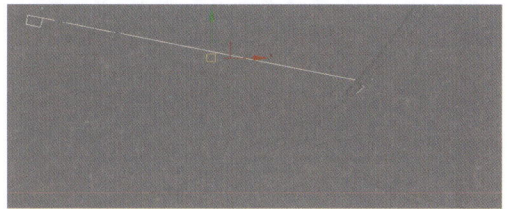

图 4-89

50 按【Alt+Q】组合键孤立选择物体，进入样条线级别，单击"轮廓"按钮设置其值为"5mm"，如图4-90所示。

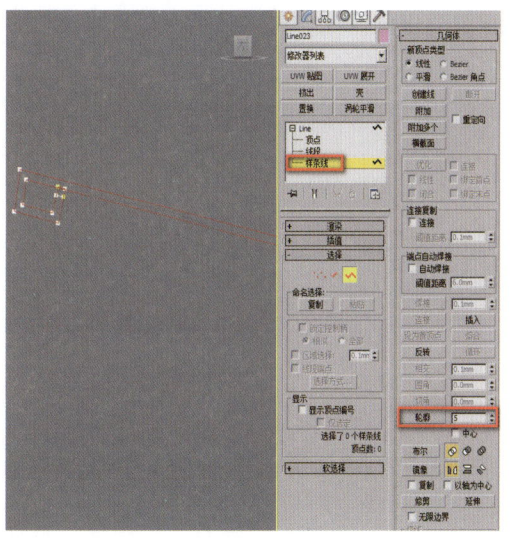

图 4-90

51 用同样的方法，连接、焊接所有该操作的点，并且调整一下位置，如图4-91所示。

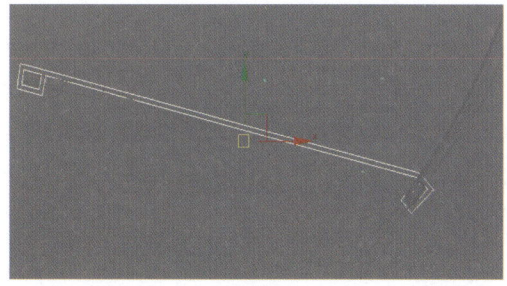

图 4-91

52 用同样的方法，给其增加一个厚度。在"修改"面板中单击"壳"按钮，设置其"内部量"为"30.0mm"，如图4-92所示。

53 然后右击，在弹出的快捷菜单中选择"转换

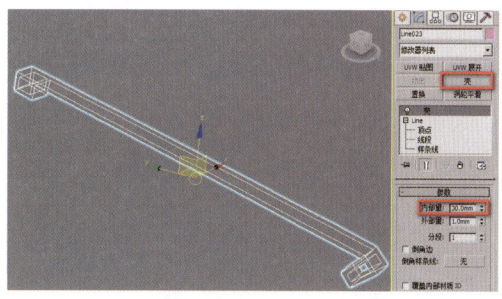

图 4-92

为"→"转换为可编辑多边形"命令，将模型转换为可编辑的多边形物体。用同样的方法给模型的每条棱和每个角加循环线，依次单击主工具栏中的"建模"→"编辑"→"快速循环"按钮，然后在模型的角上、边上加循环线，如图4-93所示。

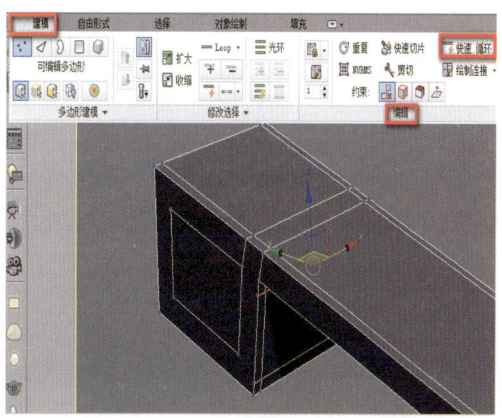

图 4-93

54 用同样的方法，每个边都要有3条线来卡住，每个角也要有3条线卡住，如图4-94所示。

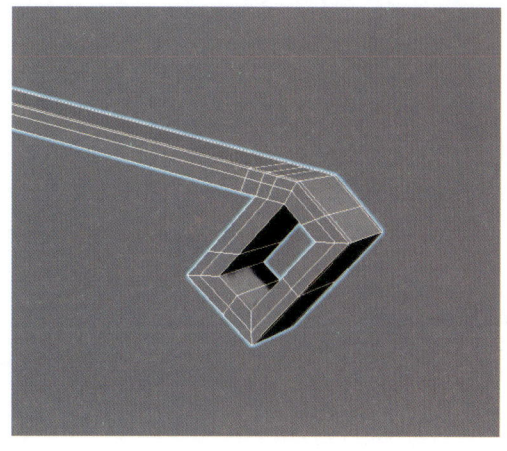

图 4-94

55 选择绷带，单击"修改"面板中的"涡轮平滑"按钮，如图4-95所示。

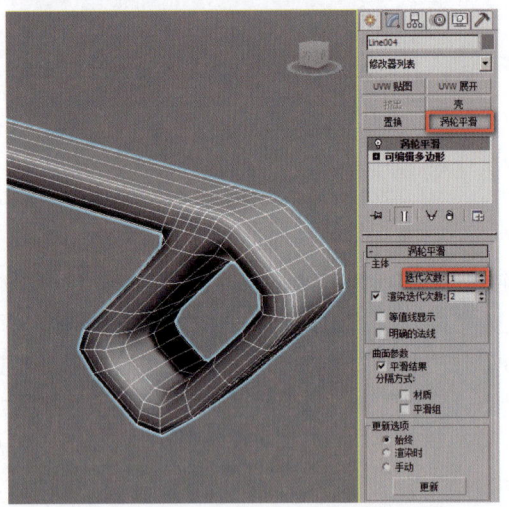

图 4-95

56 接下来设置它们的位置，通过按住【Shift】键拖曳鼠标的方式实现移动复制，如图4-96所示。

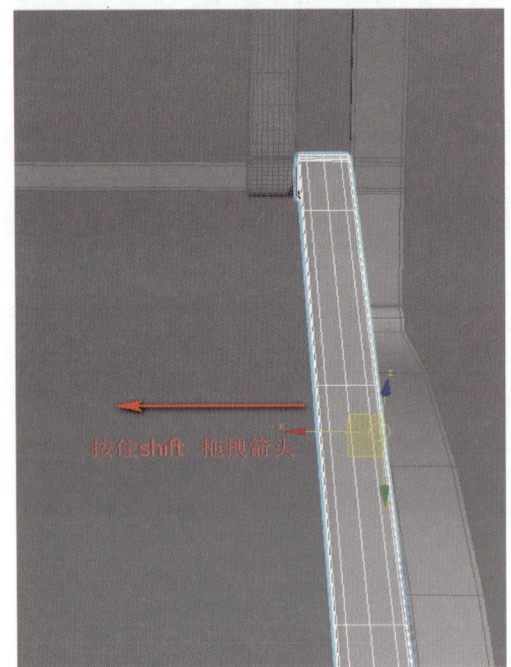

图 4-96

57 按【T】键进入顶视图，去掉涡轮平滑，调整好两条绷带之间的距离后，按【S】键打开点捕捉功能，同时选择图中的两个绷带，按住【Shift】键拖曳鼠标进行移动复制，如图4-97所示。

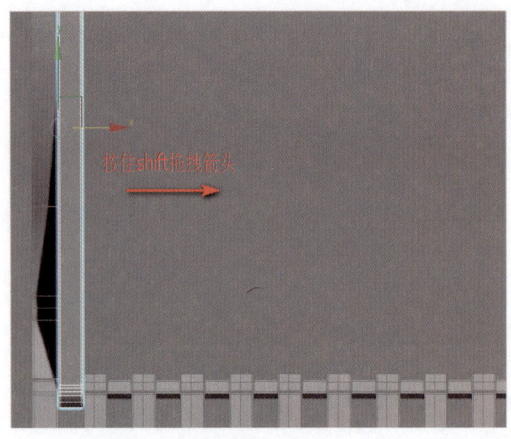

图 4-97

58 在移动复制的时候会弹出一个对话框，选择"实例"单选按钮，在"副本数"数值框中输入合适的值，如图4-98所示。

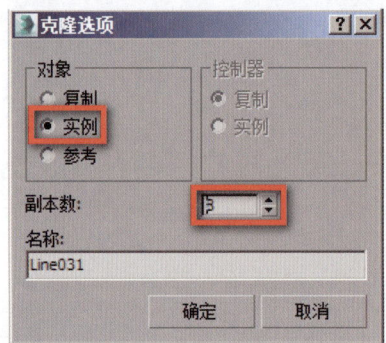

图 4-98

59 移动复制关联完后，调整一下距离，然后分别给它们加上"涡轮平滑"，设置"迭代次数"为"1"，并选中"渲染迭代次数"复选框，设置其参数为"2"，如图4-99所示。

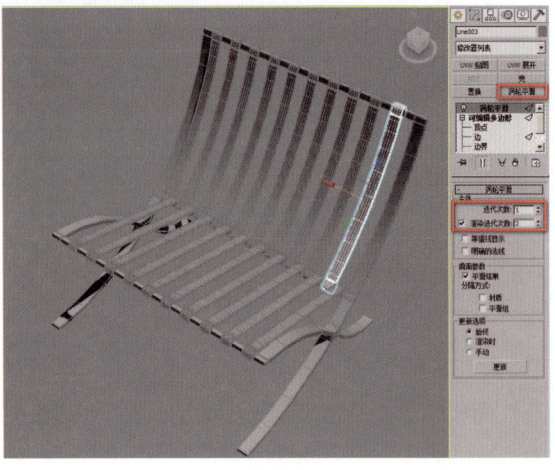

图 4-99

60 选择所有物体，指定一个白色的材质，如图 4-100所示。

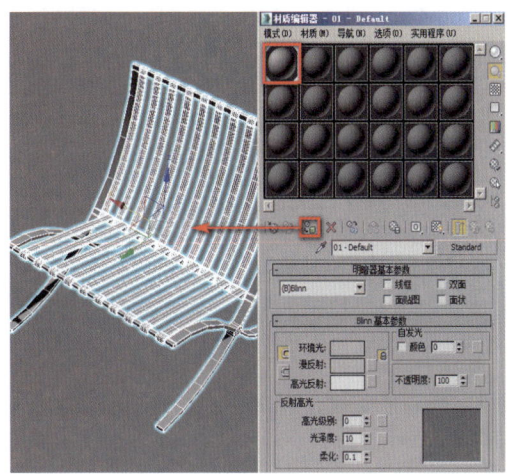

图 4-100

61 按【F9】键快速渲染，得到如图4-101所示的效果，至此，椅子的绷带制作完成。

图 4-101

62 前面已经把巴塞罗那椅的腿和绷带创建完成，接下来创建坐垫。仔细观察巴塞罗纳椅的坐垫，可以创建一个长方体来开始坐垫的创建，如图4-102所示。

63 打开3ds Max 2016，单击"创建"下的"几何体"中的"长方体"按钮，然后激活顶视图，在顶视图中创建一个长方体，设置其"长度"为"500.0mm"、"宽度"为"600.0mm"、"高度"为"80.0mm"，效果如图4-103所示。

图 4-102

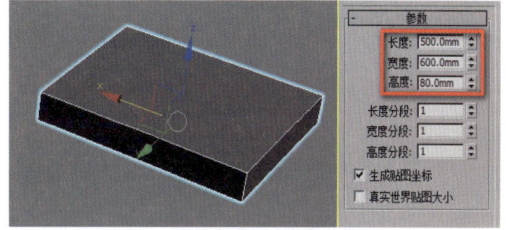

图 4-103

64 分别设置它的长度分段和宽度分段。其中，"长度分段"为"8"、"宽度分段"为"10"，如图4-104所示。

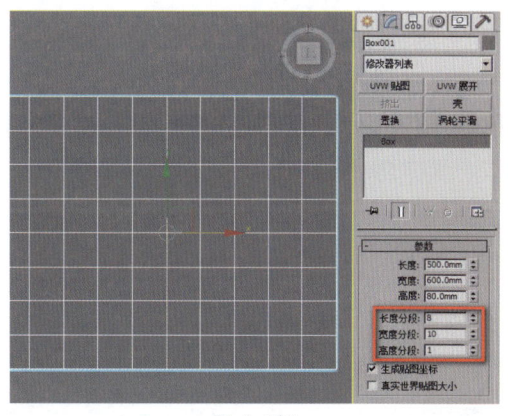

图 4-104

65 然后右击，在弹出的快捷菜单中选择"转换为"→"转换为可编辑多边形"命令，将模型转换为可编辑的多边形物体。按【1】键进入点层级，选择图4-105中红色标识的点，这些点就是将来要凹下去的点。

66 经过分析知道，可以仅创建一个单元格，然后通过复制得到整个物体。按【4】键进入可编辑多边形的面层级，选择图4-106中红色标识的面，然后按【Delete】键删除。

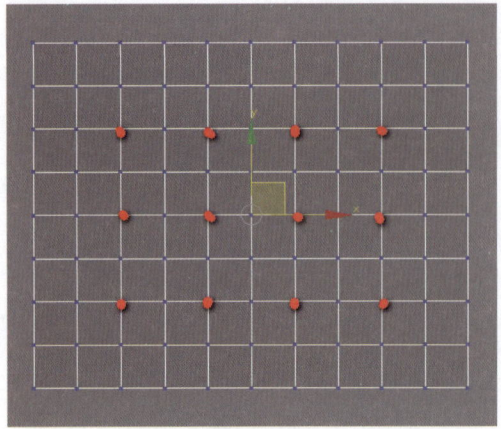

图 4-105

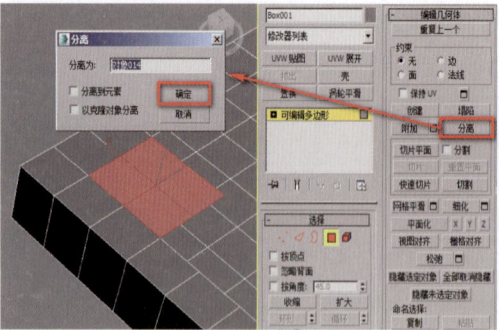

图 4-108

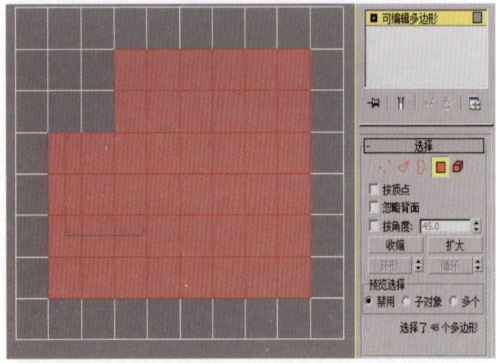

图 4-106

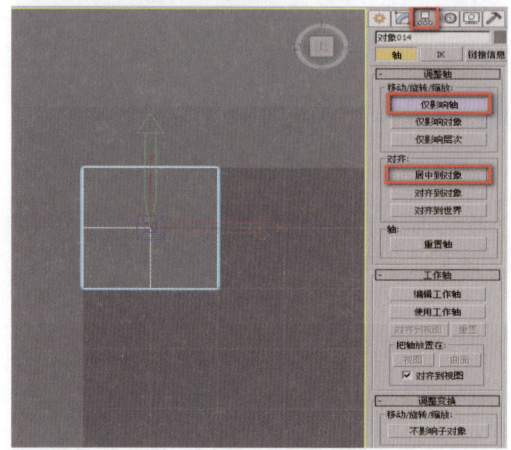

图 4-109

67 先从图4-107中的4个面开始单元格的创建。

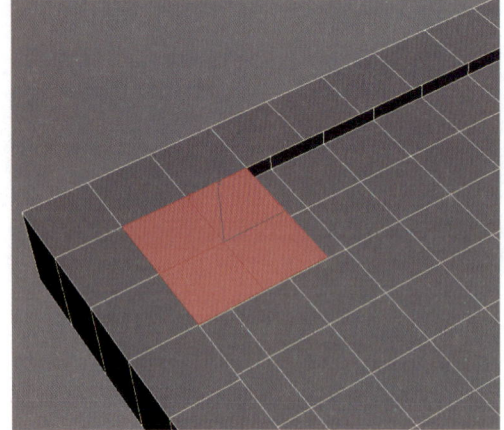

图 4-107

68 单击"修改"面板中的"分离"按钮,会弹出"分离"对话框,单击"确定"按钮,如图4-108所示。

69 单击"层次"面板中的"仅影响轴"和"居中到对象"按钮,如图4-109所示。

70 按【1】键,进入可编辑多边形的点层级,在透视图中选择单元格中心的点,在"修改"面板中单击"挤出"按钮右侧的按钮,然后在弹出的对话框中设置"高度"为"-20.0mm"、"宽度"为"10.0mm",单击"√"按钮完成挤出,如图4-110所示。

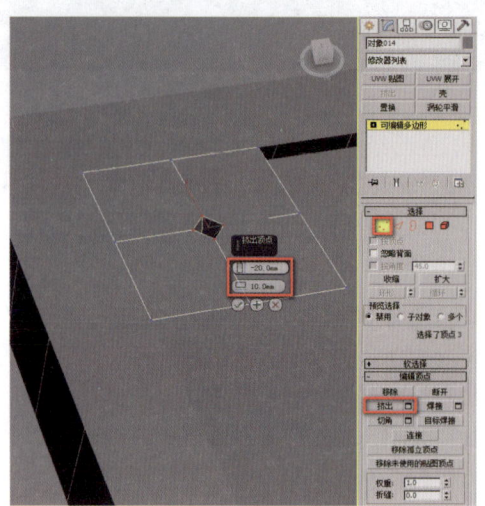

图 4-110

71 按【F】键进入前视图，通过拖曳鼠标移动所选点至合适的位置，如图4-111所示。

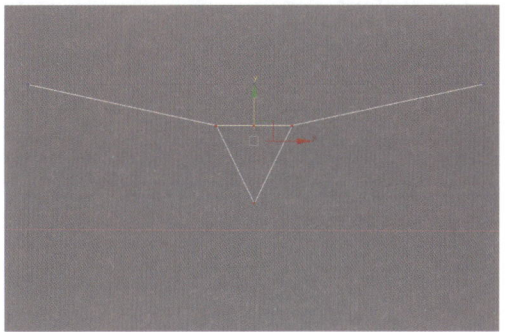

图 4-111

72 按【P】键进入透视图，选择图4-112中红色标识的线并右击，在弹出的快捷菜单中单击"连接"命令左侧的□按钮。

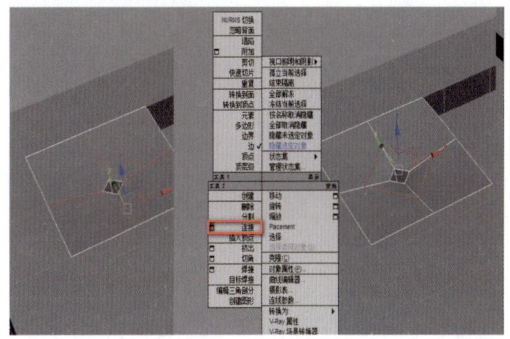

图 4-112

73 按【1】键，进入可编辑多边形的点层级，选择捕捉工具，右击并在弹出的快捷菜单中选择"剪切"命令，然后进行如图4-113所示的操作。

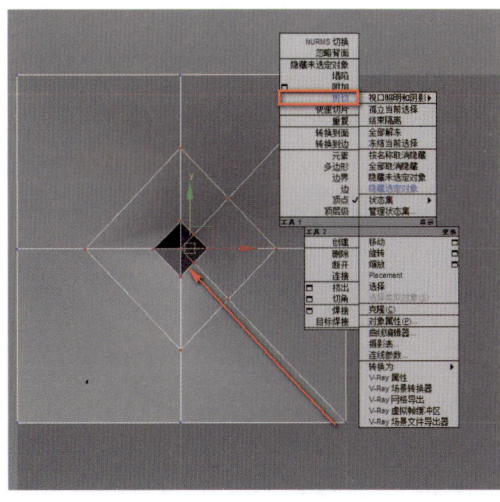

图 4-113

74 选择所有的点焊接一下，以防止有些点没有焊接在一起。然后选择图4-114中红色标识的点，通过缩放工具将所选点和没选的点移动至接近一个圆。同理，将内侧的点也调整至类似于圆形。

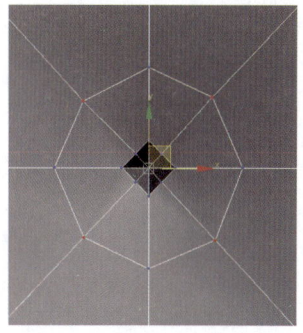

图 4-114

75 按【F】键进入前视图，选择图4-113中红色标识的线并右击，在弹出的快捷菜单中单击"连接"命令左侧的□按钮，再添加一条循环线，如图4-115所示。

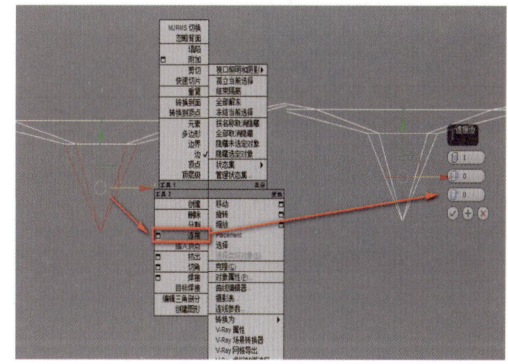

图 4-115

76 再一次通过缩放工具进行调整，然后按【T】键进入顶视图，打开捕捉，单击锁定，按住【Shift】键移动鼠标，会弹出"克隆选项"对话框，将"副本数"设置为"3"，如图4-116所示。

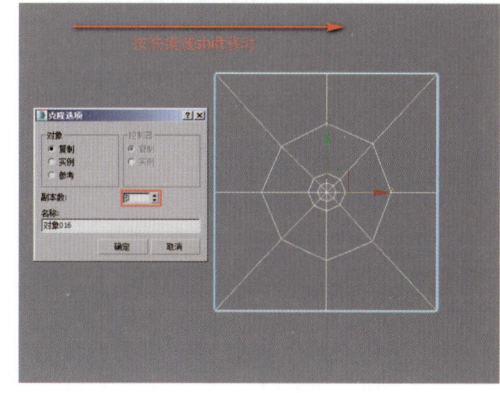

图 4-116

77 用同样的方法，把刚才复制出来的单元格选中，然后按Y轴复制两个，如图4-117所示。

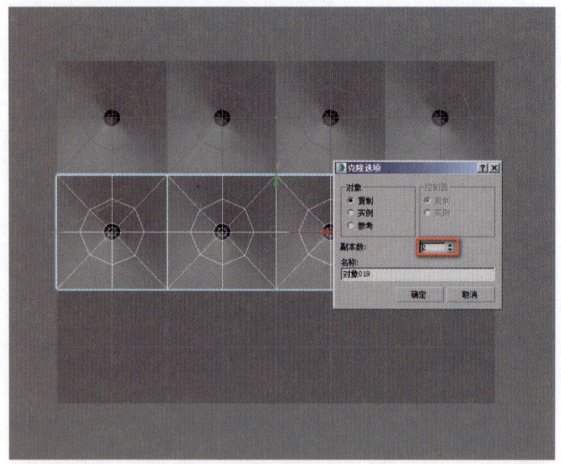

图 4-117

78 选中一个单元格并右击，在弹出的快捷菜单中单击"附加"命令左侧的■按钮，弹出"附加列表"对话框，然后选中所有的物体，单击"附加"按钮，如图4-118所示。

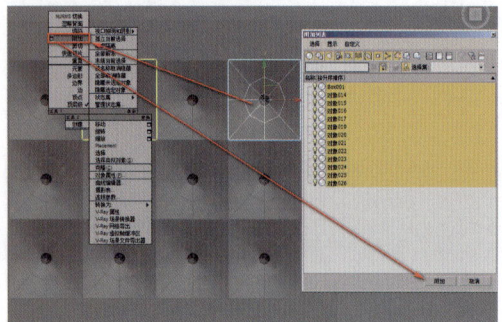

图 4-118

79 按【1】键，进入可编辑多边形的点层级，右击并在弹出的快捷菜单中单击"焊接"命令左侧的■按钮，焊接所有的点，如图4-119所示。

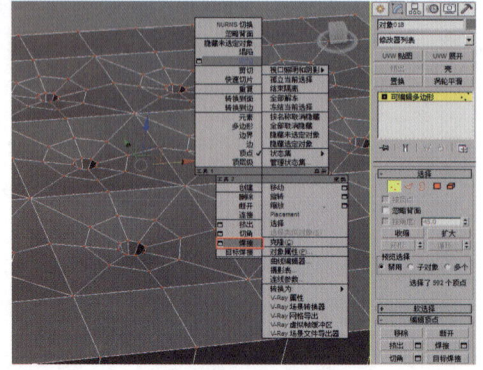

图 4-119

80 调整所有的点到合适的位置，然后选择图4-120中红色标识的点，按住【Alt】键减选背面的点。

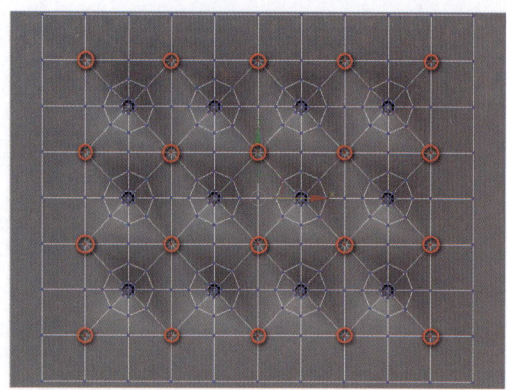

图 4-120

81 按【P】键进入透视图，通过鼠标拖曳，将刚才选中的点向上移动到合适的位置，如图4-121所示。

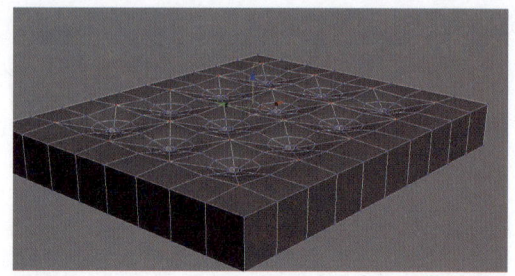

图 4-121

82 按【F】键进入前视图，然后按【2】键进入可编辑多边形的边层级，选择图4-122中红色标识的线。

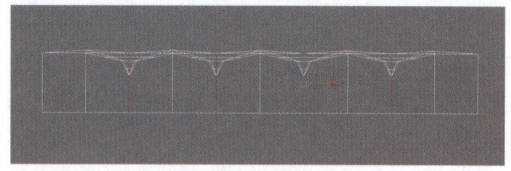

图 4-122

83 按【P】键进入透视图，右击并在弹出的快捷菜单中单击"切角"命令左侧的■按钮，设置"切角"变量为"1.0mm"，如图4-123所示。

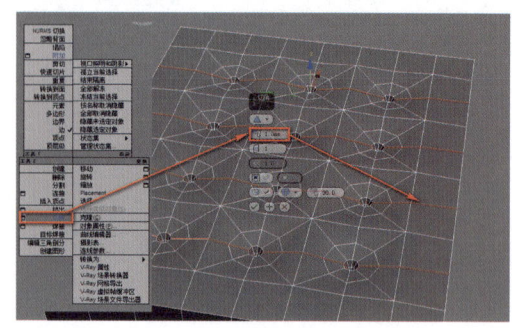

图 4-123

84 用同样的方法，按【L】键进入左视图，选择线进行切角，如图4-124所示。

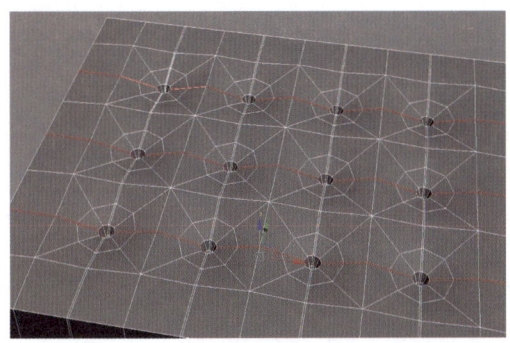

图 4-124

85 在"修改"面板中单击"涡轮平滑"按钮，然后按【F9】键进行快速渲染，坐垫的大体外观如图4-125所示。

图 4-125

86 通过上述观察可知，坐垫还有点太圆滑（不够硬），那么仍然采用前面讲到的方法来解决这个问题，即用石墨工具加循环边。在坐垫面上的4个边各加一条，在纵向上再加两条，如图4-126所示。

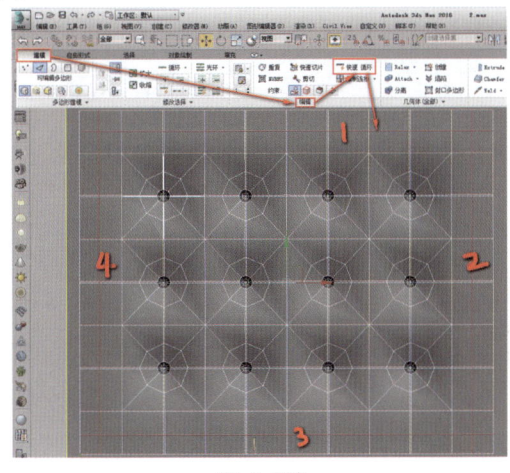

图 4-126

87 再把涡轮平滑打开，如图4-127所示。

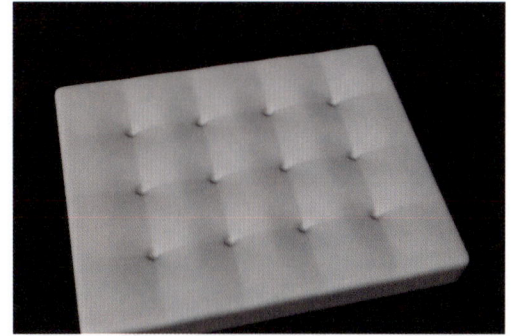

图 4-127

88 接下来要制作靠垫的边缘线，首先按【2】键进入可编辑多边形的边层级，选择图4-128所示的线，然后在"修改"面板中单击"利用所选内容创建图形"按钮。

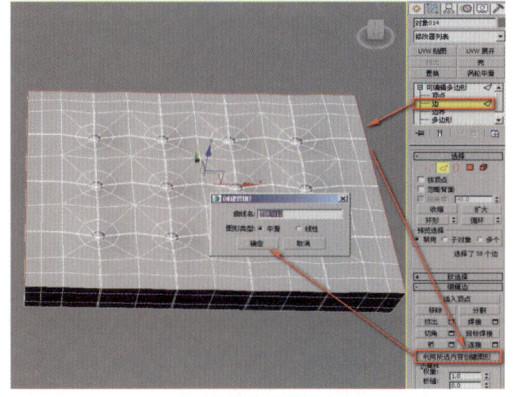

图 4-128

89 用同样的方法，创建出下面的图形。然后在"修改"面板中打开"渲染"卷展栏，选中"在渲染中启用"和"在视口中启用"复选框，并把"厚度"设置为"8.0mm"，如图4-129所示。

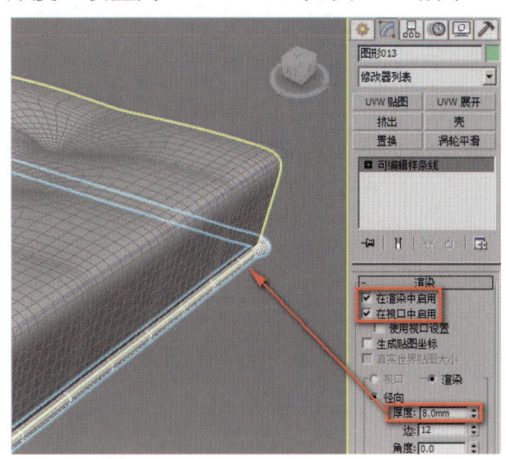

图 4-129

90 按【2】键进入点层级，调整各个角的点到合适的位置，使其更加适合坐垫的外形，如图4-130所示。

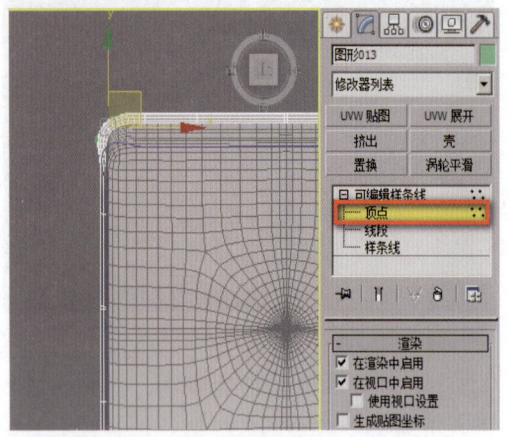

图 4-130

91 调整完的效果如图4-131所示。

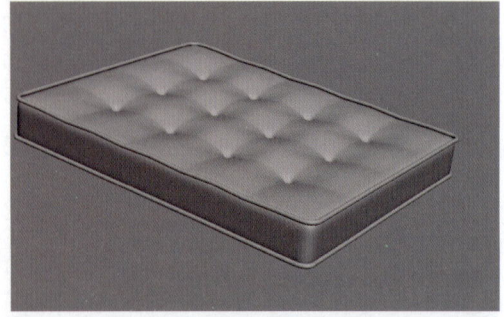

图 4-131

92 给坐垫中间的部分做类似于边缘的效果。首先用同样的方法，进入边层级，选择如图4-132所示的线。

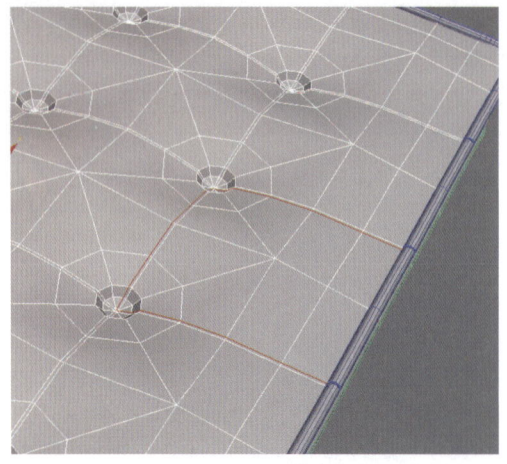

图 4-132

93 在"修改"面板中打开"渲染"卷展栏，选中"在渲染中启用"和"在视口中启用"复选框，并把"厚度"设置为"5.0mm"，如图4-133所示。

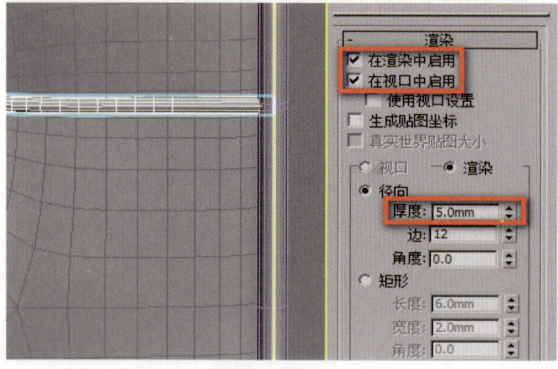

图 4-133

94 此时已经做出了一条线，可以通过复制做出其他的线，然后用同样的方法做出坐垫的其他线，如图4-134所示。

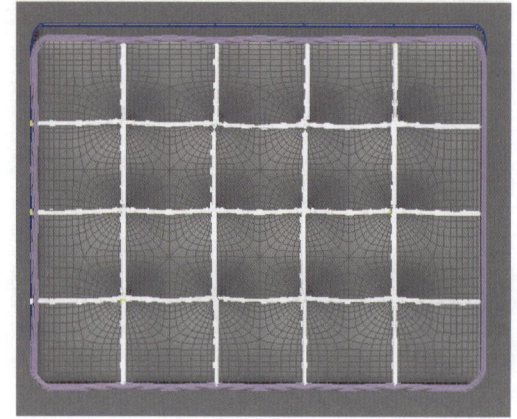

图 4-134

95 接下来在"修改"面板中单击"附加"按钮，把这些线都附加起来，使它们成为一个整体，如图4-135所示。

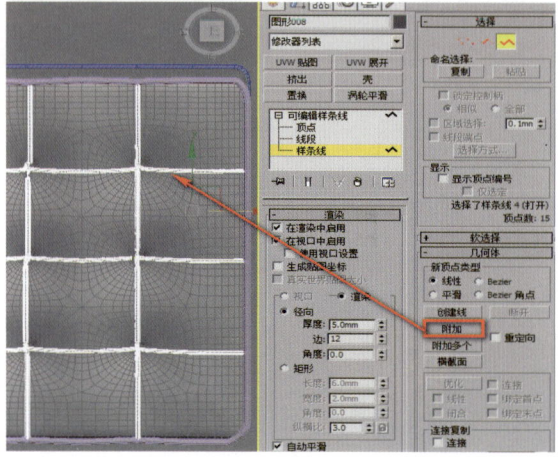

图 4-135

Chapter 4 简约客厅

96 按【M】键,打开"材质编辑器"窗口,给它们指定一个默认材质球,然后打开涡轮平滑,如图4-136所示。

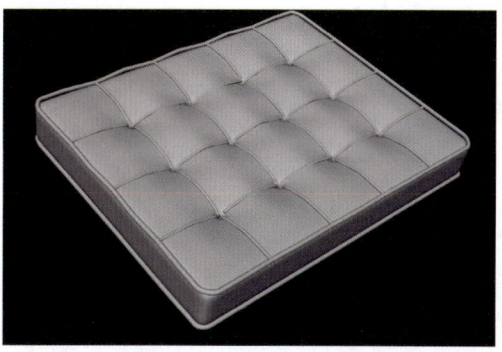

图 4-136

97 与效果图相比,发现坐垫上少一些纽扣,接下来创建纽扣。单击"创建"下的"几何体"中的"球体"按钮,在顶视图中创建如图4-137所示的球体。

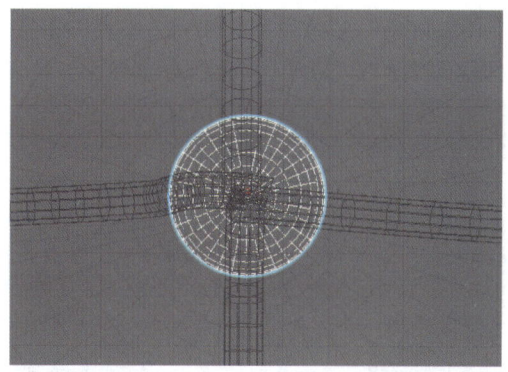

图 4-137

98 按【W】键进入移动工具模式,使用移动工具把球体移动至合适的位置,然后按【R】键进入缩放工具模式,使用缩放工具缩放出纽扣的形状,如图4-138所示。

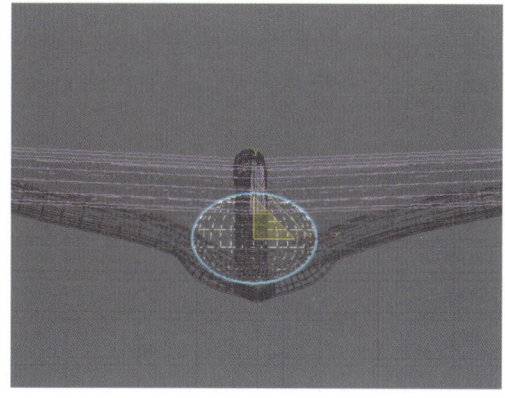

图 4-138

99 按【P】键进入透视图,用移动工具和缩放工具调整纽扣的位置和大小,如图4-139所示。

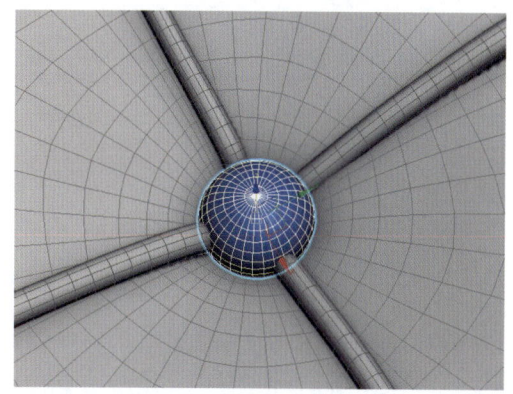

图 4-139

100 进入顶视图,用移动工具配合【Shift】键移动复制出其他的纽扣,如图4-140所示。

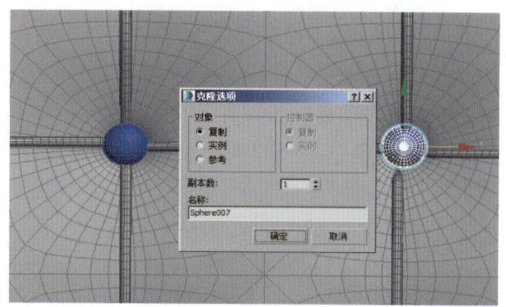

图 4-140

101 按【Ctrl+A】组合键选择所有的物体,然后选择"组"→"组"菜单命令,在弹出的对话框中输入组名,进行编组,如图4-141所示。

图 4-141

102 接下来把刚才创建的所有物体显示出来,右击并在弹出的快捷菜单中选择"全部取消隐藏"命令,如图4-142所示。

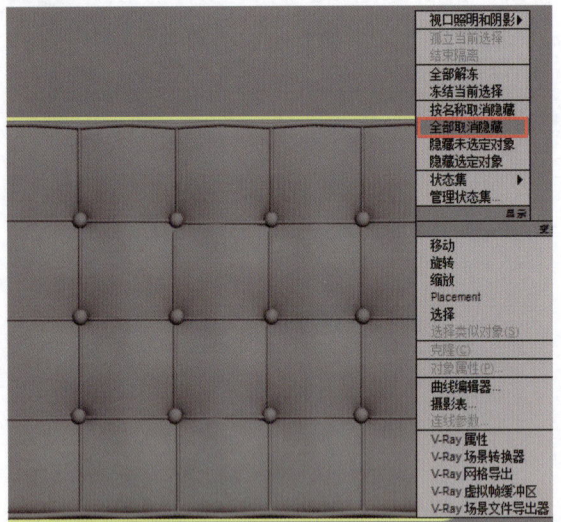

图 4-142

103 进入顶视图，用移动工具移动坐垫至合适的位置，然后进入左视图，用移动工具配合【Shift】键移动复制出一个坐垫，因为靠背上还有一个靠垫和坐垫是一样的，如图4-143所示。

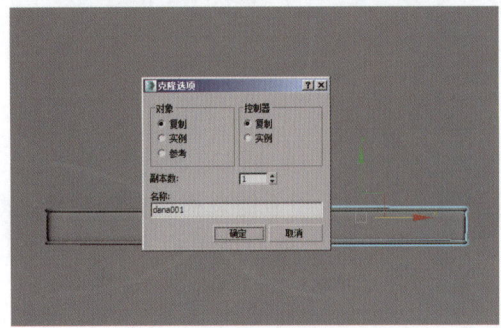

图 4-143

104 接下来通过移动、旋转和缩放工具把靠垫放在合适的位置，如图4-144所示。

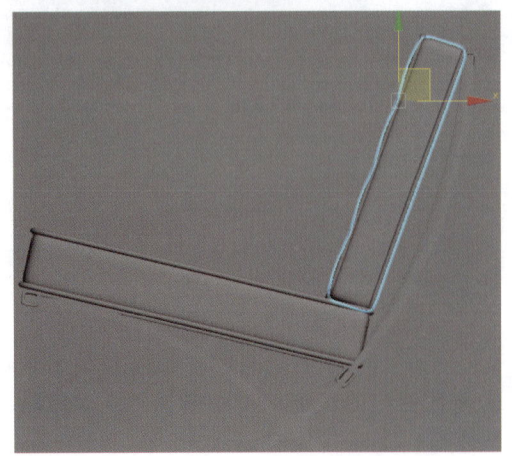

图 4-144

105 观察靠垫，可以看出靠垫的弧度和椅子腿部的弧度不符。选择靠垫，在"修改"面板中选择"FFD 4×4×4"，然后选择"控制点"，将控制点移动至合适的弧度，如图4-145所示。

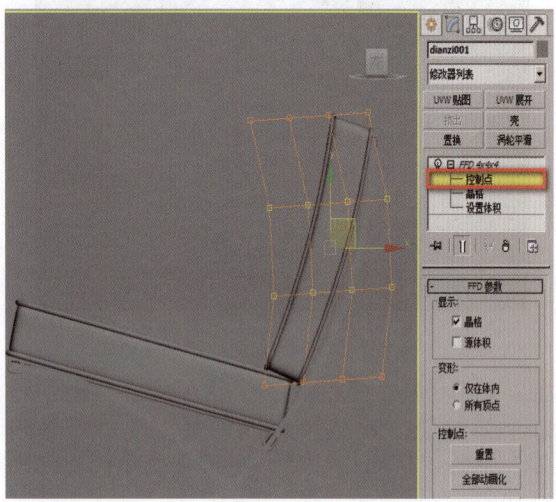

图 4-145

106 调整好所有的位置和大小后，按【F9】键进行快速渲染，得到如图4-146所示的效果。

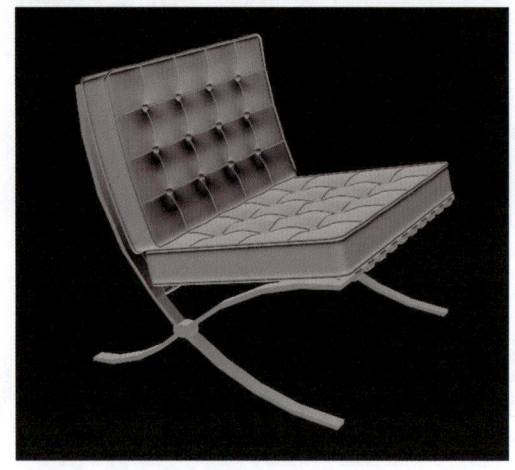

图 4-146

107 至此，巴塞罗那椅的创建完成。关于材质的内容，将在本章的后续内容中进行详细讲解。

4.3 房间结构模型的建立

4.3.1 创建墙体

01 本节要进行创建的是房间结构。首先用AutoCAD 打开智慧职教网站本课程中的"Chapter4\4.3.1创建墙体\素材客厅.dwg"文件,从图4-147中可以观察到客厅平面布置图和客厅天花吊顶图。

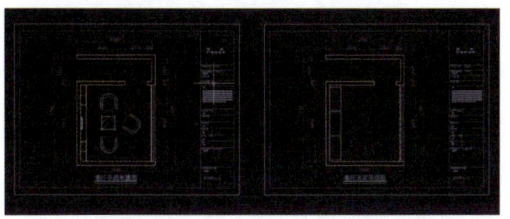

图 4-147

02 本节用二维线来起形,在进行墙体的创建之前需要进入AutoCAD中,对CAD文件进行处理,删除文件中一些不必要的信息,然后另存为一份文件,再导入3ds Max中进行创建,删除不必要信息后的效果如图4-148所示。

微课:
创建墙体

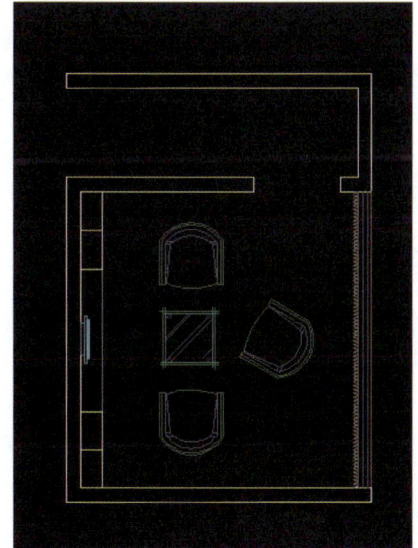

图 4-148

03 在导入CAD文件之前,还需要设置单位。打开3ds Max,选择"自定义"→"单位设置"菜单命令,在弹出的对话框中将系统单位和显示单位都设置为"毫米",如图4-149所示。

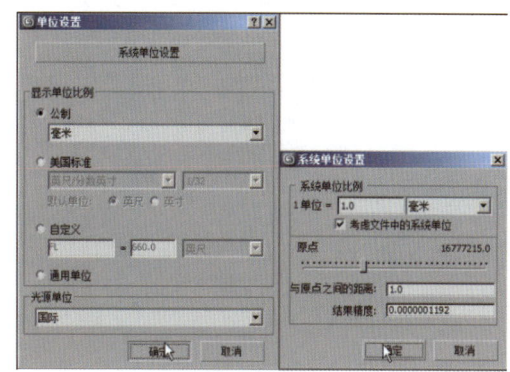

图 4-149

04 为了便于文件的管理,需要创建工程目录,即项目文件夹。选择"文件"→"管理"→"设置项目文件夹"菜单命令,弹出"浏览文件夹"对话框,在合适的位置新建文件夹,命名为"客厅",如图4-150所示。

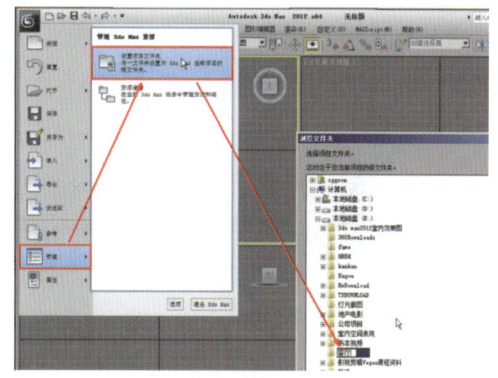

图 4-150

05 激活顶视图,选择"文件"→"导入"→"导入"菜单命令,将刚另存的CAD文件导入顶视图,如图4-151所示。

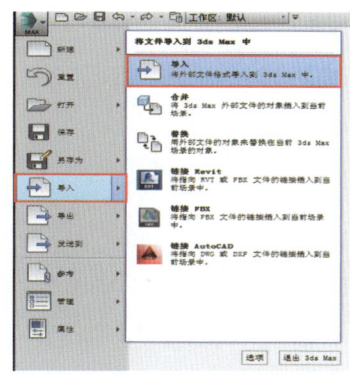

图 4-151

06 导入3ds Max中后会弹出一个对话框,单击"确定"按钮即可,如图4-152所示。

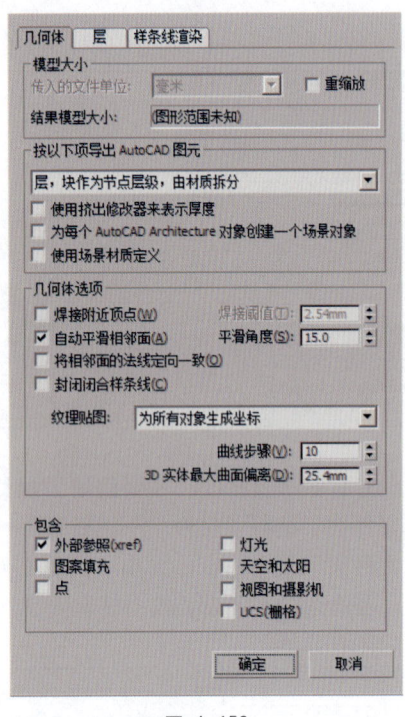

图 4-152

07 框选所有的CAD文件,选择"组"→"组"菜单命令,在弹出的"组"对话框中给所有导入的文件编一个组,命名为"cad",如图4-153所示,单击"确定"按钮。

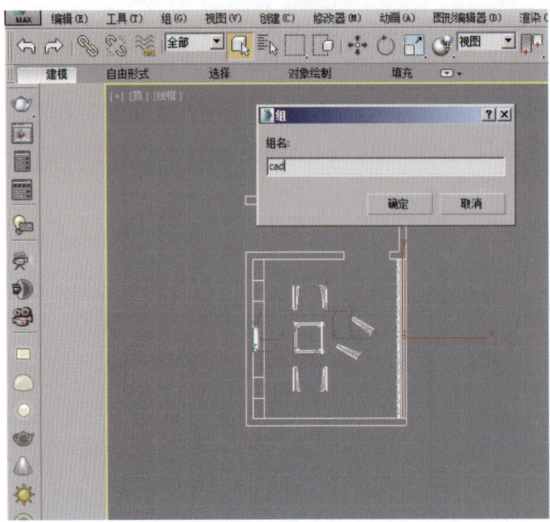

图 4-153

08 右击主工具栏中的移动工具,在弹出的"移动变换输入"对话框中将X轴和Y轴的坐标都改为0,如图4-154所示,然后按【G】键取消网格显示。

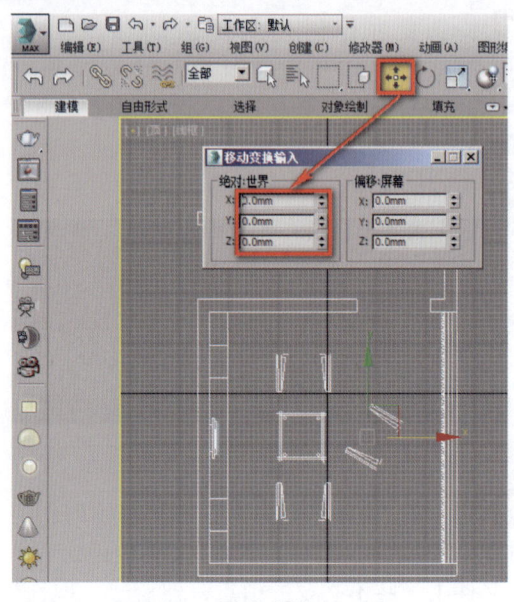

图 4-154

09 在主工具栏中右击捕捉工具,在弹出的"栅格和捕捉设置"对话框中进行设置,如图4-155所示。

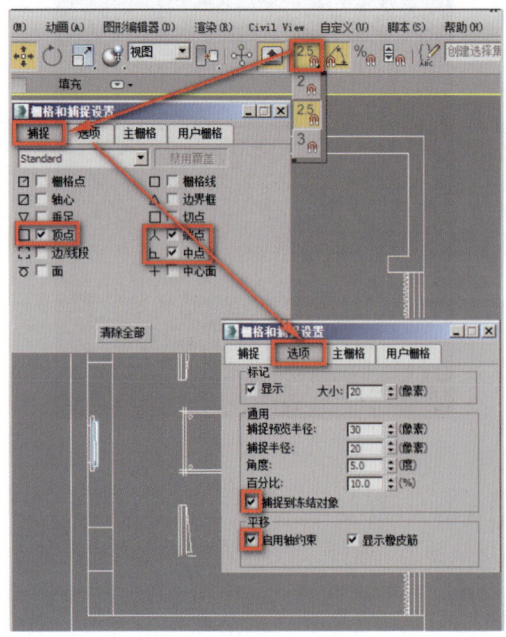

图 4-155

10 在"创建"面板中单击"图形"按钮，进入图形对象类别，然后单击"线"按钮，在顶视图中对着CAD图画线，如图4-156所示。

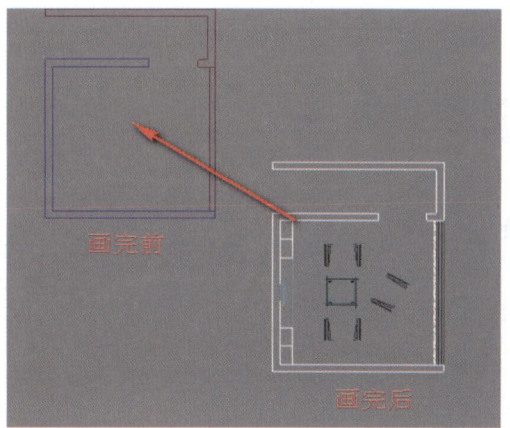

图 4-156

11 选中CAD文件并右击，在弹出的快捷菜单中选择"隐藏选定对象"命令，如图4-157所示。

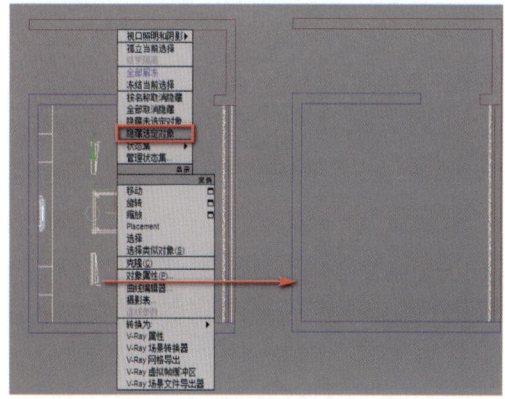

图 4-157

12 接下来创建墙体的高度。选择除镶嵌窗户以外的墙体二维线，在"修改"面板中选择"挤出"修改器，设置挤出"数量"为"3200.0mm"，如图4-158所示。

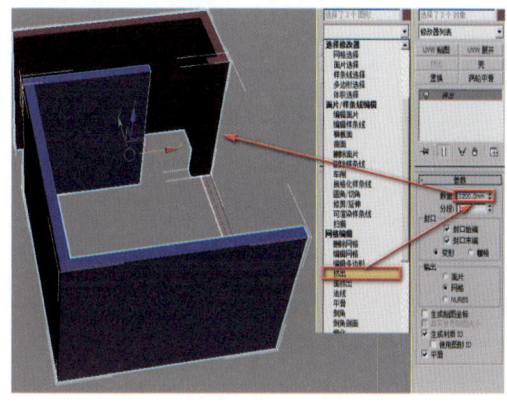

图 4-158

13 对镶嵌窗户的墙体进行创建，分析得出这个墙体分为上、下两个部分，下面的部分是200mm，上面的是340mm。用上一步的方法——挤出创建墙体下面部分，如图4-159所示。

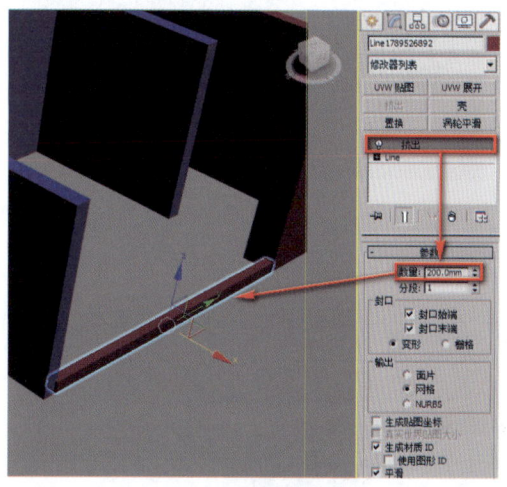

图 4-159

14 按【S】键打开捕捉功能，然后配合【Shift】键向上移动复制出上面部分，并且改变"数量"为"340.0mm"，如图4-160所示。

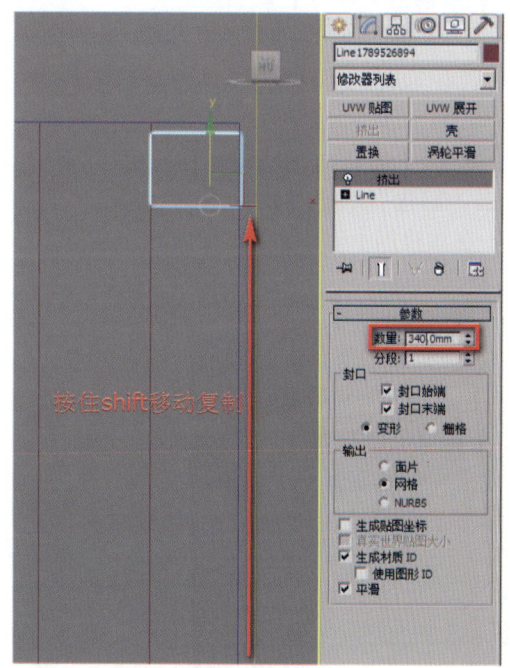

图 4-160

15 创建的墙体如图4-161所示。

16 选择所有的物体，按【M】键打开"材质编辑器"窗口，选择一个默认材质球，给材质球命名并且指定给所选物体，如图4-162所示。

图 4-161

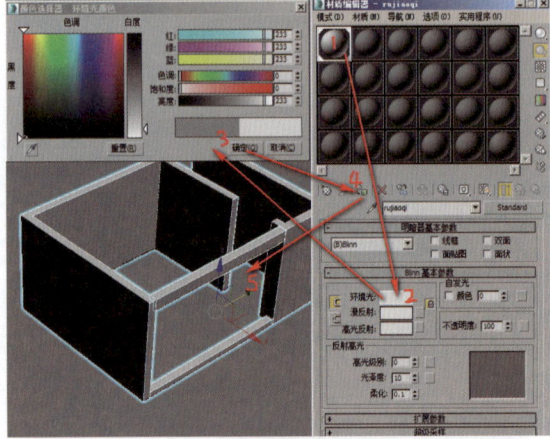

图 4-162

17 按【T】键进入顶视图,打开点捕捉功能,单击"创建"下的"几何体"中的"平面"按钮,在顶视图中创建地面,如图4-163所示。

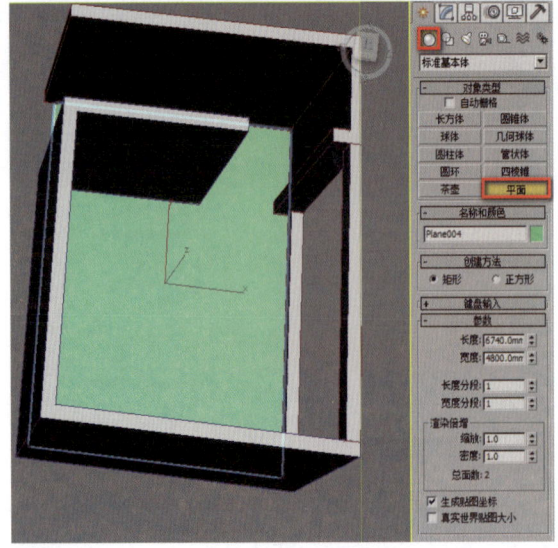

图 4-163

18 选择地面物体,按【M】键打开"材质编辑器"窗口,选择一个默认材质球,给材质球命名并且指定给地面,如图4-164所示。

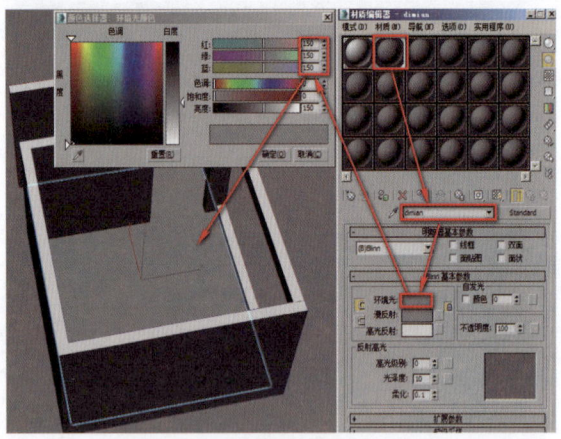

图 4-164

19 将地面复制一个移动到顶部,作为房子的顶部,并赋予墙体的材质。至此,墙体创建完成,效果如图4-165所示。

图 4-165

4.3.2 创建窗户

01 本节主要介绍窗户的创建。首先激活左视图，按【Alt+W】组合键最大化左视图。接着在主工具栏中选择捕捉工具，在"创建"面板中单击"平面"按钮，创建一个和窗户等大的平面，如图4-166所示。

微课：
创建窗户

图 4-166

02 选中该平面并右击，在弹出的快捷菜单中选择"转换为"→"转换为可编辑多边形"命令，将模型转换为可编辑的多边形物体。然后按【4】键进入可编辑多边形的面层级，选中刚才创建的面，在"修改"面板中单击"插入"按钮右侧的■按钮，插入一个面，目的是制作大的窗框，这里设置插入参数为"80.0mm"，单击"√"按钮，如图4-167所示。

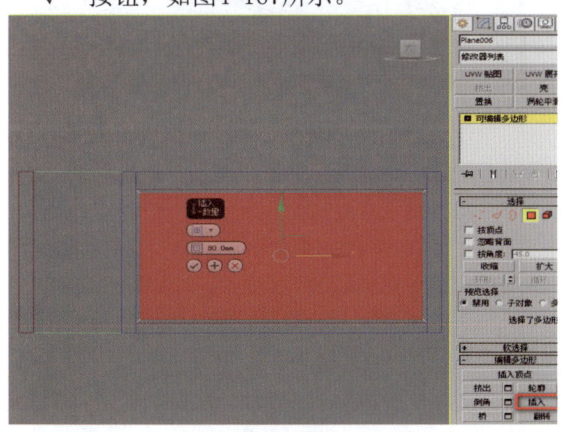

图 4-167

03 按【Alt+Q】组合键孤立选择平面，然后进入透视图，在"修改"面板中单击"挤出"按钮右侧的■按钮，设置挤出参数也为"80.0mm"，如图4-168所示。

04 接下来制作窗户内部的窗框，首先按【2】键进入线层级，选择图4-166中红色的线段并右击，在弹出的快捷菜单中单击"连接"按钮左侧的■按钮，然后设置分段参数为"3"，如图4-169所示。

图 4-168

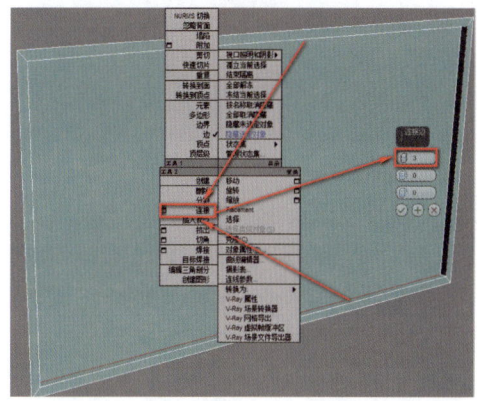

图 4-169

05 为了给每个窗户都加一个窗框，首先进入多边形的面层级，选中图4-167中所示的面，然后右击，在弹出的快捷菜单中单击"插入"命令旁边的■按钮，然后在弹出对话框的"组"下拉列表框中选择"按多边形"，设置插入参数为"40.0mm"，然后单击"√"按钮，如图4-170所示。

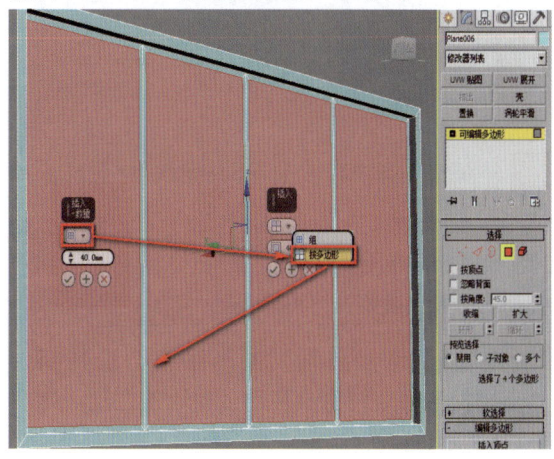

图 4-170

06 在上一步中插入的面为玻璃所在区域，右击，在弹出的快捷菜单中单击"挤出"命令旁边的■按钮，在弹出的对话框中设置参数为"-40.0mm"，然后单击"√"按钮，如图4-171所示。

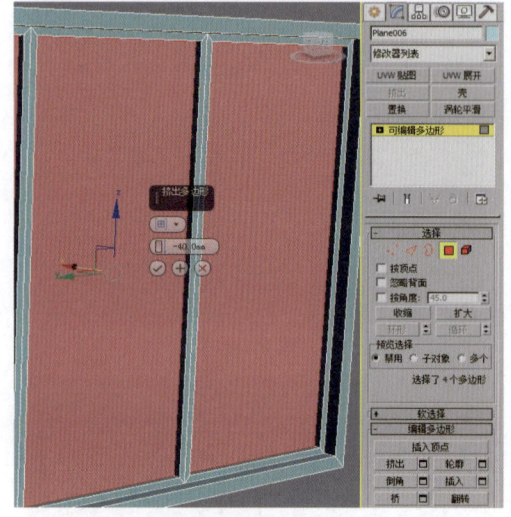

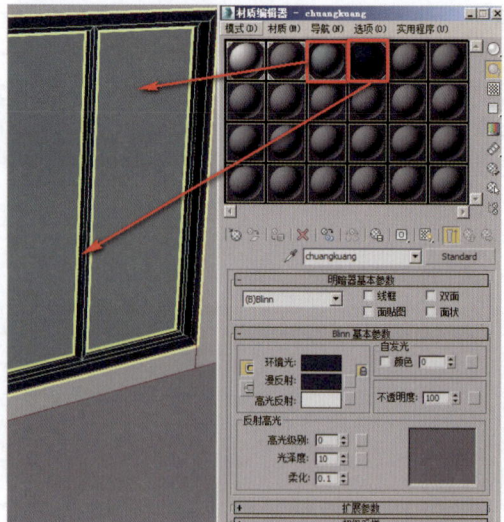

图 4-171

图 4-173

07 在"修改"面板中单击"分离"按钮，然后在弹出的"分离"对话框中设置分离对象的名称，如图4-172所示。

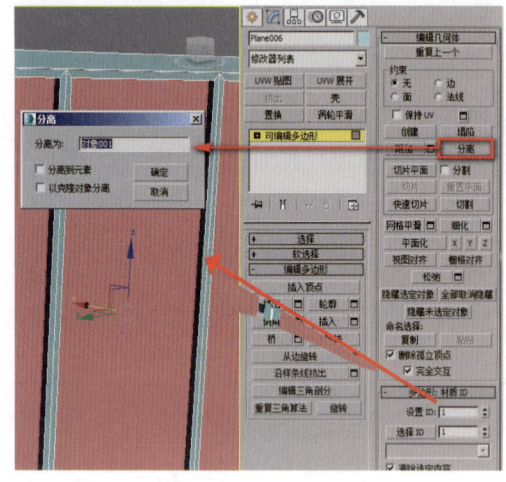

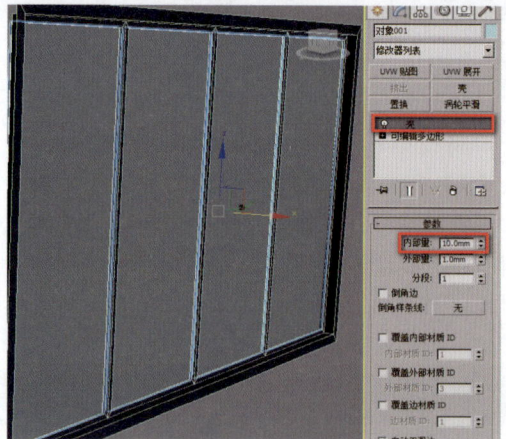

图 4-172

图 4-174

08 分别赋予窗框和玻璃不同的默认材质球，如图4-173所示。

09 选择玻璃部分，单击"修改"面板中的"壳"按钮，并设置参数为"10.0mm"，如图4-174所示。

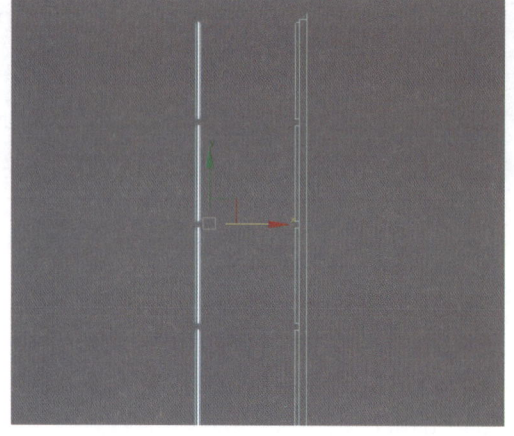

10 按【T】键进入顶视图，用移动工具配合"点捕捉"命令将窗户移动至合适的位置，如图4-175所示。

图 4-175

11 至此，窗户的创建就完成了。

4.3.3 创建摄像机

01 接下来要做的工作是创建摄像机。观察分析效果图,如图4-176所示,根据最终渲染图的比例大小先设置渲染比例,然后再进行摄像机的创建。

微课：
创建摄像机

图 4-176

02 通过观察最终渲染图可知图像的大小是"2000×1333"。打开3ds Max,单击主工具栏中的"渲染设置"按钮，打开"渲染设置"窗口，在"公用"选项卡中设置"宽度"为"2000"、"高度"为"1333",然后单击图像纵横比右侧的小锁按钮，锁定比例。为了前期的测试和节省时间,在锁定比例之后,再将图像设置成"600×400"的小尺寸,如图4-177所示。

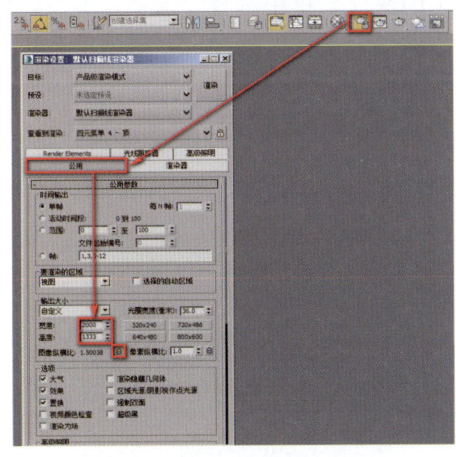

图 4-177

03 单击3ds Max界面右下角的"最大化视口切换"按钮，显示所有的视图。然后激活顶视图,单击"创建"下的"摄像机"中的"目标"按钮,根据效果图的构图角度,在顶视图中创建如图4-178所示的摄像机。

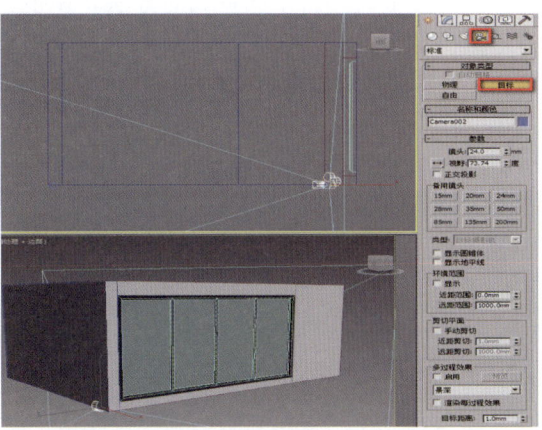

图 4-178

04 在主工具栏的"选择过滤器"下拉列表框中选择"C-摄像机",这时只可以选择摄像机。进入前视图,选择摄像机,将摄像机按Y轴方向移动"900mm",如图4-179所示。

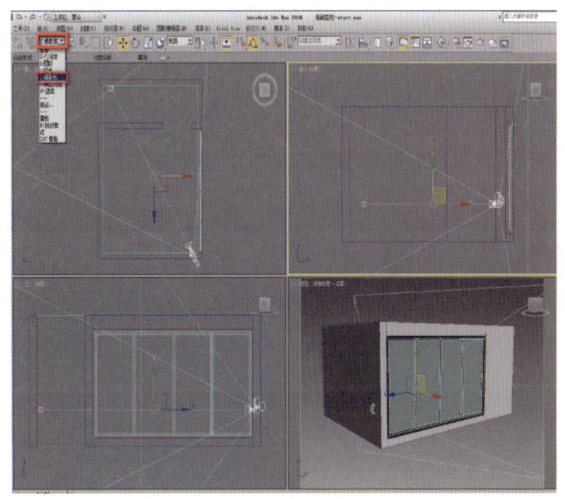

图 4-179

05 在透视图中右击左上角的"透视"二字,在弹出的快捷菜单中选择"摄像机"命令,这时视图会显示一片白色,这是因为将摄像机打在了房子外边,看见了白墙,如图4-180所示。

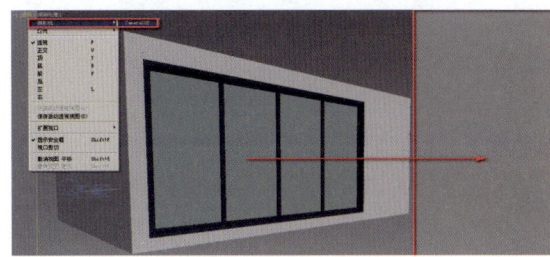

图 4-180

06 对于这个问题有多种解决方案,这里先介绍一种,即采取人为将空间扩大的方法。在主工具栏的"选择过滤器"下拉列表框中选择"全部",然后选择一面墙,进入点层级,将靠近摄像机的点移动至包住摄像机的地方,如图4-181所示。

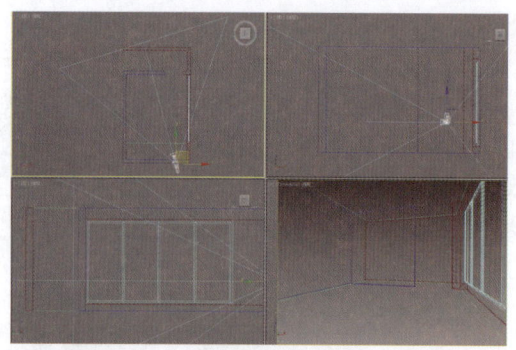

图 4-182

08 参照最终效果图将摄像机创建出来,如图4-183所示。

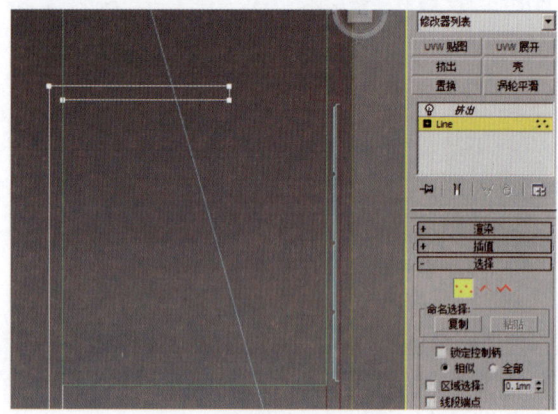

图 4-181

07 用同样的方法将其他物体也进行移动,图4-182所示为移动后的效果。

图 4-183

4.3.4 创建阳光顶

01 摄像机创建完以后,本节要创建阳光顶,仍然采用前面讲到的方法(多边形建模),做法和窗户是一样的,即先在上面做切线,然后通过"挤出"命令做出厚度。

微课:
创建阳光顶

03 选择图4-184中红色标识的线段并右击,在弹出的快捷菜单中选择"连接"命令,给其加线,做出天窗大致的分区,加线的效果如图4-185所示。

02 进入顶视图,选中房子顶部,按【2】键进入线层级,然后选择相应的线段,右击连接,横向加一条线,纵向加两条线,再通过移动工具将所加线段移动到合适的位置,连接出如图4-184所示的效果。

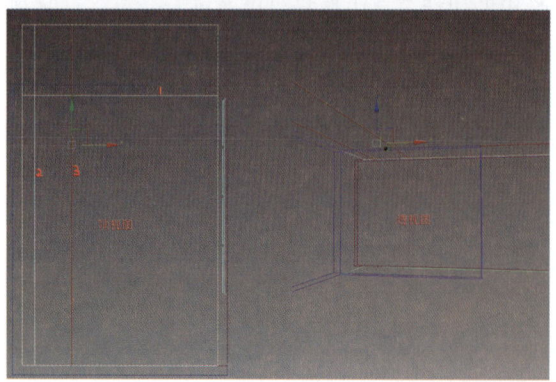

图 4-184

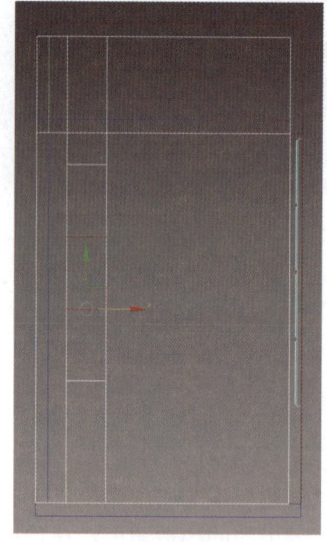

图 4-185

04 然后右击，在弹出的快捷菜单中单击"切角"按钮旁边的■按钮，并设置切角的参数为"80.0mm"，如图4-186所示。

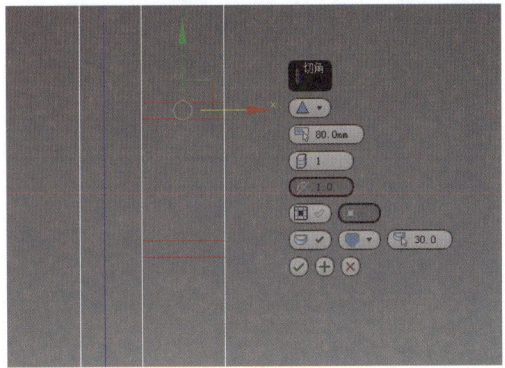

图 4-186

05 选择天窗的面，做一次挤出操作，挤出的参数为"360.0mm"，如图4-187所示。

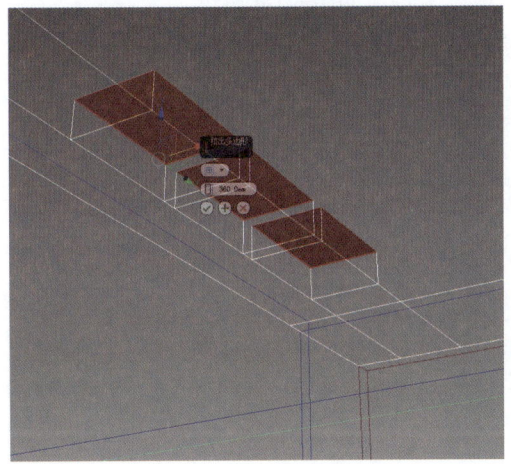

图 4-187

06 观察发现整个顶面反了，进入面层级，按【Ctrl+A】组合键全选所有的面，然后单击"修改"面板中的"翻转"按钮，将所有面的法线转过来，如图4-188所示。

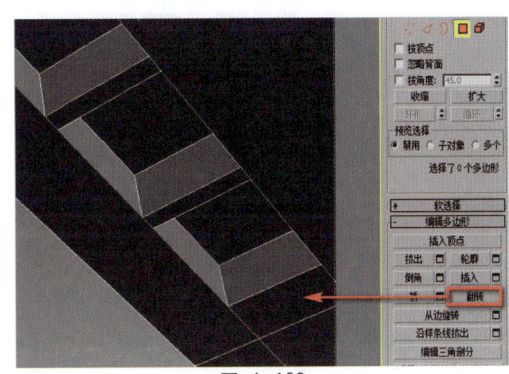

图 4-188

07 进入透视图，选择刚才挤出的面，单击"修改"面板中的"分离"按钮，分离出天窗窗框，如图4-189所示。

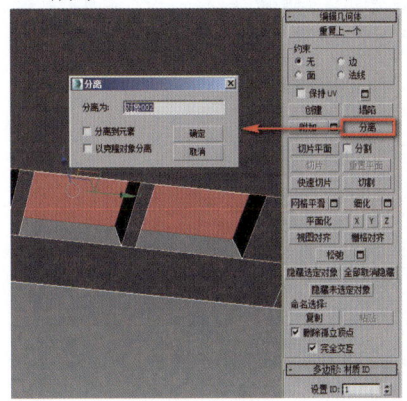

图 4-189

08 单击"修改"面板中的"插入"按钮右侧的■按钮，设置插入参数为"60.0mm"，如图4-190所示。

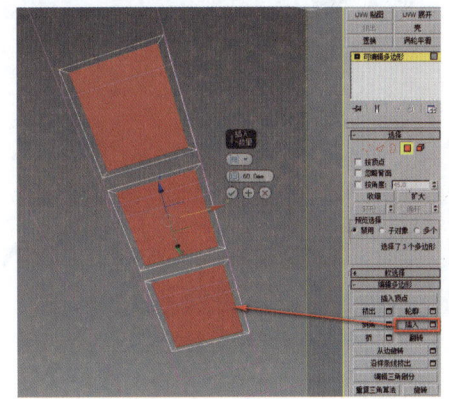

图 4-190

09 单击"修改"面板中的"挤出"按钮右侧的■按钮，设置挤出参数为"-70.0mm"，如图4-191所示。

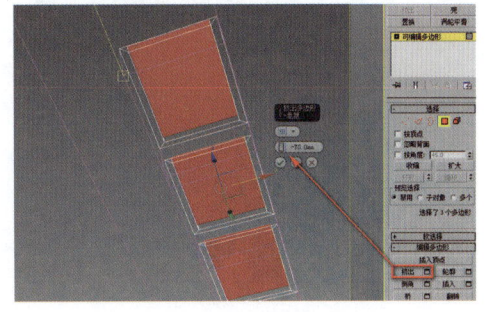

图 4-191

10 选择刚才挤出的面，单击"修改"面板中的"分离"按钮，分离出玻璃，并且加一个厚度，即加入"壳"命令，参数设置为"10.0mm"，如图4-192所示。

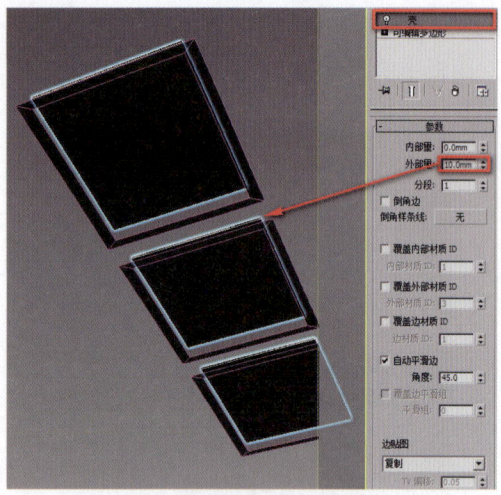

图 4-192

11 调整一下天窗的位置,然后给它们分别赋予玻璃和窗框材质,如图4-193所示。

图 4-193

12 用同样的方法创建出天花板上的灯槽,如图4-194所示。

图 4-194

13 接下来创建踢脚线,创建方法仍然采用前面讲到的二维线方法。在"创建"面板中单击"图形"按钮,进入图形对象类别,单击"线"按钮,然后在顶视图中对着墙体内侧画线,如图4-195所示。

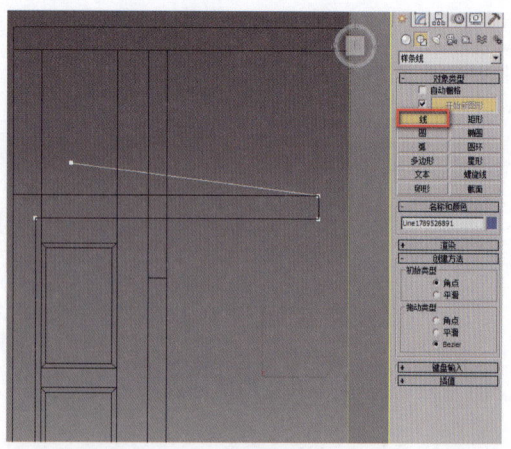

图 4-195

14 全选所有的点,转换成角点,然后按【3】键进入样条线层级,在"修改"面板中单击"轮廓"按钮,设置其参数为"-20mm",并按【Enter】键,如图4-196所示。

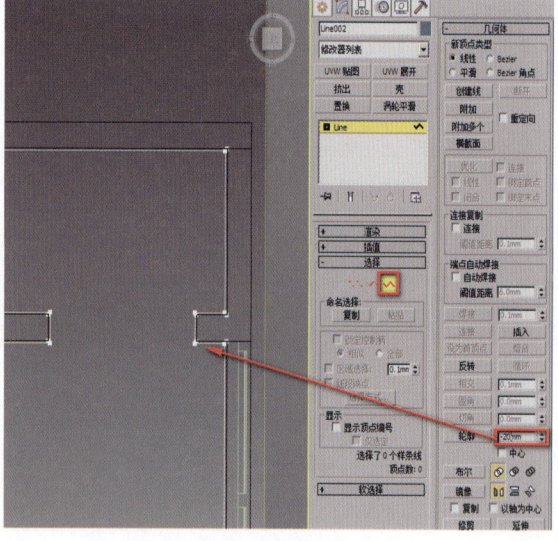

图 4-196

15 对其进行一次"100mm的挤出",如图4-197所示,然后附上材质,踢脚线创建完毕。

图 4-197

Chapter 4 简约客厅

16 进入顶视图创建一个长方体，长度为5240mm、宽度为140mm、高度为900mm。然后打开点捕捉功能，将其移动至合适的位置，如图4-198所示。

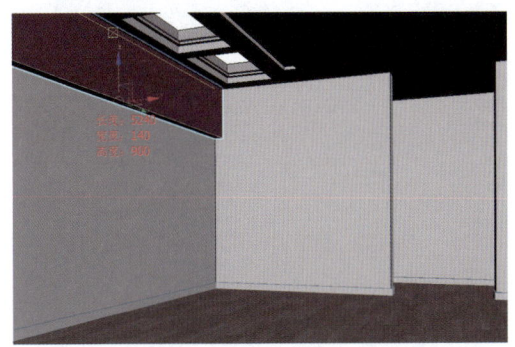

图 4-198

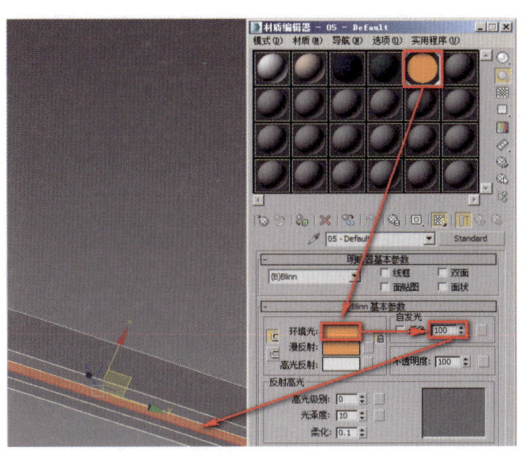

图 4-201

17 孤立当前物体，选择底面，插入一个面，其插入数值为"40.0mm"，如图4-199所示。

18 然后右击，在弹出的快捷菜单中选择"挤出"命令，设置挤出数值为"-100.0mm"，如图4-200所示。

20 用同样的方法创建电视柜。首先创建一个高度为40mm、宽度为400mm、长度为3000mm的长方体作为电视柜的桌面，然后创建一个高度为200mm、宽度为1500mm的面片作为电视柜抽屉的部位，再用制作窗户的方法制作出抽屉，最后将它们进行附加，并指定一个白色材质，移动至合适的位置（桌面离地面的高度为240mm左右），创建完成的效果如图4-202所示。

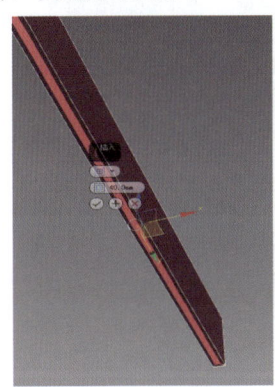 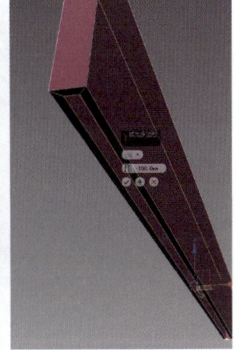

图 4-199　　　　图 4-200

19 选择刚挤出的面，单击主工具栏中的"材质编辑器"按钮，打开"材质编辑器"窗口，设置环境光为黄色，并设置自发光的颜色值为"100"，这样该结构就创建完成了，如图4-201所示。

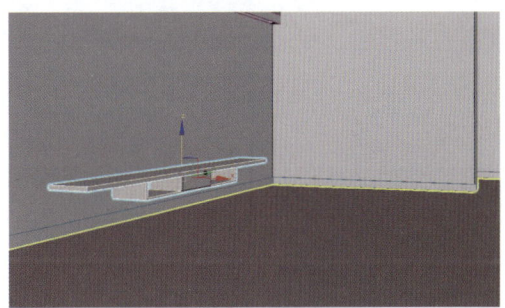

图 4-202

4.4 模型检查

通常情况下，在拿到模型之后，第一件事就是检查模型是否有问题，比如漏光、破面、重面等。

微课：
模型的检查

01 前面的模型创建完成以后，本节来进行模型的检查。首先打开智慧职教网站本课程中的"Chapter4\4.4模型的检查\素材-休闲客厅-start.max"文件，如图4-203所示。

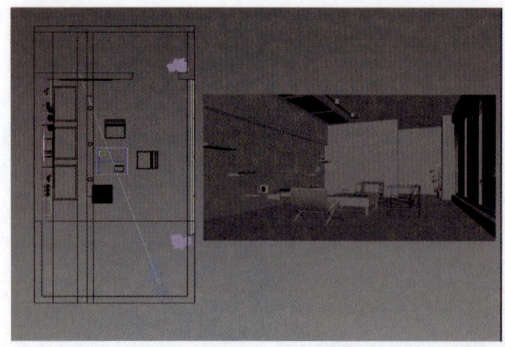

图 4-203

02 目前整个场景使用了一个默认材质，单击主工具栏中的"渲染设置"按钮，打开"渲染设置"窗口，可见当前的渲染器是默认的扫描线渲染器。首先要做的是指定VRay渲染器，在"渲染设置"窗口的"公用"选项卡中打开"指定渲染器"卷展栏，单击"产品级"右侧的浏览按钮，然后指定"V-Ray Adv 3.00.08"渲染器，单击"确定"按钮，如图4-204所示。

图 4-204

03 在"渲染设置"窗口的"V-Ray"选项卡中打开"全局开关"卷展栏，选中"覆盖材质"复选框，然后按【M】键打开"材质编辑器"窗口，将一个默认材质球拖至"覆盖材质"下侧的"无"按钮上，如图4-205所示。

04 在"GI"选项卡中启用全局照明，在"发光图"卷展栏中设置"当前预设"为"非常低"，并选中"显示计算相位"复选框，其他采用默认设置，具体参数如图4-206所示。

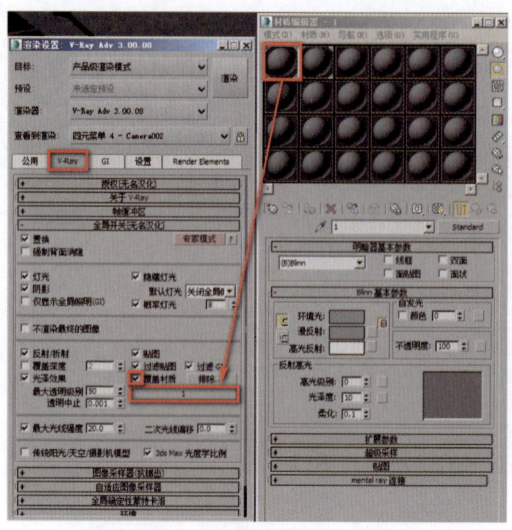

图 4-205

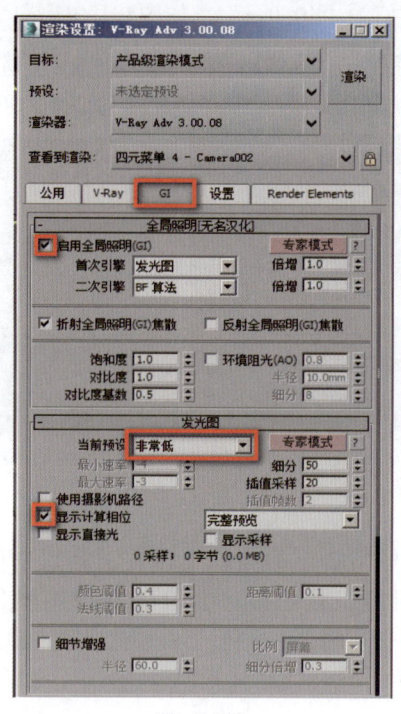

图 4-206

05 按【8】键打开"环境和效果"窗口，设置环境色为天蓝色，如图4-207所示。

06 因为场景中没有设置任何一盏灯，所以只有默认的灯光，这时需要选择"V-Ray"选项卡将默认灯光关掉，然后将替代材质设置成白色，如图4-208所示。

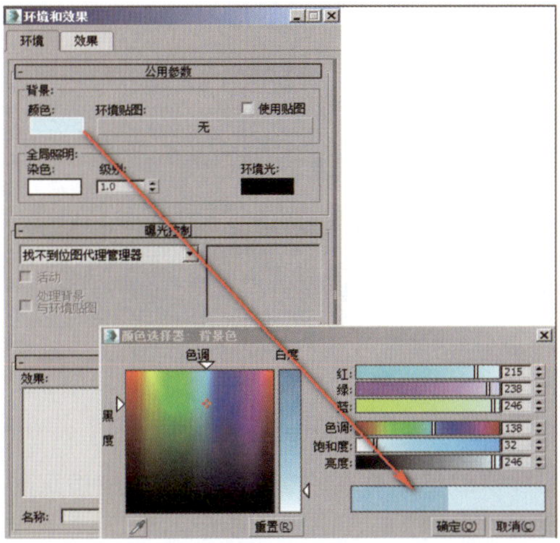

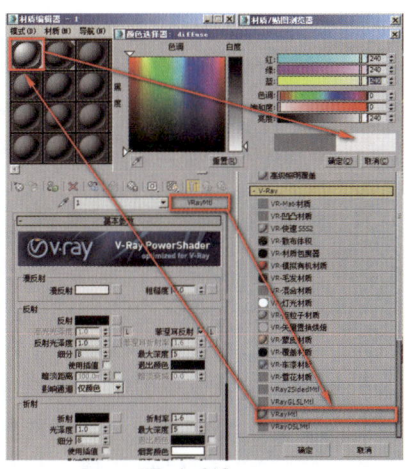

图 4-207

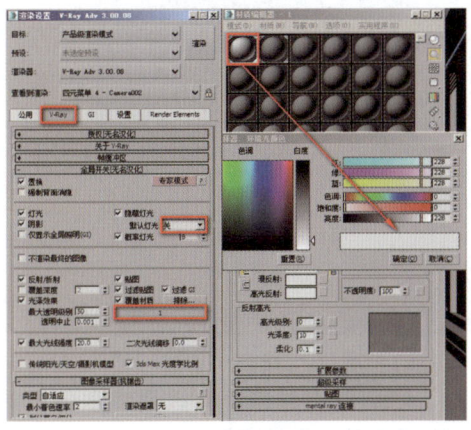

图 4-208

07 单击"渲染"按钮,效果如图4-209所示。

图 4-209

08 观察渲染图会发现有一些错误,例如,房顶是亮的,这是因为选用的替代材质是默认的材质球,默认材质球的材质默认不是双面的,只要将默认材质球换成VRayMt1材质球即可,因为VRayMt1材质球默认是双面的,如图4-210所示。

图 4-210

09 激活摄像机视图,然后渲染一下,效果如图4-211所示。

图 4-211

10 观察渲染图发现房间内是黑色的,这是因为玻璃遮挡了光线的进入,只要将玻璃隐藏起来就好了,然后再做一次渲染,效果如图4-212所示。

图 4-212

11 观察没有问题时,关于模型的检查就结束了。

4.5 材质设置

4.5.1 地板材质的设置

检查完模型，确认没有问题后，需要做的就是材质的设置。首先分析场景中的材质，先从一些大的材质做起，然后再对一些小的材质进行设置。

微课：
材质的设置

01 选择地板，按【Alt+Q】组合键孤立地板物体，在此需要给木地板找一张合适的贴图。首先给木地板指定VRayMtl材质球，然后单击"漫反射"右侧的按钮（漫反射贴图通道），双击位图，选择智慧职教网站本课程中的"Chapter4\4.5.1地板材质的设置\素材"文件夹中的"木地板.jpg"贴图文件，如图4-213所示。

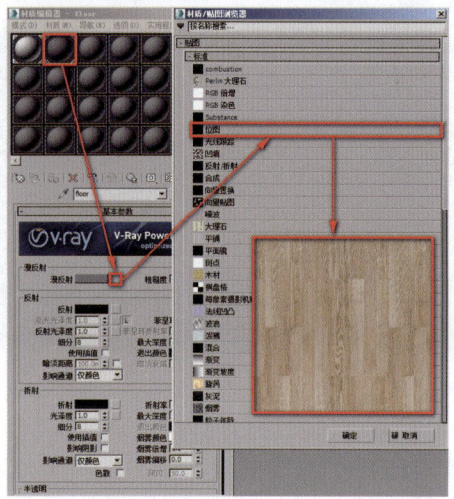

图 4-213

02 在"材质编辑器"窗口中单击"在视口中显示标准贴图"按钮，将这张贴图显示在模型上，如图4-214所示。

图 4-214

03 在"修改"面板中给木地板添加一个"UVW贴图"修改器，并在"参数"卷展栏中指定贴图类型为"平面"，如图4-215所示。

图 4-215

04 为了使贴图看起来更接近真实木地板的比例，可以先创建一个长度为"1000.0mm"、宽度为"100.0mm"的长方体作为参考，如图4-216所示。

图 4-216

05 接下来在"修改"面板中调整UVW贴图坐标的大小，使木地板贴图上的纹理和参照物相同，如图4-217所示。

Chapter 4 简约客厅

图 4-217

图 4-218

06 贴图指定完以后，接下来要调整材质质感方面的参数。按【M】键返回到"材质编辑器"窗口，激活木地板材质球，首先给反射通道指定一张衰减贴图，然后调整衰减贴图前面的通道颜色为"45"，侧面的为"120"，然后选择衰减类型为"Fresnel"，如图4-218所示。

07 设置"反射光泽度"为"0.8"，打开"材质编辑器"窗口中的"贴图"卷展栏，将漫反射通道中的贴图拖曳至凹凸通道，使木地板更具有细节，然后选择实例，木地板材质设置完成，如图4-219所示。

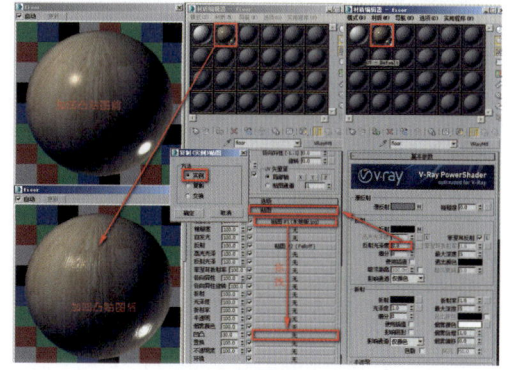

图 4-219

4.5.2 白墙材质的设置

01 本节介绍白色乳胶漆的设置。首先选择一个材质球，指定为VRayMtl材质球，调整漫反射颜色为一个接近纯白色的颜色，其值为"252"。然后将反射颜色设为"17"，将"反射光泽度"设为"0.65"，在"选项"卷展栏中取消选中"跟踪反射"复选框，目的是只产生高光而没有反射，如图4-220所示。

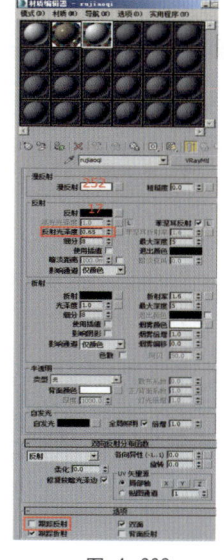

图 4-220

02 给相应物体指定白色的乳胶漆材质，指定的物体有白墙、阳光顶面、电视墙上的4个小台子、灯槽和踢脚线（这里有个技巧：指定完一个物体就隐藏该物体，全部指定完后，再显示所有的物体）。图4-221中所有用"2"标识的物体都是白色乳胶漆材质。

图 4-221

4.5.3 磨砂金属材质的设置

01 选择房顶窗框和屋子侧面窗框，打开"材质编辑器"窗口，选择一个VRayMtl标准材质球，设置其"漫反射"颜色值为"193"、"反射"颜色值为"40"（颜色越白表示反射越强，颜色越黑表示越不反射）、"反射光泽度"为"0.8"，然后指定给窗框，如图4-222所示。

02 桌子腿不锈钢材质的设置：不锈钢材质的参数设置其实很简单，关键是给一个什么环境来反应它的属性，"漫反射"指定一个比较灰的颜色"186"，"反射"指定一个比较强的反射"176"，"反射光泽度"为"0.8"，如图4-223所示。

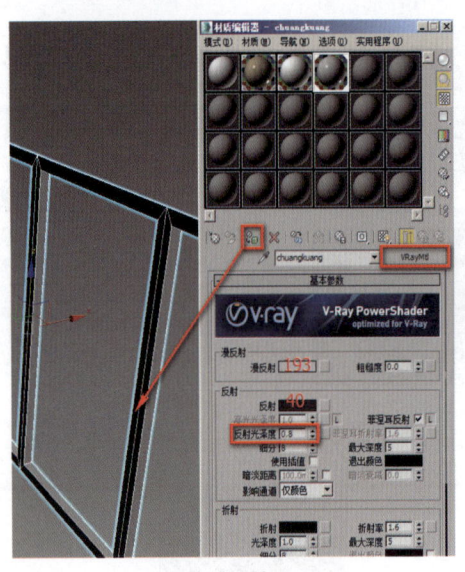

图 4-222

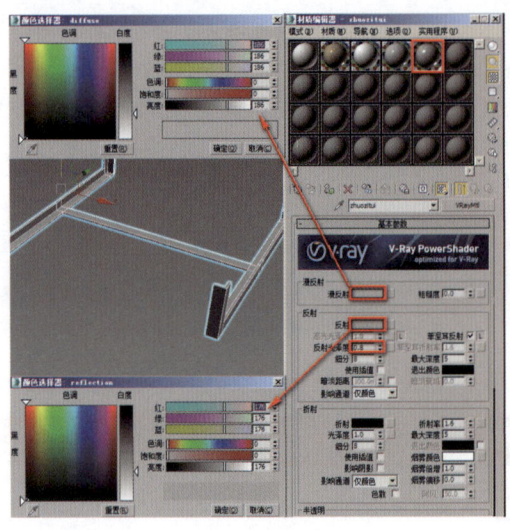

图 4-223

4.5.4 皮革材质的设置

01 观察巴塞罗那椅，发现其中有两个是以长方体显示的，这是因为场景中的面数太多，为了减少系统资源才以长方体显示，如图4-224所示。

02 选择两个以长方体显示的椅子并右击，在弹出的快捷菜单中选择"对象属性"命令，在弹出的对话框中取消选中"显示为外框"复选框，然后单击"确定"按钮，如图4-225所示。

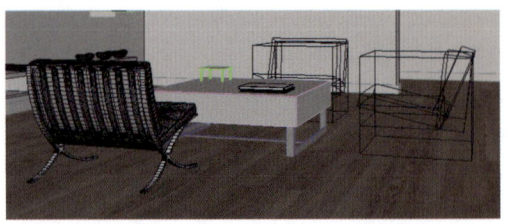

图 4-224

04 皮革材质中重要的一点是有凹凸，在"材质编辑器"窗口的"贴图"卷展栏中单击"凹凸"旁边的"无"按钮，选择"噪波"贴图，设置噪波参数的"大小"为"20"，如图4-227所示。

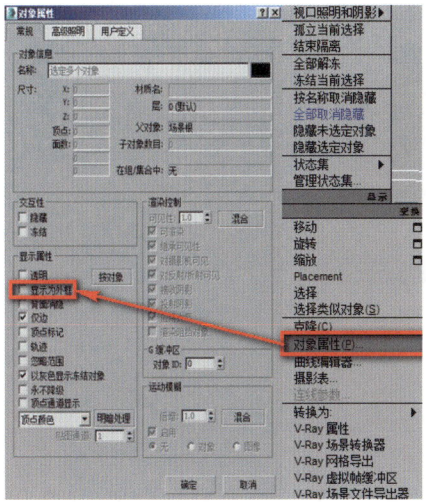

图 4-225

03 选择椅子的皮革部分，指定"漫反射"颜色为黑色"22"，因为皮革是有一定反射的，所以将"反射"颜色设置为"50"，将"反射光泽度"设置为"0.62"，如图4-226所示。

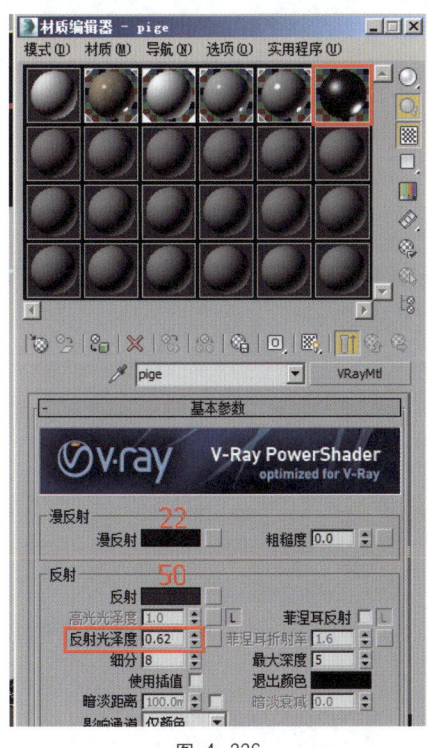

图 4-226

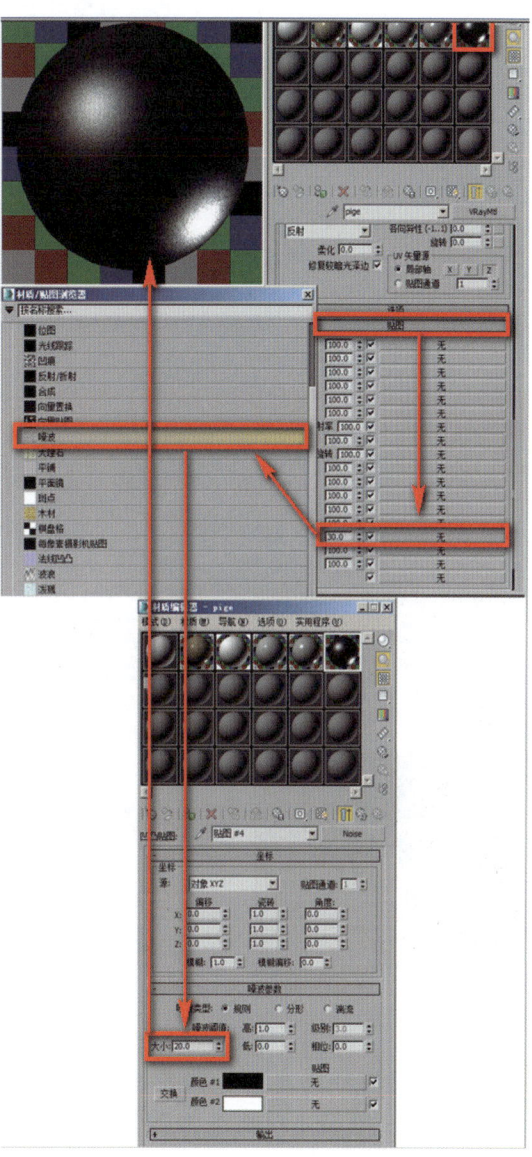

图 4-227

4.5.5 玻璃材质的设置

在白天所看到的玻璃几乎是没有反射的。指定"漫反射"颜色为白色"238"，反射少给一点（10左右就可以了），折射则非常强"237"，并选中"影响阴影"复选框，目的是让太阳光穿过玻璃，否则光线是穿不过来的，如图4-228所示。

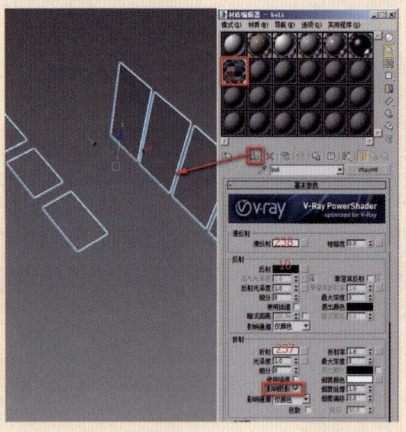

图 4-228

4.5.6 其他材质的设置

01 设置桌子的材质。选择一个VRayMtl标准材质球，将漫反射和反射的值都设置为"25"，将"反射光泽度"设置为"0.95"，如图4-229所示。

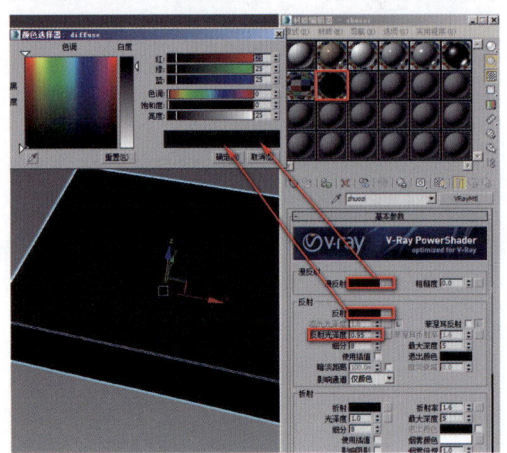

图 4-229

02 天花板上的灯具是由金属部分的自发光部分组成的，单击"材质编辑器"窗口中的"Standard"按钮，指定一个"VR-灯光材质"，如图4-230所示。

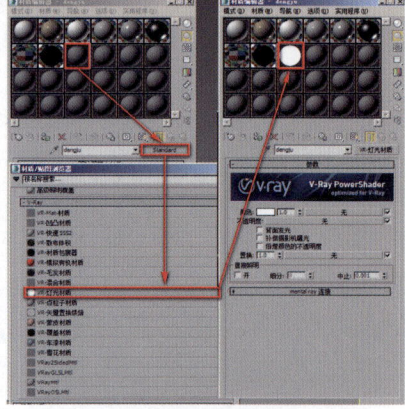

图 4-230

03 设置金属部分材质：设置"漫反射"颜色的值为"52"、"反射"颜色的值为"91"、"反射光泽度"为"0.75"，如图4-231所示。

04 到此为止，场景中的大部分材质已经设定完毕，后面的一些材质就不讲解了，用户可以参考智慧职教网站本课程中的最终渲染场景文件中的材质进行设定。

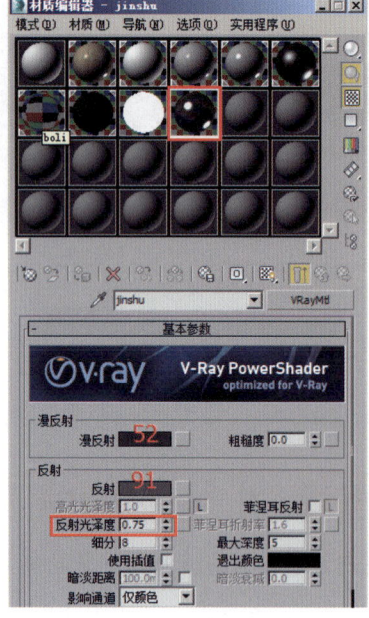

图 4-231

4.6 灯光设置

4.6.1 太阳光的设置

接下来进行场景的灯光设置，本场景考虑到有一个比较大的落地窗，所以会有充足的阳光照射进来。

01 打开"创建"面板中的"灯光"界面，在下拉列表框中选择"标准"，再单击"目标平行光"按钮来模拟太阳光，然后在顶视图中单击创建，并调整位置，如图4-232所示。

微课：
灯光的设置（1）

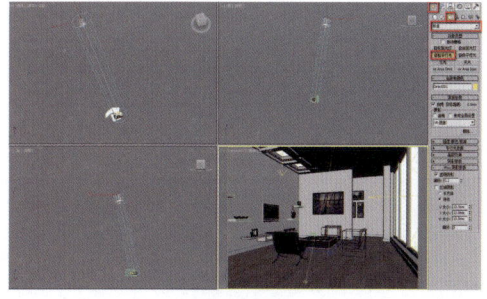

图 4-232

02 进入"修改"面板，因为太阳光是有影子的，所以要开启"阴影"，设置"倍增"为"0.75"、颜色为暖色，再设置聚光区和衰减区的参数，如图4-233所示。

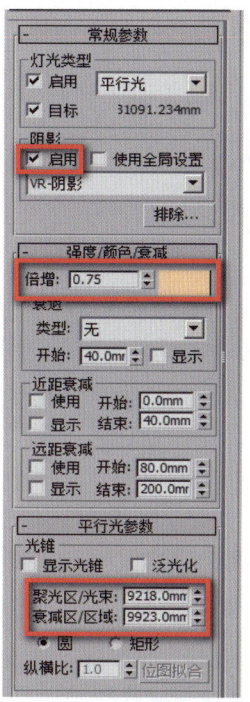

图 4-233

4.6.2 草图渲染设置

01 先来测试灯光，在测试之前需要进行草图渲染设置，设置一下渲染参数，使其尽量快一些，能够看到光斑的位置就可以了。打开"渲染设置"窗口，将渲染尺寸改为"800×533"，如图4-234所示。

02 在"V-Ray"选项卡中设置图像采样器（抗锯齿）的"类型"为"自适应"，关闭"图像过滤器"，"自适应图像采样器"的最小细分和最大细分分别为"1"和"4"，如图4-235所示。

图 4-234

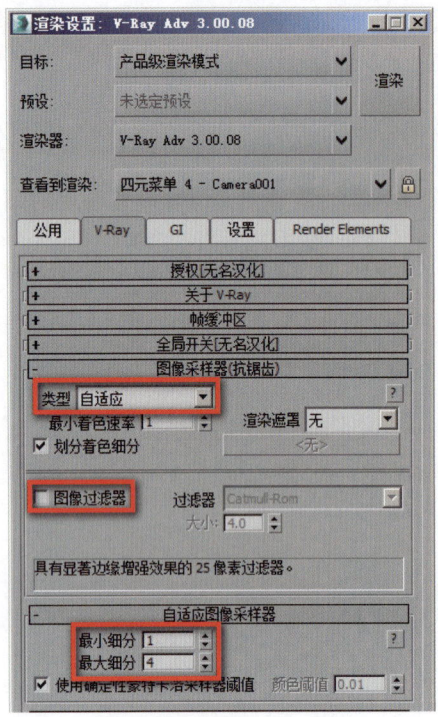

图 4-235

图 4-237

05 调整一下灯光的位置继续渲染，为了节省时间，可以先关闭全局光再进行渲染。从渲染图中可以发现整个房间有点暗，接下来可以先把模拟环境做出来。进入顶视图，用二维线画出一个弧线，然后再挤出，挤出的高度一定要比房间高，而且在房间里也看不到它的上、下端，如图4-238所示。

03 设置"GI"选项卡中的参数如图4-236所示。

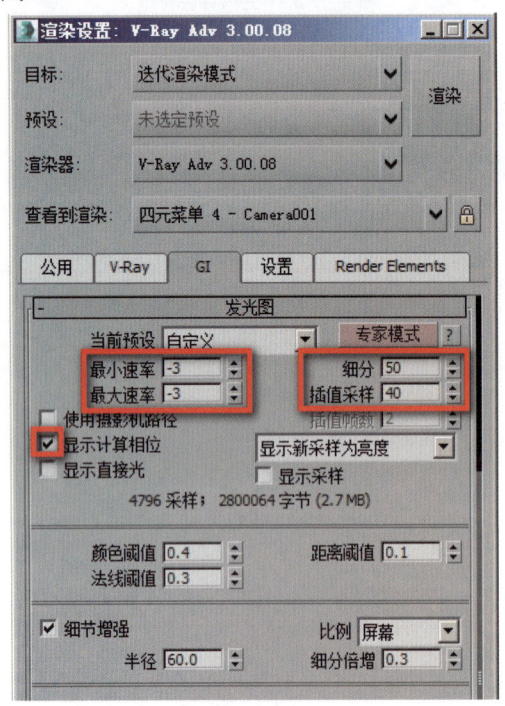

图 4-236

04 其他参数保持默认设置，然后进行渲染，效果如图4-237所示。

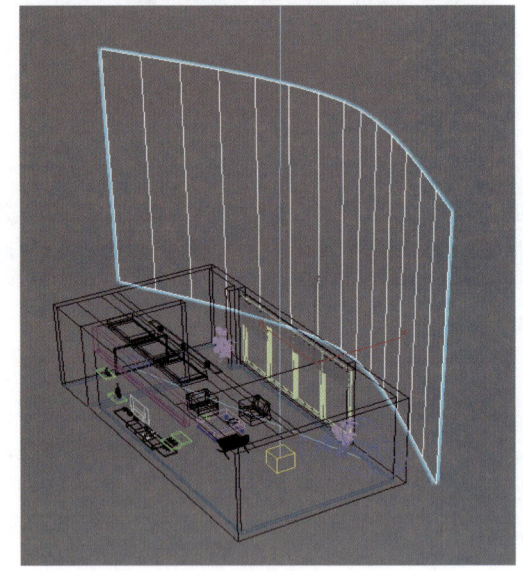

图 4-238

06 按【M】键打开"材质编辑器"窗口，选择VR-发光材质，给它指定一张天空贴图，如图4-239所示。

07 给天空模型指定一个贴图坐标（UVW贴图），贴图类型选择"长方体"，如图4-240所示。

Chapter 4　简约客厅

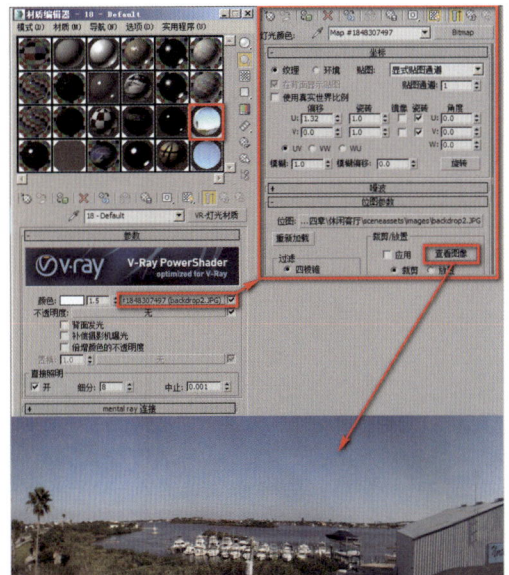

08 调整一下贴图坐标，然后进行渲染。用同样的方法做出房顶上的天空，渲染效果如图4-241所示。

图 4-239

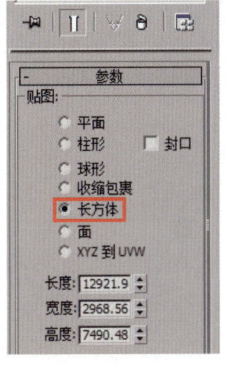

图 4-240

图 4-241

微课：
灯光的设置（2）

4.6.3　天光的设置

本节主要讲天光的模拟即环境光的设置。通过图4-237可知之前渲染出来的图偏暗，所以接下来要做的工作就是模拟天光照进室内的效果。

01 选择场景中的窗户，按【Alt+Q】组合键孤立选择窗户，然后打开"创建"面板中的"灯光"界面，在下拉列表框中选择"VRay"，然后单击"VR-灯光"按钮，在前视图中拖曳鼠标进行创建，并调整灯光的位置和光照方向，如图4-242所示。

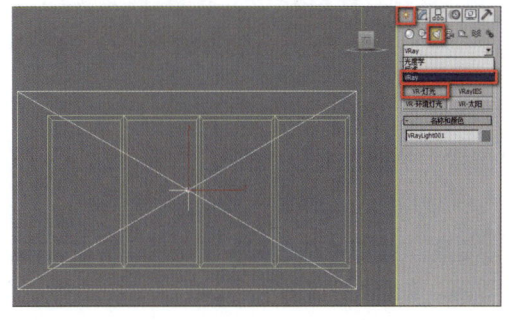

图 4-242

02 在"修改"面板中设置灯光的颜色为冷色（R:228，G:254，B:255），设置"倍增"的值为"3.0"，并选中"不可见"复选框，如图4-243所示。

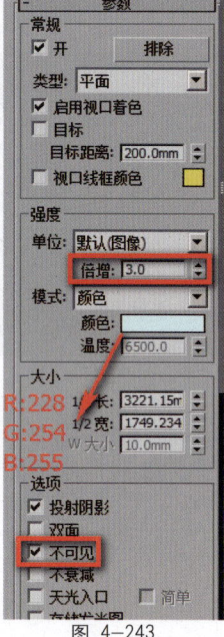

图 4-243

03 用同样的方法给顶上的天光也做一个模拟光，首先打开"创建"面板中的"灯光"界面，在下拉列表框中选择"VRay"，然后单击"VR-灯光"按钮，在顶视图中拖曳鼠标进行创建，并调整灯光的位置和光照方向，如图4-244所示。

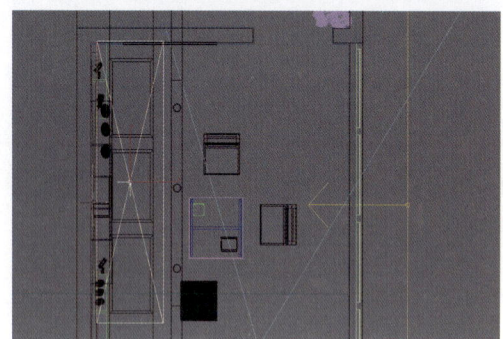

图 4-244

04 该灯光的参数和前面灯光的参数一样，将"倍增"的值暂定为"3.0"，同样选中"不可见"复选框，其他参数如图4-245所示。

05 复制一盏灯并移动到屋子的另一端，参数暂时不变，如图4-246所示。

图 4-245

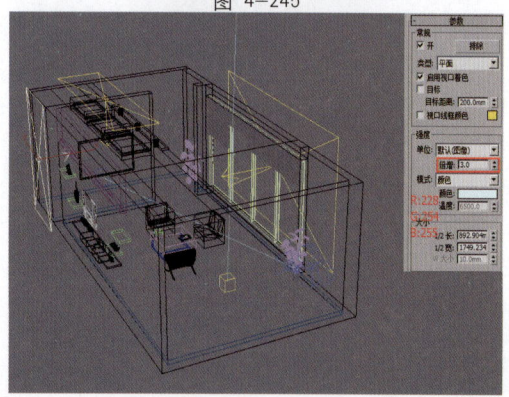

图 4-246

06 接下来试着渲染一下，但需要进行草图渲染设置，设置一下渲染参数，使其尽量快一些。打开"渲染设置"窗口，首先将渲染尺寸改为"600×400"，取消"图像过滤器"复选框，打开全局光。为了加快渲染的速度，在"V-Ray"选项卡的"全局开关"卷展栏中取消选中"光泽效果"复选框，其他参数保持默认设置，如图4-247所示。

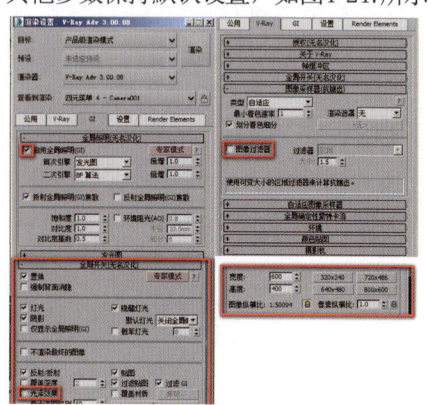

图 4-247

07 为了加快速度，也可以将场景中的一些物体隐藏起来，然后再渲染，如图4-248所示。

图 4-248

08 观察图2-244可知，图形不够冷，有点偏暖，要调整灯光的颜色。另外，场景中还缺少一个长条的灯槽，用加VRay面片灯的方法加一盏灯，如图4-249所示。

图 4-249

09 测试渲染，得到如图4-250所示的效果。

图 4-250

10 接下来测试一下局部渲染效果，例如桌子腿部。打开"渲染设置"窗口，调整尺寸大小为"1200×800"，并勾选"图像过滤器"复选框，如图4-251所示。

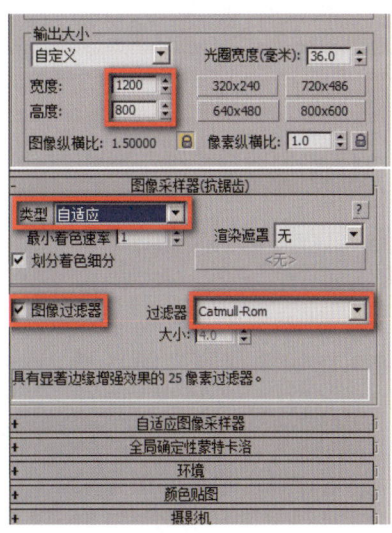

图 4-251

11 为了加快速度，采取局部区域渲染，打开"渲染帧"窗口，在"要渲染的区域"下拉列表框中选择"区域"，然后调整区域框的位置和大小，如图4-252所示。

图 4-252

12 单击"渲染"按钮，得到局部渲染的效果，如图4-253所示。

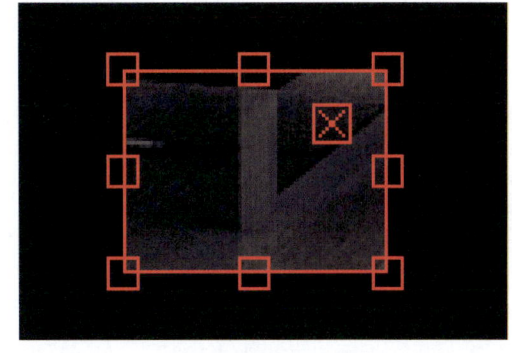

图 4-253

注意：在制作效果图的时候经常会测试局部的渲染效果，所以区域渲染是一个很不错的方法。

4.7 渲染参数设置

4.7.1 最终图渲染设置

01 首先设置画面的尺寸为"2000×1333",如图4-254所示。

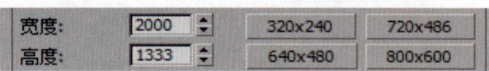

图 4-254

02 设置"图像采样器"的"类型"为"自适应",勾选"图像过滤器"复选框,并选择"Catmull-Rom",然后设置"自适应图像采样器"的最小细分和最大细分分别为"2"和"5",如图4-255所示。

微课:渲染参数设置(1)

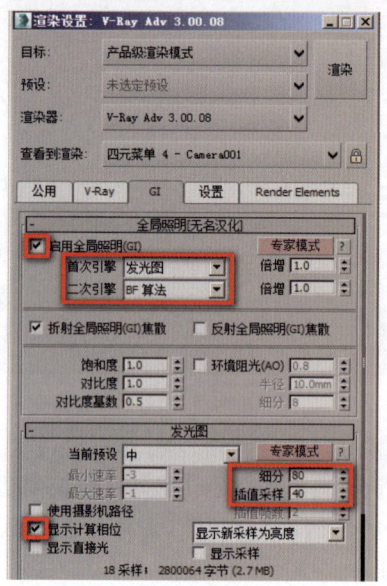
图 4-256

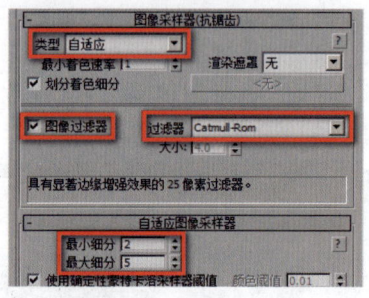
图 4-255

03 "GI"的设置:勾选"启用全局照明"复选框,"首次引擎"选"发光图","二次引擎"选"BF算法",在"发光图"卷展栏中设置"当前预设"为"中"、"细分"为"80"、"插值采样"为"40",并选中"显示计算相位"复选框,如图4-256所示。
注意:显示计算相位就是预渲染,也就是计算灯光的过程,选中该复选框可以在计算灯光的过程中发现错误时随时停止渲染,以节省渲染时间,提高工作效率。

04 接下来把VRay面片灯的细分设置一下,把场景中面积最小的灯的细分改成"24",其他灯的细分均改成"32",然后单击"渲染"按钮开始渲染,最终效果图如图4-257所示。

图 4-257

4.7.2 AO(Ambient/Reflective Occlusion)图的渲染

01 在"显示"面板的"按类别隐藏"卷展栏中选中"几何体"复选框,此时显示的只有灯光和摄像机,把灯光全部删掉,再重新显示几何体。然后按【M】键打开"材质编辑器"窗口,选择一个标准材质,设置自发光为"100",在漫反射通道里加一张"VR-污垢"贴图,如图4-258所示。

02 进入VR-污垢贴图,设置半径为"200mm",该半径控制的是两个物体或者面的衰减值,设置细分为"48",按【F10】键打开"渲染设置"窗口,将刚才设置的AO材质拖曳至"全局开关"卷展栏中的"覆盖材质"上,如图4-259所示。

03 关掉全局光和所有的灯，确保渲染设置和最终的渲染设置一样，然后单击"渲染"按钮，得到AO，如图4-260所示。

图 4-258

图 4-260

> ● 技巧 提示
>
> AO阴影图可以在后期调整中使用，可以增加物体和物体之间细微的光线变化关系，增加图面的细节。

微课：
渲染参数设置（2）

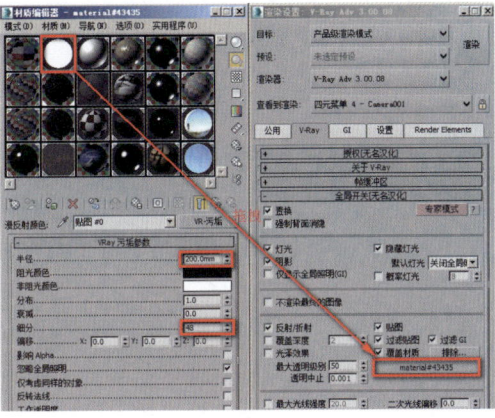

图 4-259

4.7.3 材质通道的渲染

01 材质通道的渲染和AO的渲染其实是在一起的，打开"渲染设置"窗口，选择"Render Elements"选项卡，单击"添加"按钮，将VRayRenderID和VRayMtlID添加进来，如图4-261所示。

02 两个ID添加以后开始渲染，得到如图4-262所示的效果。

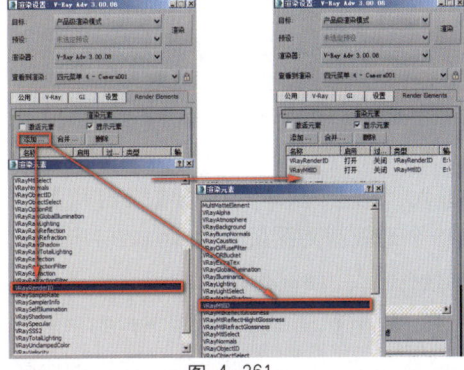

图 4-261

图 4-262

> ● 技巧 提示
>
> 材质通道图也可以在后期处理中使用，可以帮助用户选择物体，让选择物体的操作变得更加方便。具体方法将在4.8节中介绍。

4.8 Photoshop后期处理

在Photoshop中打开渲染图，通过观察分析，可以看出效果图稍暗，并且有点灰，这个问题可以通过Photoshop来处理。

01 用Photoshop打开渲染出来的效果图、AO图和材质通道图。先双击渲染图将背景图层改为"图层0"，然后按【Ctrl+J】组合键复制一层，得到"图层0副本"，通过鼠标拖曳调整一下图层的顺序，如图4-263所示。

微课：Photoshop后期处理

图 4-263

02 可以通过AO使图中的阴影更加丰富，在此调整AO的叠加方式为正片叠底，并且改变不透明度为"29%"，如图4-264所示。

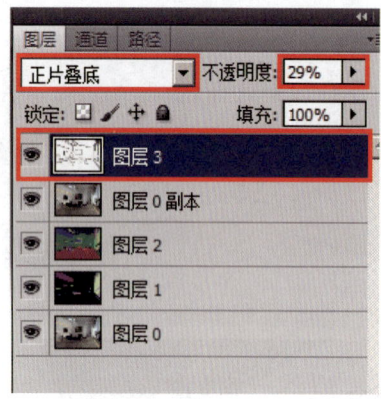

图 4-264

03 该步解决图像发灰的问题。首先选择"图层0副本"，按【Ctrl+M】组合键弹出"曲线"对话框，调整一下曲线，让亮部向上一点，这样可以使亮部更亮，将暗部稍微向下一点，使暗部更暗一点，这样会使整个图像明快一些，不再那么灰了，如图4-265所示。

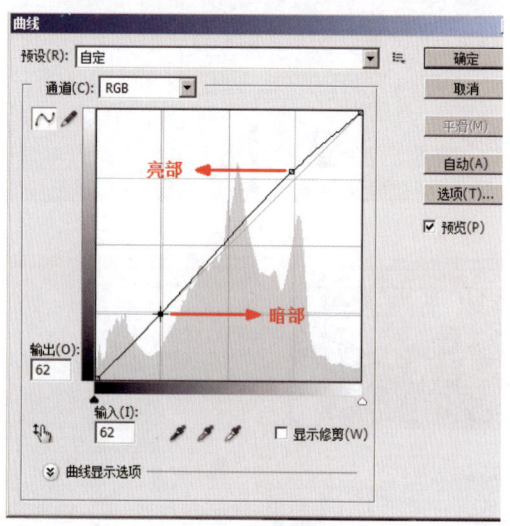

图 4-265

04 激活"图层2"（即通道图层），在工具栏中选择魔棒工具，然后选择地板并右击，在弹出的快捷菜单中选择"选取相似"命令，获得整个地板的选区，如图4-266所示。

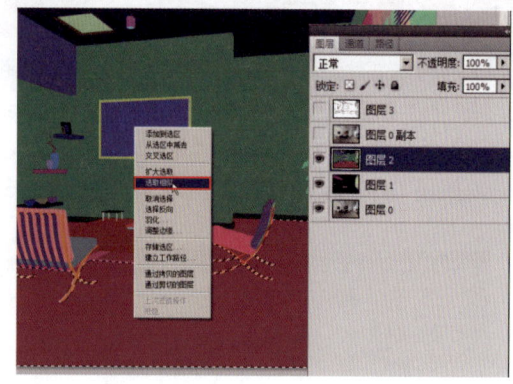

图 4-266

05 进入"图层0副本"，按【Ctrl+J】组合键复制一个地板得到图层4，如图4-267所示。

06 选择地板，用曲线调整一下地板的明暗，然后按【Ctrl+B】组合键，弹出"色彩平衡"对话框，调整参数如图4-268所示，这样可使整个地面的饱和度增加。

07 和选择地板的方式一样选择窗户外面的天空，并且复制一层，得到"图层5"。用亮度、对比度调整整个天空，选择"图像"→"调整"→"亮度/

Chapter 4 简约客厅

图 4-267

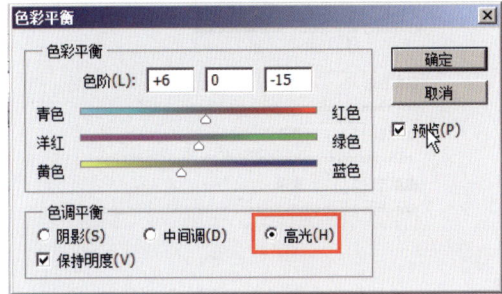

图 4-268

对比度"菜单命令,弹出"亮度/对比度"对话框,在其中设置参数,如图4-269所示。

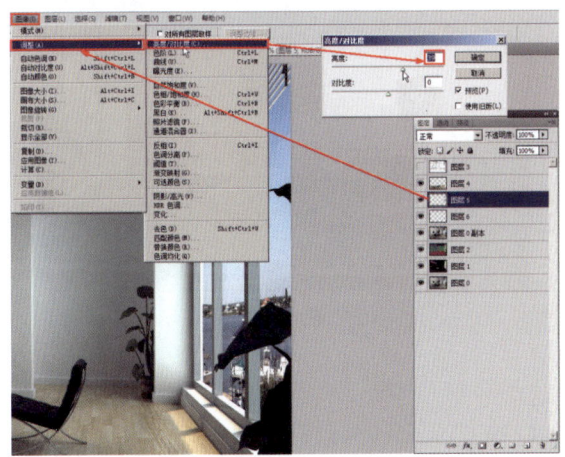

图 4-269

08 用魔棒工具 选择天窗外的天空,复制一层得到"图层6",并调整一下曲线,如图4-270所示。

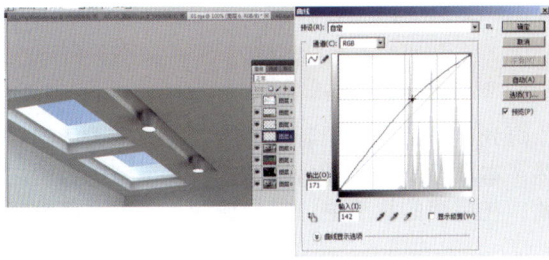

图 4-270

09 用同样的方法选择树叶,合并图层得到"图层8",再用色彩平衡调整一下饱和度,使饱和度增强一些,使绿叶更绿,如图4-271所示。

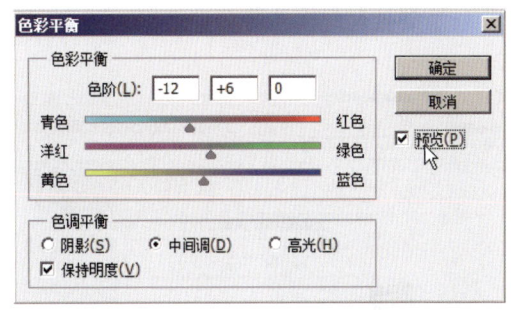

图 4-271

10 进入材质通道图层,用同样的方法选择所有金属部分,复制并且合并图层得到"图层12",然后选择"图像"→"调整"→"亮度/对比度"菜单命令,弹出"亮度/对比度"对话框,往亮的方向调整一下,如图4-272所示。

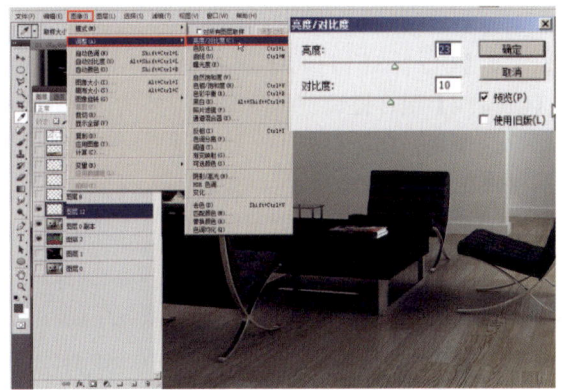

图 4-272

11 显示所有图层,选择最顶层的图层,按【Ctrl+Alt+Shift+E】组合键合并可见图层,然后用椭圆工具画一个选区。任何一幅图都有一个亮点。该选区就是这幅图的亮点。在选区中右击,在弹出的快捷菜单中选择"羽化"命令,将"羽化半径"设置为"200"像素,如图4-273所示。

图 4-273

12 按【Ctrl+H】组合键隐藏选区，然后按【Ctrl+M】组合键调整一下亮度，按【Ctrl+B】组合键调整一下色彩平衡。注意，这里的调整都是针对刚才隐藏的选区，如图4-274所示。

14 按【Ctrl+D】组合键取消选区，然后选择"滤镜"→"锐化"→"USM"菜单命令，弹出"USM锐化"对话框，设置参数如图4-276所示。

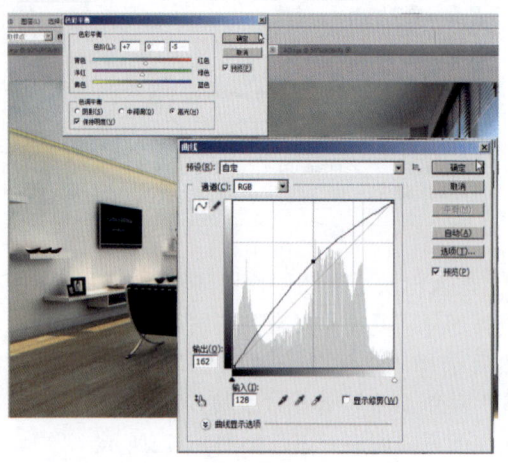

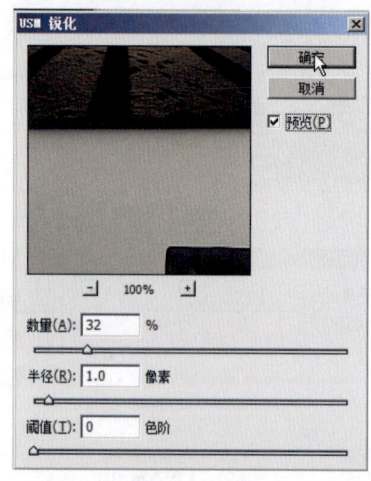

图 4-274

图 4-276

13 按【Ctrl+Shift+I】组合键反选选区，按【Ctrl+M】组合键调整一下亮点以外的区域的明暗，这里稍稍向暗里调了一些，这样可以使中间的区域更突出一些，如图4-275所示。

15 到此为止，整个图的后期制作就完成了，效果如图4-277所示。

图 4-277

图 4-275

4.9 知识与技能梳理

本章以一个比较简单的场景来介绍模型、材质、灯光、渲染、后期制作的流程，让广大读者对作图流程有了一个初步的了解和全局性的认识。当然，本章涉及很多VRay技术，以及笔者的经验之谈，希望这些内容能够对读者的学习和工作有所帮助。在后面的章节中，将会更深入、更全面地对效果图的制作进行介绍。

4.10 课后练习

一、选择题（共3题），请扫描二维码进入即测即评。

4.10 课后练习

二、简答题

1．能否将贴图直接指定给模型？为什么？

2．"FFD（长方体）"修改器可以应用于哪些模型的修改？

Chapter 5

冷暖空间

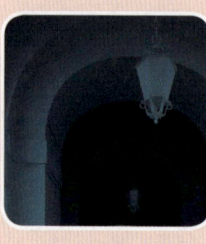

本章将通过一个冷暖空间的案例来给大家讲解效果图中冷暖对比的使用和表现技巧,本章还会学习到模拟太阳光的方法以及后期处理冷暖的技巧等。

	知识点 　　　　　　学习目标	了解	应用	创新	重点知识
学习要求	指定VRay渲染器				🚩
	全局照明的设置				🚩
	模拟太阳光		🚩		🚩
	材质的设置方法	🚩			
	地板材质的设置				🚩
	线框图渲染		🚩		
	Photoshop后期处理				🚩

5.1 冷暖空间分析

本章将通过一个案例来为大家展现冷暖空间的艺术效果，首先看一下如图5-1所示的最终效果图。

从图5-1中可以很明显地看到冷暖的对比，这个空间很简单，物体也不多，但是整个空间看起来非常舒服。空间外有蓝色的冷光，室内有橘红色的暖光，这样就形成了很明显的冷暖对比。冷暖对比在美术中有多种体现形式，这里就属于建筑类的冷暖对比。建筑中常说的冷暖对比主要是白天和夜晚的对比，白天主要是室外的天光呈现一种淡淡的蓝色，而晚上的暖色调是黄色中带点红色的感觉，所以说建筑中的冷暖色主要是蓝色和黄色的变化，由它们产生对比。当然，蓝色和黄色有很多种，图5-1中的这种蓝、黄都是非常纯净的颜色，经过简单的分析后，接下来制作这个场景的冷暖效果。

微课：
冷暖空间分析

图 5-1

01 首先打开智慧职教网站本课程中的"Chapter5\5.1冷暖空间分析\素材冷暖空间-start.max"模型文件，其摄像机已经打好，切换至四视图，如图5-2所示。

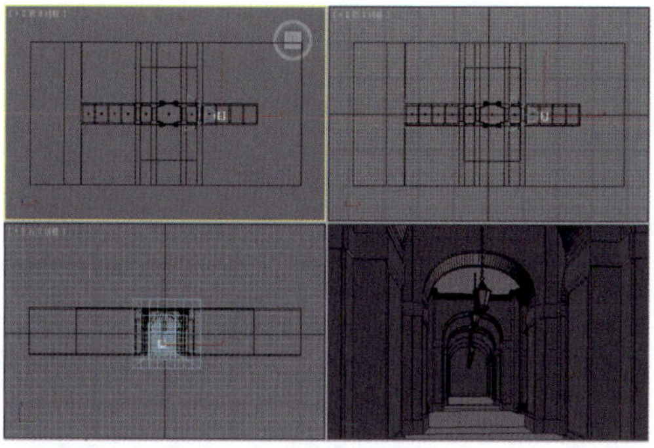

图 5-2

02 观察最终效果图可知，该场景是竖式构图，尺寸是"1625×2400"。打开3ds Max 2016软件，单击主工具栏中的"渲染设置"按钮，打开"渲染设置"窗口，在"公用"选项卡中设置"宽度"为"1625"、"高度"为"2400"，然后单击"图像纵横比"右侧的按钮，锁定比例。因为是前期的测试，为了节省时间，在锁定比例之后，重新设置成"677×1000"的小尺寸，如图5-3所示。

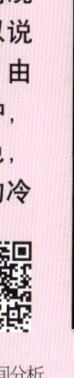

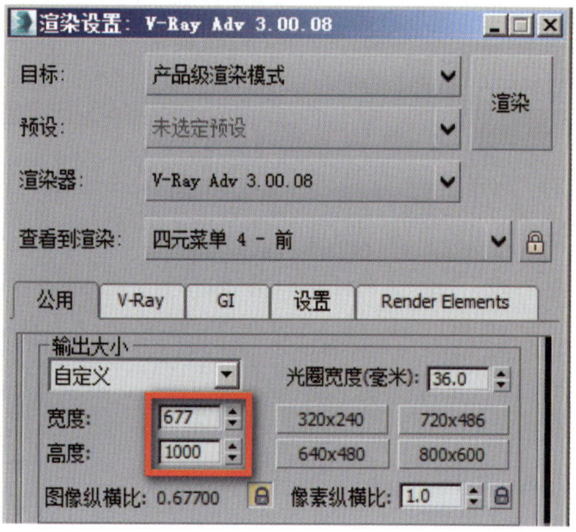

图 5-3

03 尺寸设置完以后，按【Shift+F】组合键显示安全框，如图5-4所示。

图 5-4

04 目前整个场景使用了一个默认材质，单击主工具栏中的"渲染设置"按钮，打开"渲染设置"窗口，当前的渲染器是默认的扫描线渲染器。首先要做的是指定VRay渲染器，在"公用"选项卡中打开"指定渲染器"卷展栏，单击"产品级"右侧的浏览按钮，指定"V-Ray Adv 3.00.08"渲染器，然后单击"确定"按钮，如图5-5所示。

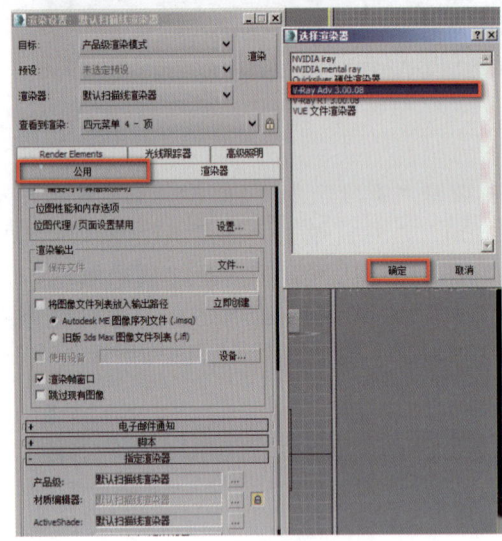

图 5-5

05 在"GI"选项卡中勾选"启用全局照明"复选框，在"发光图"卷展栏中设置"当前预设"为"非常低"，并选中"显示计算相位"复选框，其他参数保持默认，如图5-6所示。

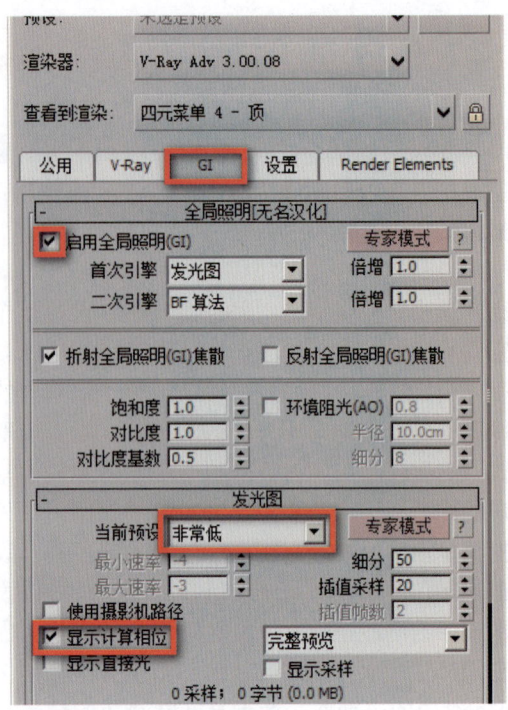

图 5-6

06 在"V-Ray"选项卡中打开"环境"卷展栏，勾选"全局照明"复选框，并且设置"全局照明（GI）环境"的颜色为蓝色（R:2，G:83，B:159）、"倍增器"的值为"3.0"，如图5-7所示。

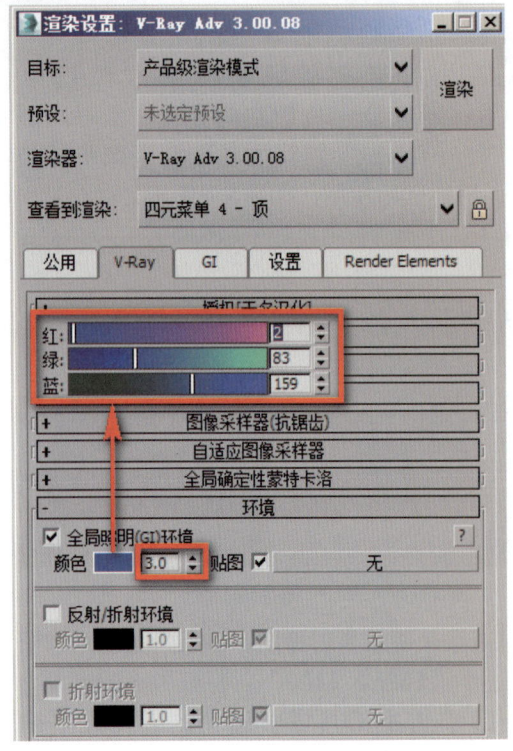

图 5-7

07 在"渲染设置"窗口的"V-Ray"选项卡中打开"全局开关"卷展栏,关掉默认灯光,如图5-8所示。

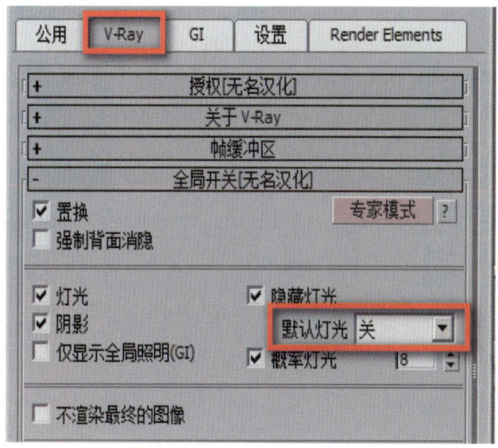

图 5-8

08 在"全局开关"卷展栏中选中"覆盖材质"复选框,然后按【M】键打开"材质编辑器"窗口,将一个标准的VRay材质球拖曳至"覆盖材质"下侧的 无 按钮上,设置其"漫反射"为浅黄色(R:255,G:215,B:128),如图5-9所示。

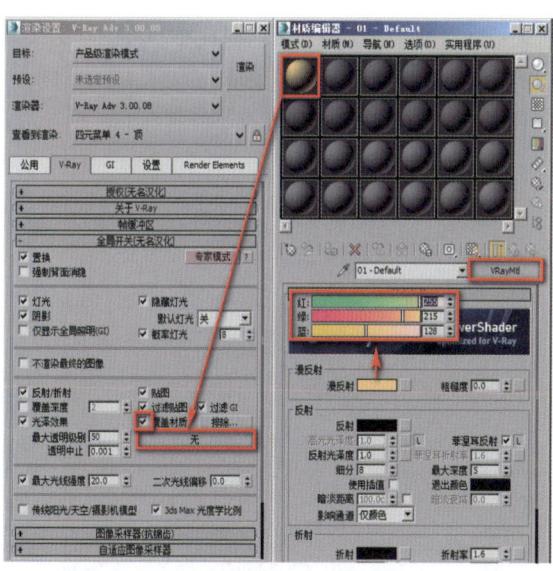

图 5-9

09 按【F9】键快速渲染,效果如图5-10所示。

10 通过渲染发现,整个场景偏暗,接下来解决这个问题。首先把材质的"漫反射"颜色改亮一些(R:255,G:234,B:189),然后把天光的颜色改亮一点(R:210,G:224,B:238),将"倍增器"的值改为"4.0"。进入"渲染设置"窗

口,在"V-Ray"选项卡中打开"颜色贴图"卷展栏,设置曝光类型为"莱因哈德"、"倍增"为"2.5"、"加深值"为"0.7",如图5-11所示。

图 5-10

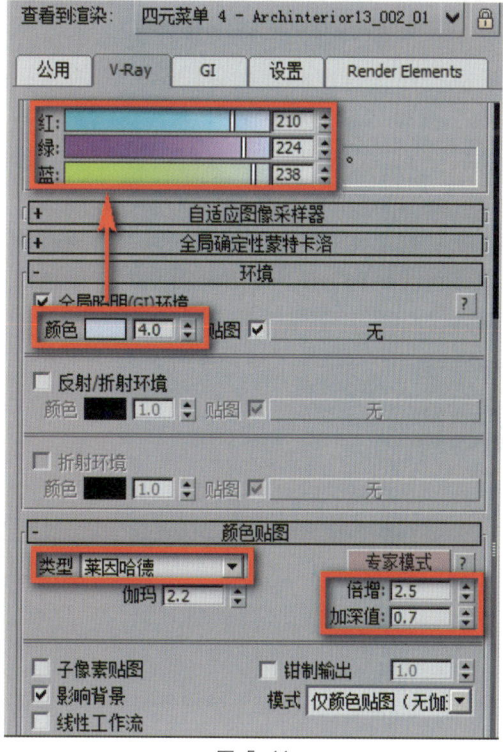

图 5-11

11 再次按【F9】键快速渲染，通过测试没有发现模型上的问题，那么检查模型阶段就完成了，效果如图5-12所示。

图 5-12

5.2 灯光设置

检查模型阶段完成以后，接下来要进行灯光的设置。

01 整个场景的材质比较简单，只有几个材质，首先用一个单一白色的材质来代替整个场景的材质进行冷暖对比的灯光设置讲解。选择一个材质，设置"漫反射"颜色为黄色（R:255，G:255，B:173），然后在"渲染设置"窗口的"V-Ray"选项卡中打开"环境"卷展栏，开启全局照明并且设置"全局照明（GI）环境"的颜色为蓝色（R:11，G:94，B:179）、"倍增器"的值为"4.0"，渲染效果如图5-13所示。

微课：
灯光的设置

图 5-13

Chapter 5　冷暖空间

02 大体的材质和天光设置好以后，对灯光进行设置。首先打开"创建"面板中的"灯光"界面，在下拉列表框中选择"VRay"，然后单击"VR-灯光"按钮，在前视图中拖曳创建一个比较大的面片灯来模拟暖光照进室内的效果，并调整一下位置和光照方向，设置灯光的颜色为暖色（R:255，G:218，B:111），再配合【Shift】键复制一个灯，按【F3】键显示线框，如图5-14所示。

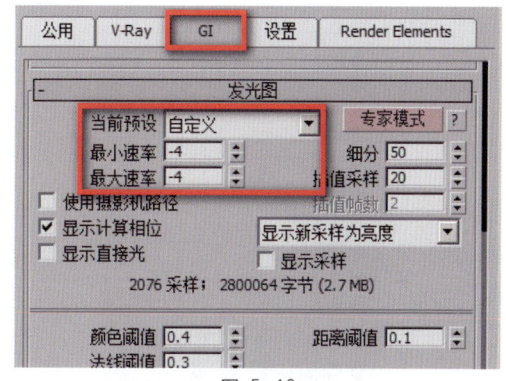

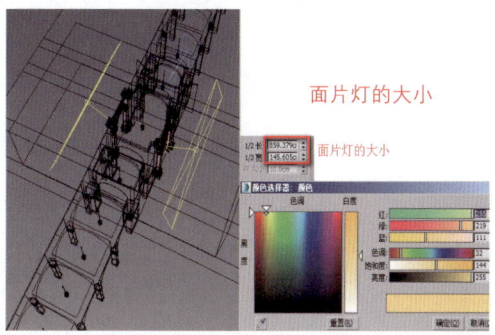

图 5-14

03 将灯光的"倍增"的值改为"15.0"，选中"不可见"复选框，如图5-15所示。

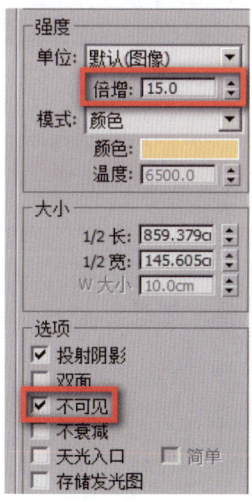

图 5-15

04 打开"渲染设置"窗口，选择"GI"选项卡，设置"当前预设"为"自定义"，设置最大速率和最小速率都为"-4"，如图5-16所示。

图 5-16

05 渲染得到如图5-17所示的效果。

图 5-17

06 该步对室内的摄像机进行设置，首先选择摄像机进入"修改"面板，设置"光圈数"为"4.0"（值越大画面越暗），设置"快门速度"为"150"（值越小表示进光量越少，画面也就越暗），设置"胶片速度（ISO）"为"250"（数值越大表示整个场景越亮），如图5-18所示。

07 渲染测试，效果如图5-19所示。到此为止灯光的冷暖测试就完成了。

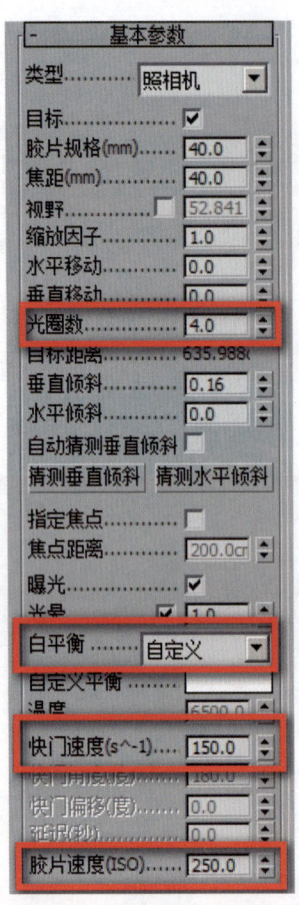

图 5-18

图 5-19

5.3 材质设置

01 选择地板，按【Alt+Q】组合键孤立地板物体，下面给木地板找一张合适的纹理贴图，首先给木地板指定VRayMtl材质球，然后单击"漫反射"右侧的小按钮（漫反射贴图通道），选择位图，然后选择智慧职教网站本课程中的"Chapter5\5.3材质的设置\素材瓷砖地板贴图（Finishes.Flooring.Tile.Square.Terra Cotta.jpg）"文件，如图5-20所示。

微课：
材质的设置

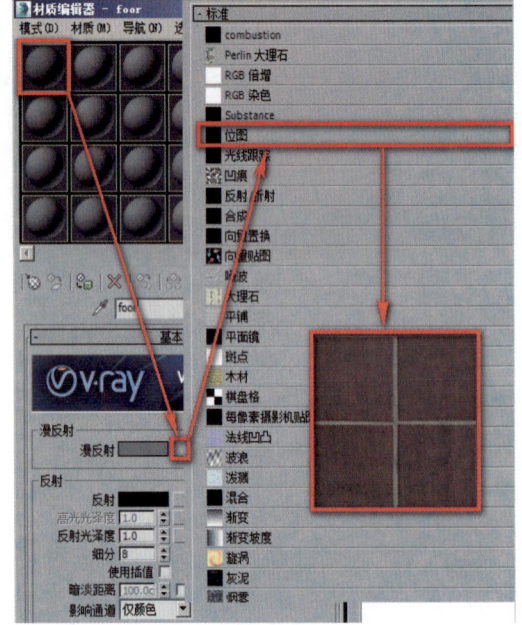

图 5-20

02 在"材质编辑器"窗口中单击"在视口中显示贴图"按钮，将这张贴图显示在模型上，如图5-21所示。

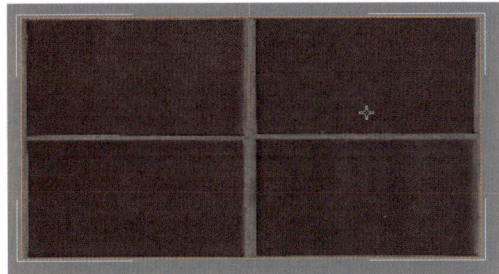

图 5-21

03 这个场景的地板分为两部分，图5-21中红色部分是横向的，选择场景中红色部分的面，在"修改"面板中单击"分离"按钮，将它们分离出来，如图5-22所示。

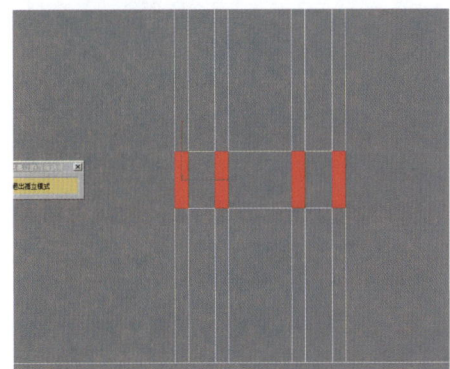

图 5-22

04 然后给其加一个UVW贴图，设置"长度"和"宽度"均为"60cm"，然后打开"材质编辑器"窗口，旋转贴图，W坐标为"45°"，如图5-23所示。

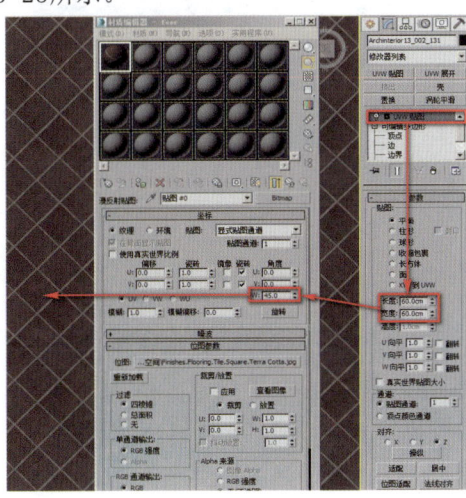

图 5-23

05 用同样的方法，给刚分离出去的面也加一个UVW贴图，设置大小为"60cm"，唯一不同的是让它的W坐标不做旋转，如图5-24所示。

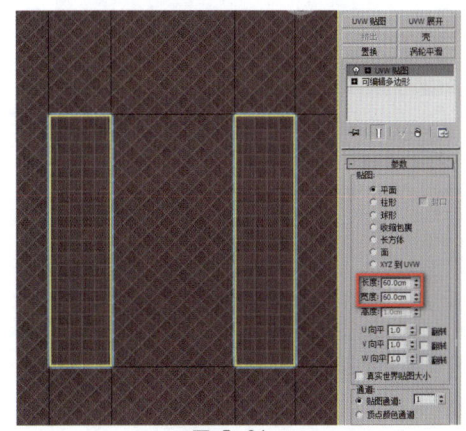

图 5-24

06 到此为止，地面材质指定完毕，效果如图5-25所示。

图 5-25

07 选择墙体，指定一个材质球，设置其"漫反射"颜色为黄色（R:255，G:210，B:151），其他参数暂时不动，如图5-26所示。

08 打开"材质编辑器"窗口，选择地面材质，设置"反射"为"59"、"反射光泽度"为"0.8"，给地面加上一些反射，如图5-27所示。

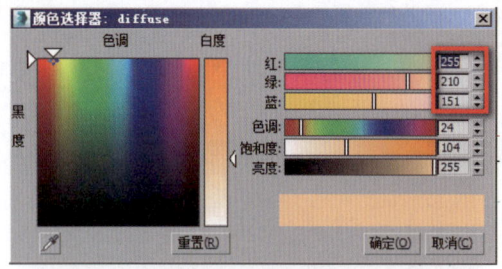

图 5-26

定给灯罩。接着在"材质编辑器"窗口中单击"按材质选择"按钮,弹出"选择对象"对话框,直接单击"选择"按钮,选择出灯罩部分,如图5-29所示。

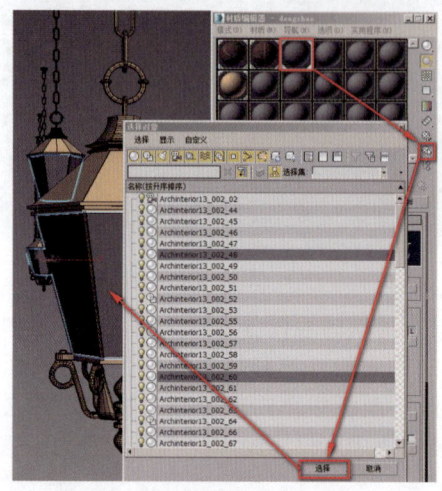

图 5-29

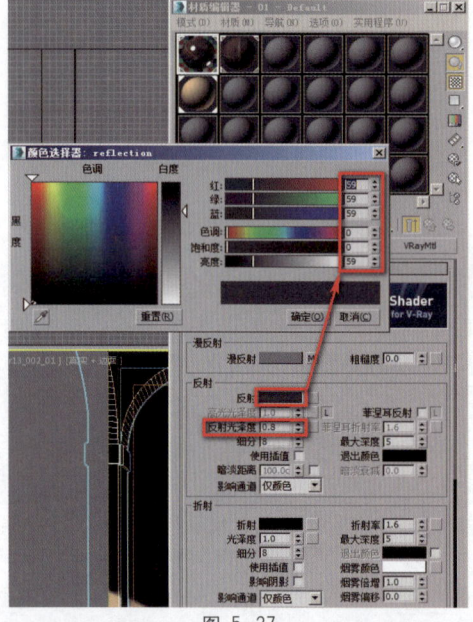

图 5-27

09 地面材质设置完毕之后,接下来给吊灯设置材质。进入左视图,通过框选选择吊灯,然后按【Alt】键减掉不需要选择的物体,得到如图5-28所示的效果。

11 然后右击,在弹出的快捷菜单中选择"隐藏选定对象"命令,隐藏灯罩,只剩下吊灯的金属部分。接下来指定一个材质给金属部分,选择金属材质,单击"Standard"按钮,给其指定一个VRayMtl材质球,设置"漫反射"颜色为纯黑色(0)、"反射"颜色为土黄色(R:177,G:147,B:67)、"反射光泽度"为"0.85",如图5-30所示。

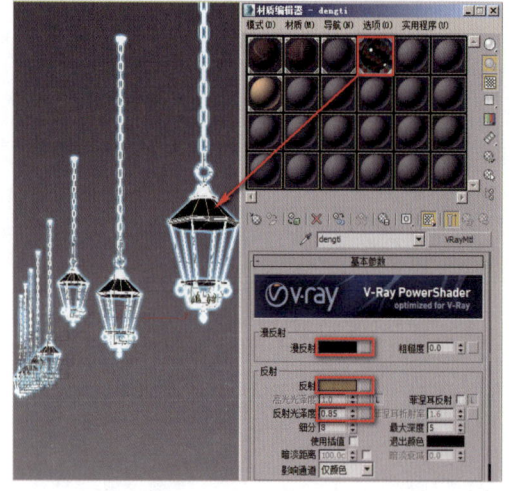

图 5-30

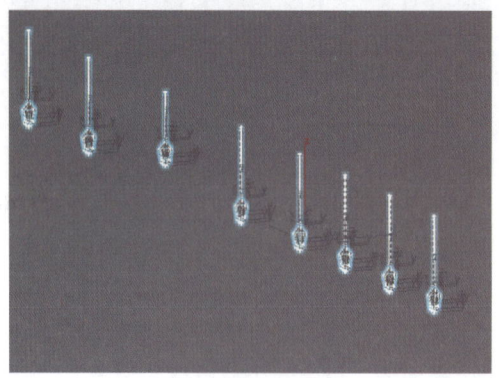

图 5-28

10 按【Shift+F】组合键显示安全框,然后按【Shift+S】组合键隐藏二维线,分析可得吊灯只有两个材质。选择吊灯的灯罩部分,打开"材质编辑器"窗口,选择一个材质球,指

12 因为场景表现的是白天,所以设置成半透明就可以了。选择灯罩材质,给其指定一个VRayMtl材质球,设置"漫反射"颜色为淡黄色(R:255,G:238,B:208)、"反射"颜色

为"20"、"折射"颜色为灰色（99）、"光泽度"为"0.7"，如图5-31所示。

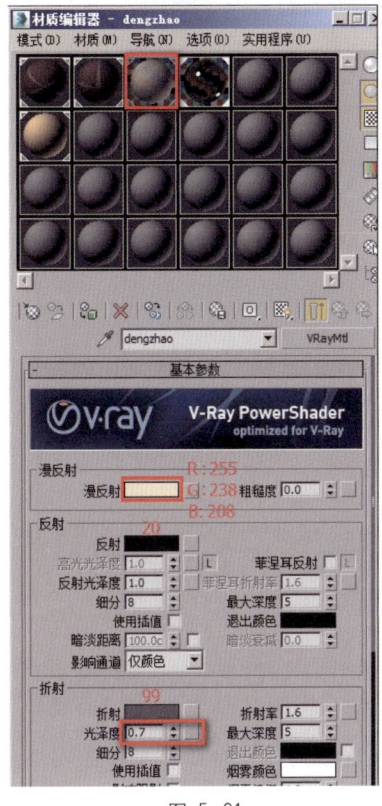

图 5-31

13 显示所有的物体，按【Shift+F】组合键显示安全框，如图5-32所示。

图 5-32

14 单击"渲染"按钮，得到如图5-33所示的效果。

图 5-33

15 从图5-33中看出室内有些暗，灯罩不够透明，接下来调整一下。打开"渲染设置"窗口，在"V-Ray"选项卡中打开"环境"卷展栏，勾选"全局照明(GI)环境"复选框，设置其颜色为蓝色（R:9，G:56，B:143），然后勾选"反射/折射环境"复选框，将"全局照明(GI)环境"的颜色复制给"反射/折射环境"，设置其"倍增器"的值为"0.6"，如图5-34所示。

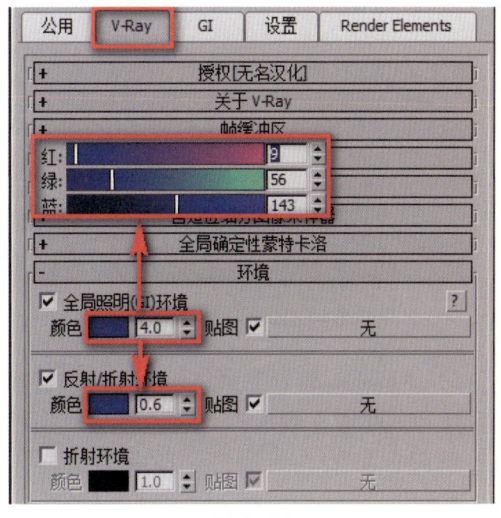

图 5-34

16 打开"创建"面板中的"灯光"界面,在下拉列表框中选择"标准",然后使用"目标平行光"来模拟太阳光,在顶视图中单击创建目标平行光并调整位置,如图5-35所示。

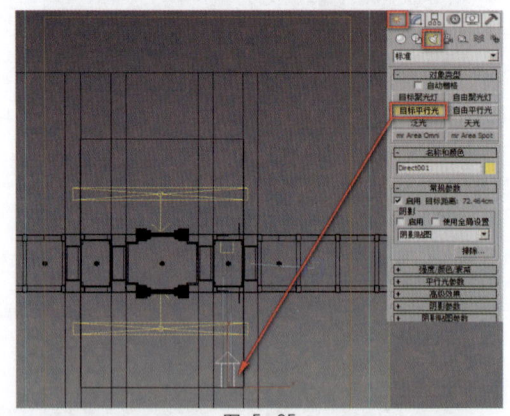

图 5-35

17 选择目标平行光,在"修改"面板中,开启灯光阴影,选择"VR-阴影",设置"倍增"为0.8、灯光颜色为浅黄色(R:255,G:233,B:166),在"平行光参数"卷展栏中设置其"聚光区/光束"和"衰减区/区域"的数值分别为"374.0cm"和"396.0cm",如图5-36所示。

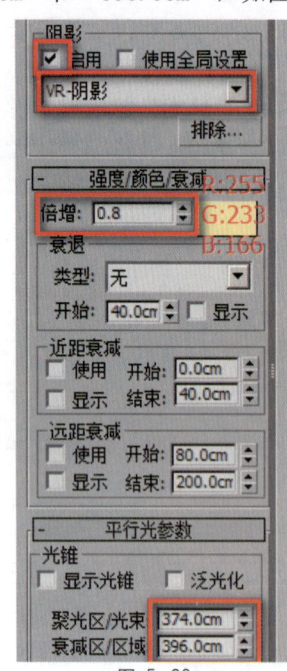

图 5-36

18 打开"材质编辑器"窗口,选择地板材质,然后打开"贴图"卷展栏,将"漫反射"通道中的贴图拖曳至"凹凸"贴图通道上,如图5-37所示。

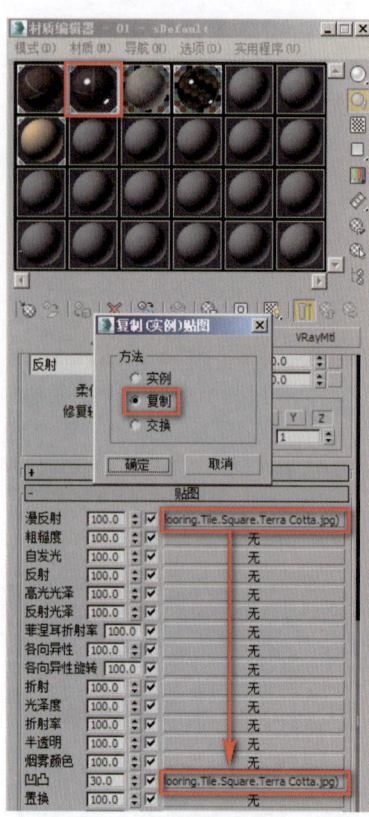

图 5-37

19 选择灯罩材质,选中"影响阴影"复选框,如图5-38所示。

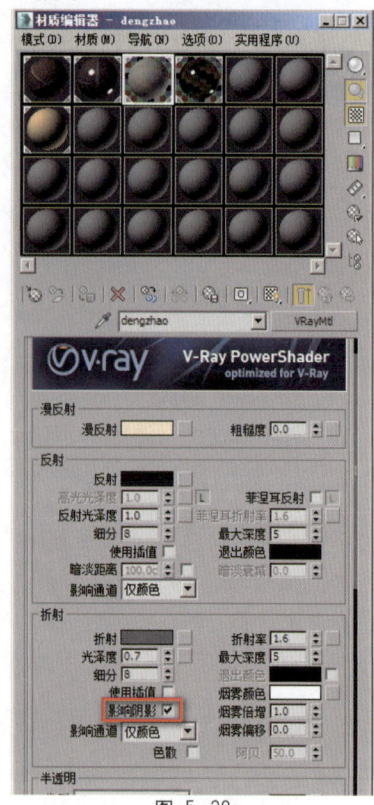

图 5-38

20 单击"渲染"按钮,效果如图5-39所示。

图 5-39

21 通过渲染发现场景还是偏暗,而且室内的灯光也有点不对,选择目标平行光,将目标平行光放在室内,并调整至合适的位置,然后设置目标平行光的"倍增"为"10.0",如图5-40所示。

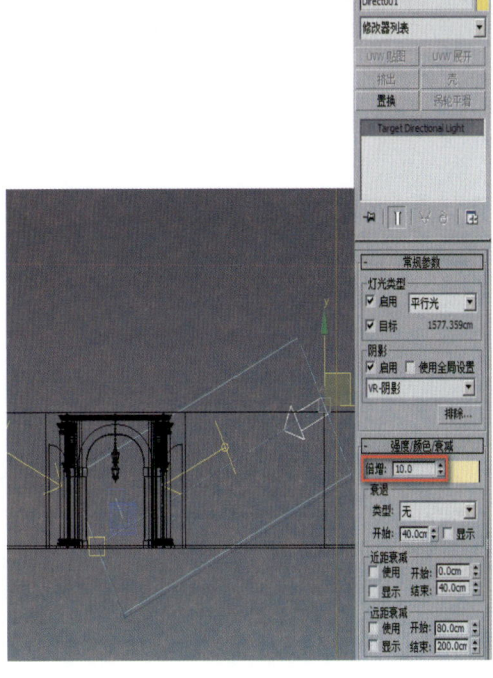

图 5-40

22 打开"渲染设置"窗口,在"V-Ray"选项卡中打开"环境"卷展栏,开启"全局照明(GI)环境",设置其颜色为蓝色(R:11,G:98,B:174)、"倍增器"的值为"5.0",如图5-41所示。

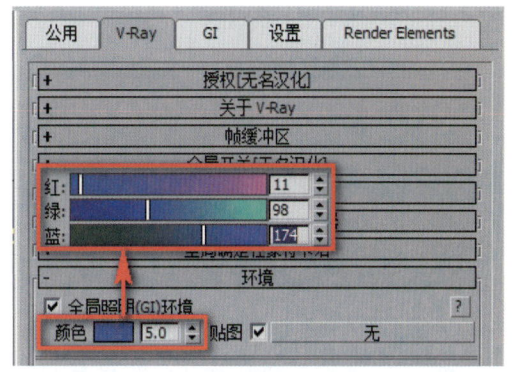

图 5-41

23 按【F9】键渲染,得到如图5-42所示的效果。

图 5-42

5.4 渲染参数设置

01 按【Shift+1】组合键隐藏灯光，设置VRay面片灯的"细分"为"36"，设置"目标平行光"的细分为"32"。然后打开"渲染设置"窗口，设置输出大小为"1354×2000"，如图5-43所示。

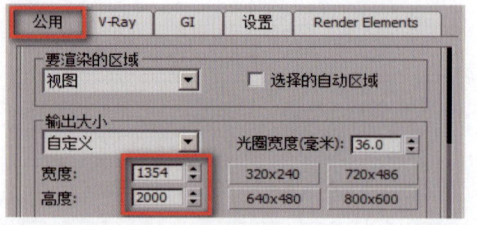

图 5-43

02 在"渲染输出"选项组中单击"文件"按钮，选择一个文件夹保存文件，并设置为自动保存，如图5-44所示。

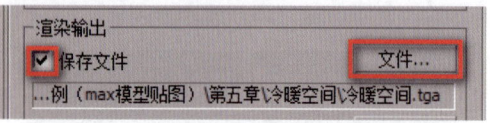

图 5-44

03 设置"图像采样器"的"类型"为"自适应细分"，开启"图像过滤器"，并选择"Catmull-Rom"，然后设置"自适应细分图像采样器"的最小速率和最大速率分别为"0"和"3"，如图5-45所示。

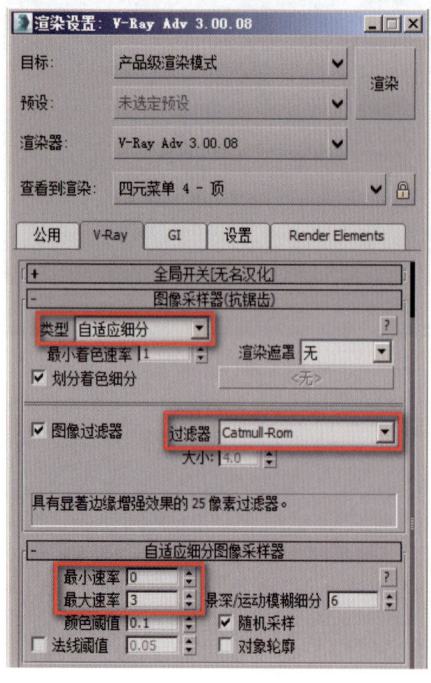

图 5-45

04 "GI"的设置方法为先启用全局照明，将"首次引擎"设置为"发光图"、"二次引擎"设置为"BF算法"。在"发光图"卷展栏中设置"当前预设"为"中"、"细分"为"80"、"插值采样"为"40"，并选中"显示计算相位"复选框，如图5-46所示。

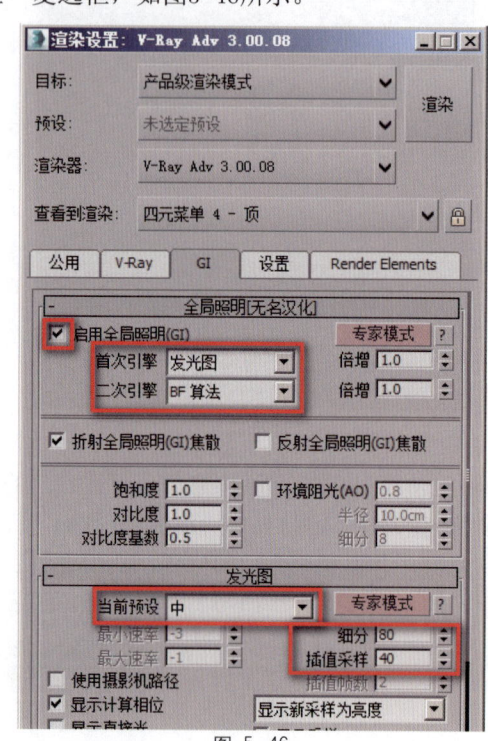

图 5-46

05 切换至"V-Ray"选项卡，设置"自适应数量"为"0.7"、"噪波阈值"为"0.001"、"最小采样"为"20"，如图5-47所示。设置完毕后，就可以进行大图渲染了。

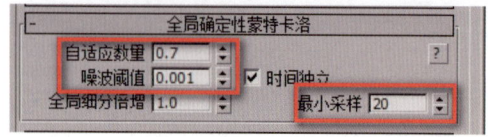

图 5-47

微课：
渲染参数设置

5.5 线框图渲染

01 打开"渲染设置"窗口,在"V-Ray"选项卡中打开"全局开关"卷展栏,选中"覆盖材质"复选框。然后打开"材质编辑器"窗口,选择一个空白材质球,指定一个VRayMtl材质球,再单击"漫反射"后的按钮,给漫反射通道指定一张"VR-边纹理",如图5-48所示。

03 单击"转到父对象"按钮,回到"VR边纹理"卷展栏,设置"漫反射"颜色为浅黄色(R:255,G:248,B:226),然后将该材质拖曳至"全局开关"卷展栏中的"覆盖材质"下边的"无"按钮上,如图5-50所示。

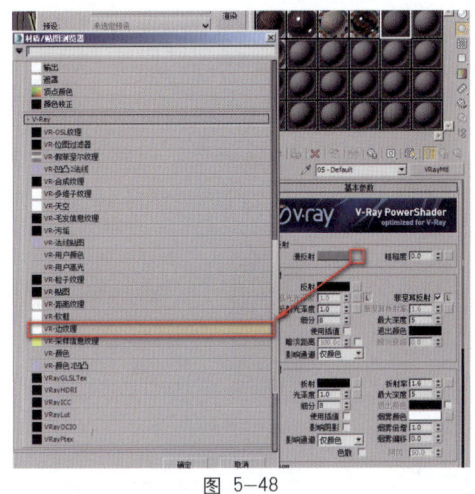

图 5-48

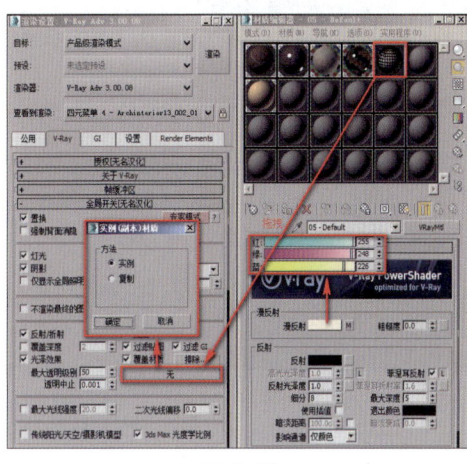

图 5-50

02 设置线框的颜色为黑色,如图5-49所示。

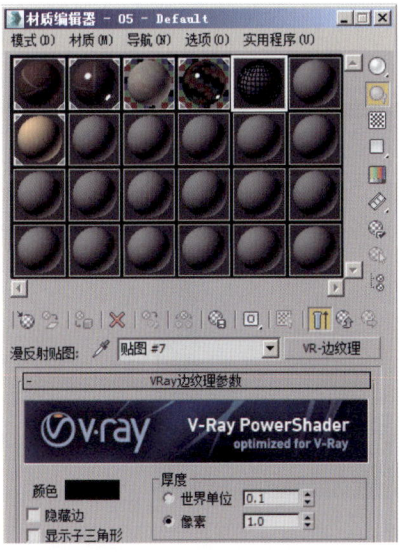

图 5-49

04 单击"渲染"按钮,得到如图5-51所示的效果。

05 到此为止,线框图的设置讲解完毕。

图 5-51

● 技巧 提示

线框图的渲染应该和最终渲染设置保持一致,否则画面的质量会不理想。

微课:
线框图的制作与渲染

5.6 Photoshop后期处理

01 用Photoshop打开渲染出来的效果图、AO图和材质通道图。先双击渲染图将背景图层改为"图层0",然后按【Ctrl+J】组合键复制,得到"图层0副本",通过鼠标拖曳调整一下图层顺序,如图5-52所示。

微课：Photoshop后期处理

图 5-52

02 选择"图层0副本",按【Ctrl+M】组合键弹出"曲线"对话框,选择"RGB"通道,调整一下曲线,让曲线向上一点,使整体画面更亮一些,然后选择"蓝"通道,调整一下曲线,如图5-53所示。

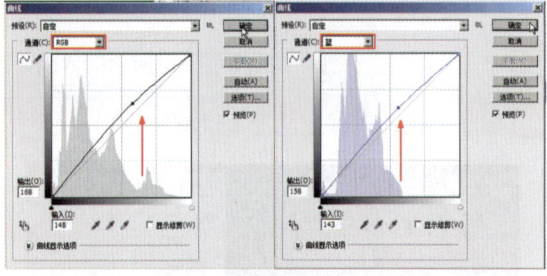
图 5-53

03 切换到"通道"面板,选择"红"通道,然后使用魔棒工具,选择如图5-54所示的区域。

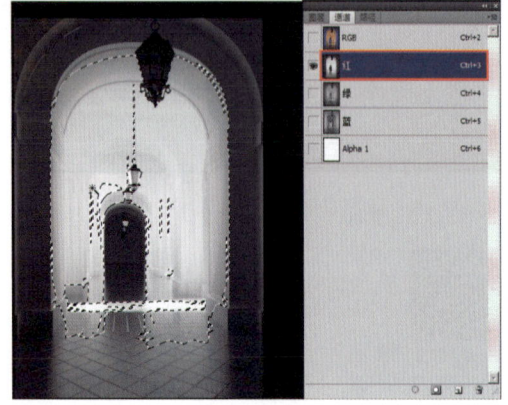
图 5-54

04 然后右击,在弹出的快捷菜单中选择"羽化"命令,在弹出的"羽化选区"对话框中设置"羽化半径"为"50",如图5-55所示。

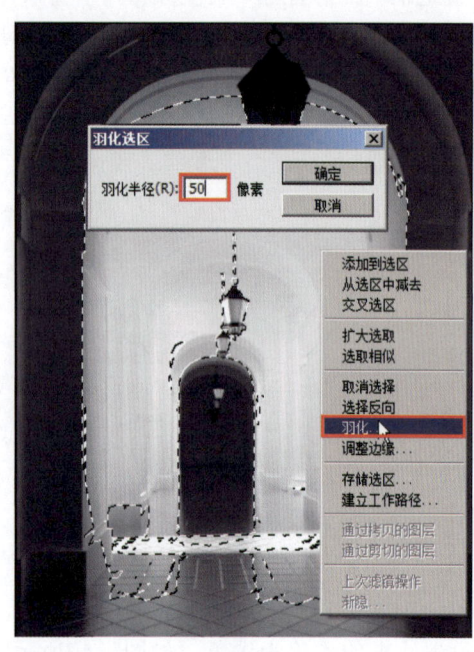
图 5-55

05 切换到"图层"面板,按【Ctrl+J】组合键复制一层,如图5-56所示。

图 5-56

06 按【Ctrl+M】组合键弹出"曲线"对话框,让曲线向上一点,使刚复制的层更亮一些,如图5-57所示。

07 用同样的方法,调整外面蓝色的区域,图5-58所示为调整后的效果。

Chapter 5 冷暖空间

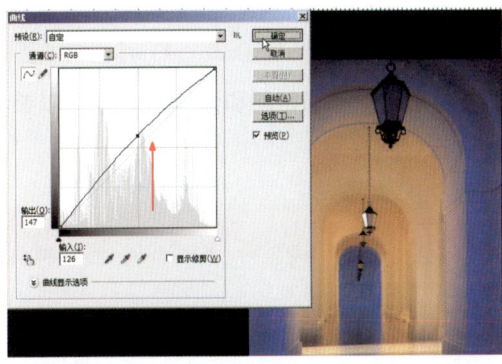

图 5-57

09 回到效果图图层（图层0副本），按【Ctrl+J】组合键复制一层，如图5-60所示。

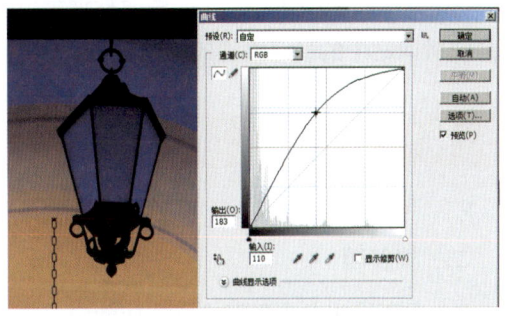

图 5-60

10 用同样的方法，把其他部分需要调整的材质也调整一下。选择"AO图层"，设置其叠加模式为正片叠底，调整其不透明度为"36%"，如图5-61所示。到此为止，本章的学习结束。

图 5-58

08 显示出图层1并且选择它，然后使用魔棒工具，选择如图5-59所示的区域。

图 5-61

图 5-59

5.7　知识与技能梳理

本章的AO渲染和Photoshop后期处理可以参考第4章内容完成，一些材质和渲染的参数可以参考智慧职教网站中的最终文件的参数。

5.8　课后练习

一、选择题（共3题），请扫描二维码进入即测即评。

二、简答题

1．在可编辑多边形三维修改功能中，在有些次对象编辑模式下可以通过按住【Shift】键进行复制操作，但在有些次对象编辑模式下不能这样做，为什么？

2．在克隆对象时，复制、实例和参考方式具体有什么不同？

5.8　课后练习

Chapter 6

光影空间

本章将通过一个客厅的案例详细讲解现实生活中光影的表现方法以及物理相机和VRay毛发系统的使用。

	知识点 \ 学习目标	了解	应用	创新	重点知识
学习要求	光影的概念	🚩			
	光和影的变化关系				🚩
	渲染设置中的曝光模式				🚩
	全局照明的设置				🚩
	模拟天光的方法		🚩		🚩
	材质的设置方法				🚩
	沙发材质的设置				🚩
	VRay毛发系统	🚩			
	材质通道图和AO阴影图的渲染		🚩		
	Photoshop后期处理				🚩

6.1 光影空间分析

本章将学习光和影的表现。先观察一下本章的案例,效果如图6-1所示。本章将通过这个案例来展现光和影的效果。大家都知道,只要有光线,现实空间中的可视物体就会有投影,例如要表现一个物体是否落在了地上,那么就可以通过它的影子来判断。

现实世界中主要有两类影子:一种是硬阴影;另一种是软阴影。前面的章节中都是通过目标平行光来模拟太阳光的,属于硬阴影范畴。目标平行光也可以模拟软阴影,但是效果不理想。本章中的案例将采用一种新的灯光,即VRay穹顶灯来模拟太阳光。VRay穹顶灯可以很真实地模拟出软阴影。

微课:
光影空间
分析

图 6-1

6.2 模型检查

打开智慧职教网站本课程中的"Chapter6\6.2模型检查\素材\light-start.max"初始场景文件,如图6-2所示,可见场景中的模型和摄像机都已经创建好了。本场景中采用了物理摄像机,摄像机可根据后边场景的需求再做设置。

微课:
模型的检查

前面提到,检查模型阶段是非常必要的,当从模型师那里拿来模型后,第一件要做的事情就是检查模型是否有问题,以免给后面的制作带来不必要的麻烦。

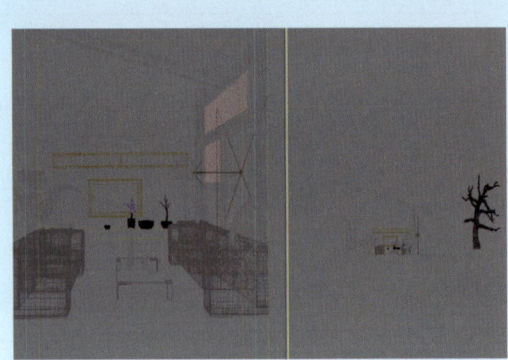
图 6-2

6.2.1 草图渲染设置

01 首先给场景中的所有模型一个默认材质,接下来设置一下渲染器。单击主工具栏中的"渲染设置"按钮,打开"渲染设置"窗口,当前的渲染器是默认的"扫描线渲染器",在此指定VRay渲染器。在"公用"选项卡中打开"指定渲染器"卷展栏,单击"产品项"文本框右侧的"…"按钮,弹出"选择渲染器"对话框,指定"V-Ray Adv 3.00.08"渲染器,如图6-3所示,然后单击"确定"按钮。

Chapter 6 光影空间

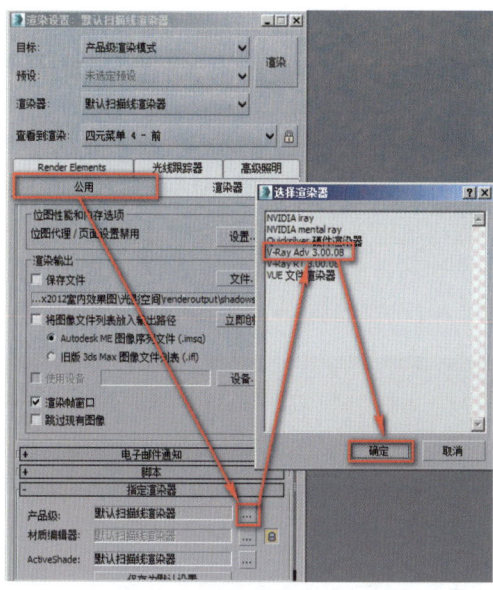

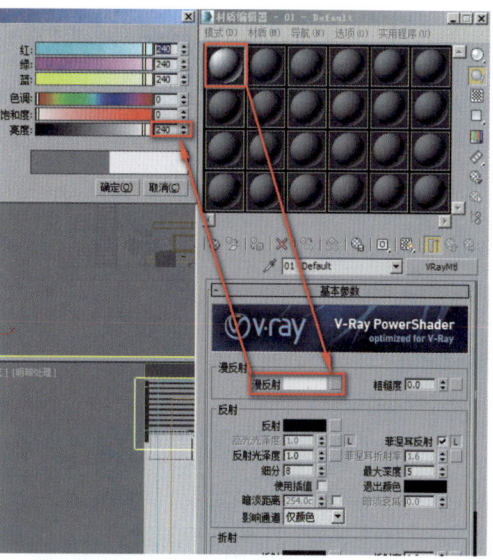

图 6-3

图 6-5

02 将当前场景中的默认材质替换成VRayMtl材质，首先按【M】键打开"材质编辑器"窗口，选中已经指定给所有物体的材质，然后单击"Standard"按钮，在弹出的"材质/贴图浏览器"对话框中选择VRayMtl材质，如图6-4所示。

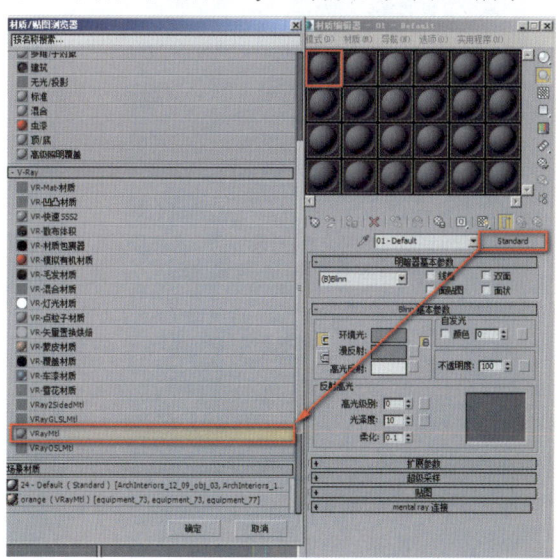

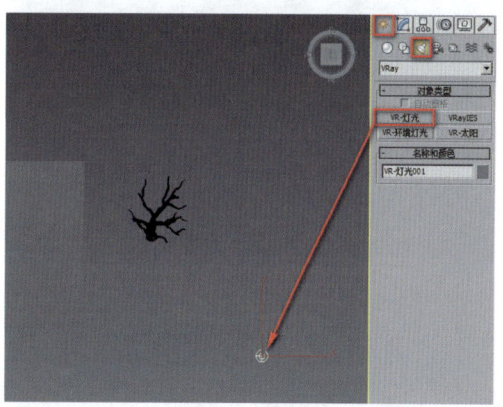

图 6-6

05 在"修改"面板中将灯的类型设置为"球体"，设置"倍增"的值为"5.0"、颜色为浅蓝色（R:210，G:241，B:255），设置灯光半径为"50cm"，如图6-7所示。

图 6-4

03 将材质的"漫反射"颜色设置为白色（240），如图6-5所示。

04 打开"创建"面板中的"灯光"界面，在下拉列表中选择"VRay"，然后单击"VR-灯光"按钮，用VR-光源来模拟太阳光，在顶视图中单击鼠标拖曳创建后，调整灯光的位置，如图6-6所示。

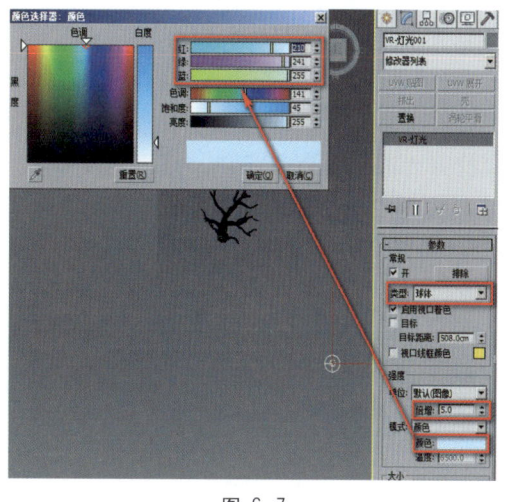

图 6-7

06 按【F】键进入前视图，调整灯光的位置如图6-8所示。

图 6-8

07 单击主工具栏中的"渲染"按钮，进行第一次测试渲染，得到如图6-9所示的灯光效果。

图 6-9

08 通过上面的测试渲染发现，场景偏暗，接下来继续调整，使场景变亮。首先打开"材质编辑器"窗口，设置材质的"漫反射"颜色为更白的颜色（250），然后选择VRay球形灯进入"修改"面板，设置"倍增"的值为"1800"。接着选择摄像机进入"修改"面板，设置快门速度低一些，在此设置为"8.0"，然后单击"渲染"按钮，再次进行渲染，效果如图6-10所示。

图 6-10

6.2.2 曝光模式测试

01 打开"渲染设置"窗口，选择"V-Ray"选项卡，打开"颜色贴图"卷展栏，选择"指数"类型，设置"暗度倍增"为"3.0"，如图6-11所示。

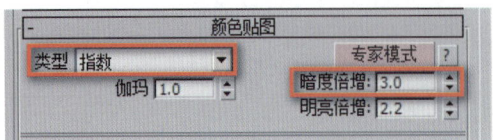

图 6-11

02 单击"渲染"按钮，再次进行测试渲染，得到灯光效果，如图6-12所示。

03 以上设置的是"暗度倍增"，接下来设置"明亮倍增"以使亮部更亮。用同样的方法打开"渲染设置"窗口，选择"V-Ray"选项卡，打开"颜色贴图"卷展栏，选择"指数"类型，设置"明亮倍增"为"2.5"，如图6-13所示。

04 单击"渲染"按钮,再次进行测试渲染,效果如图6-14所示。

图 6-12

图 6-14

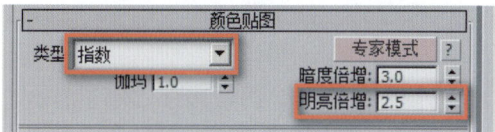

图 6-13

6.3 灯光设置

6.3.1 太阳光设置

01 为了使室内物体的影子照射得更长一些,仿佛是黄昏一般的景色,那么首先需要将场景中的灯光位置做一下改变,在此调整灯光位置如图6-15所示,然后将灯光的颜色改为黄色(R:210,G:146,B:8)。

微课:灯光的设置

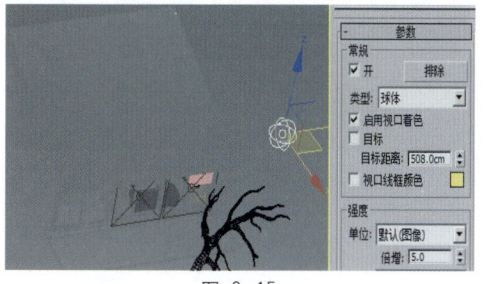

图 6-15

02 按【F10】键打开"渲染设置"窗口,选择"GI"选项卡,设置"首次引擎"为"发光图",设置"二次引擎"为"灯光缓存"。打开"发光图"卷展栏,将发光图的"当前预设"设置为"非常低",并选中"显示计算相位"复选框,如图6-16所示。

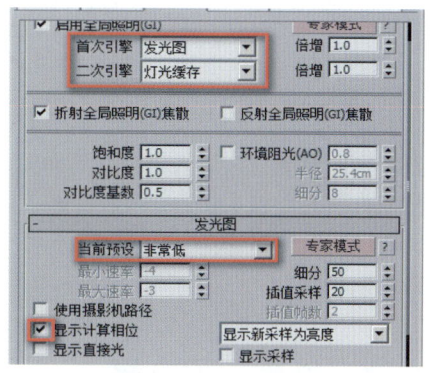

图 6-16

03 打开"灯光缓存"卷展栏,设置"细分"为"200",并选中"显示计算相位"复选框,如图6-17所示。

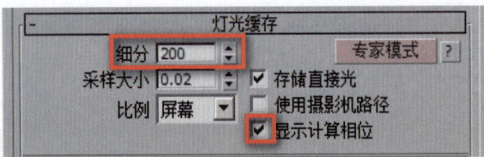

图 6-17

04 单击"渲染"按钮,得到如图6-18所示的效果。

图 6-18

05 改变一个参数来对比一下渲染效果,选择"GI"选项卡,将"二次引擎"由"灯光缓存"改为"BF算法",如图6-19所示。

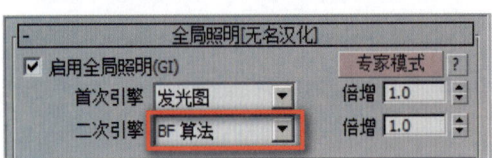

图 6-19

06 单击"渲染"按钮,得到如图6-20所示的效果。

07 选中"VR-灯光",进入"修改"面板,设置其"倍增"值为"200.0"。然后打开"渲染设置"窗口,选择"GI"选项卡,将"二次引擎"由"BF算法"改为"灯光缓存",如图6-21所示。

图 6-20

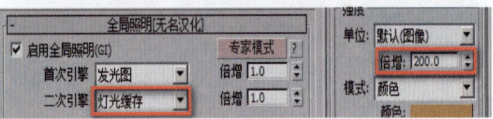

图 6-21

08 单击"渲染"按钮,得到如图6-22所示的效果。

图 6-22

6.3.2 天光设置

01 通过给室外创建一些面片灯来模拟天光。首先选择窗户,按【Alt+Q】组合键孤立选择出窗户,进入前视图,按窗户的大小创建一盏灯,然后配合【Shift】键关联复制出其他窗户的灯,如图6-23所示。

Chapter 6 光影空间

图 6-23

02 进入"修改"面板，设置灯光的"倍增"值为"0.5"，并选中"不可见"复选框，如图6-24所示。

图 6-24

6.3.3 反射环境设置

01 选择"VRay球形灯"，进入"修改"面板，将灯光颜色的饱和度加强（R:255，G:182，B:104），设置"倍增"值为"0.3"，并选中"不衰减"复选框，如图6-25所示。

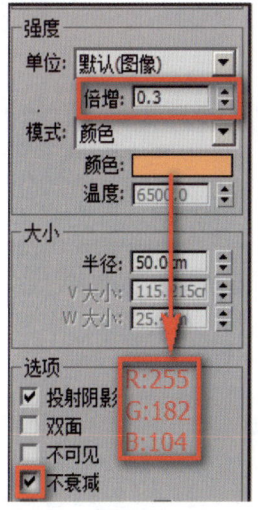

图 6-25

图 6-26

02 单击"渲染"按钮，效果如图6-26所示。

03 可以发现以上的测试渲染效果很亮，原因是当前场景中替代材质给的"漫反射"颜色太白。

6.4 材质设置

6.4.1 木地板材质设置

01 为了节省计算机的内存资源，使计算机运行得更快一些，可以先把场景中的植物都隐藏起来。选中地板，按【Alt+Q】组合键孤立选择地板，进入摄像机视图，如图6-27所示。

微课：
材质的设置(1)

图 6-27

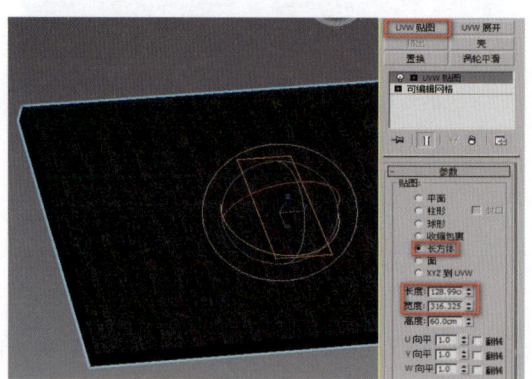

图 6-29

02 给地板指定一个VRayMtl材质，然后给它的"漫反射"通道指定一张地板纹理位图（智慧职教网站本课程中的"Chapter6\6.4.1木地板材质的设置\素材\archinterior9_08_floor.jpg"文件），如图6-28所示。

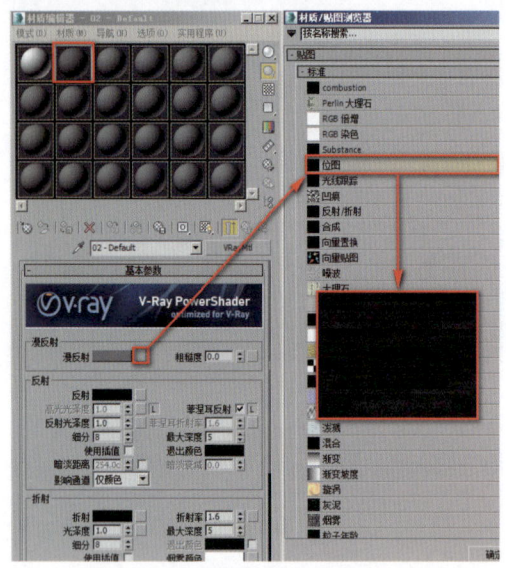

图 6-28

03 在"修改"面板中给木地板加一个"UVW贴图"，在"参数"卷展栏中指定贴图类型为"长方体"，然后调整长度和宽度，使贴图的纹理大小看上去更真实一些。单击"材质编辑器"窗口中的"在视口中显示标准贴图"按钮，将这张贴图显示在模型上，如图6-29所示。

04 用同样的方法，给"反射"通道也指定一张贴图（智慧职教网站本课程中的"Chapter6\6.4.1木地板材质设置\素材\archinterior9_08_floor_bump.jpg"文件），调整"高光光泽度"为"0.67"和"反射光泽度"为"0.7"，并选中"菲涅耳反射"复选框，如图6-30所示。

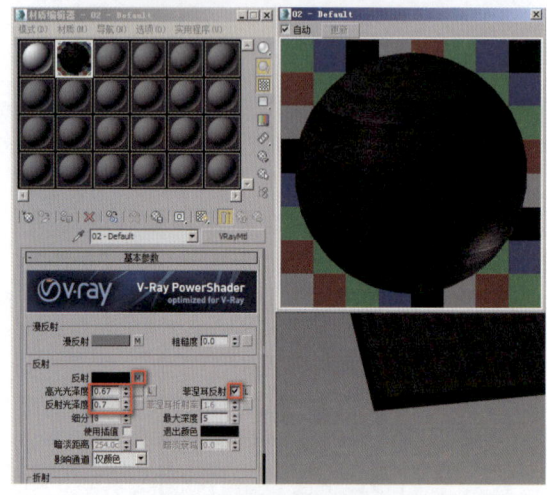

图 6-30

05 打开"材质编辑器"窗口下的"贴图"卷展栏，将"漫反射"通道中的贴图拖曳至"凹凸"通道上，使木地板更具有细节，并在弹出的对话框中选择"实例"单选按钮，木地板的材质设置完成，如图6-31所示。

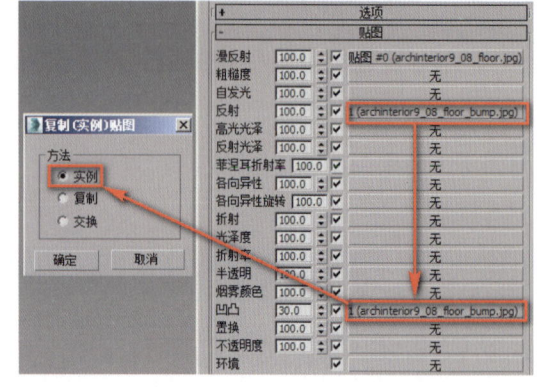

图 6-31

06 选择百叶窗，然后把木材质指定给它。

6.4.2 金属顶材质设置

01 孤立选择窗户，然后给它指定一个VRayMtl材质，设置其"漫反射"颜色为灰蓝色（R:44，G:57，B:66），调整"反射"值为"60"，选中"菲涅耳反射"复选框，并调整"高光光泽度"为"0.7"和"反射光泽度"为"0.8"，如图6-32所示。

02 将这个设置好的材质指定给其他金属物体，图6-33中数字1所示的物体均是金属材质。

图 6-33

微课：
材质的设置(2)

图 6-32

6.4.3 沙发皮革材质设置

01 孤立选择沙发，打开"材质编辑器"窗口，给其指定一个VRayMtl材质，设置其"漫反射"颜色为白色（230），调整"反射"值为"70"，选中"菲涅耳反射"复选框，并设置"反射光泽度"为"0.75"，如图6-34所示。

02 打开"材质编辑器"窗口中的"贴图"卷展栏，打开"凹凸"通道，给其指定一张贴图（智慧职教网站本课程中的"Chapter6\6.4.3沙发皮革材质设置\素材\images\ArchInteriors_12_09_leather_bump.jpg"文件），沙发皮革材质设置完毕，如图6-35所示。

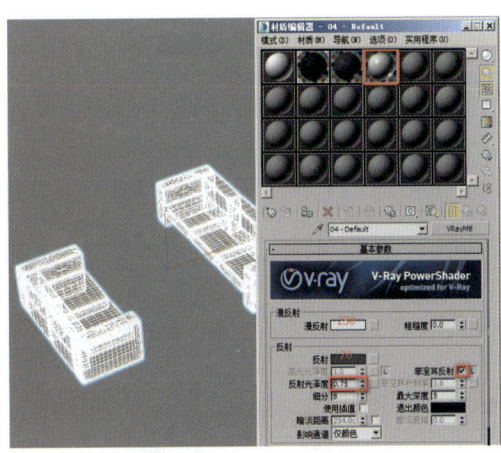

图 6-34

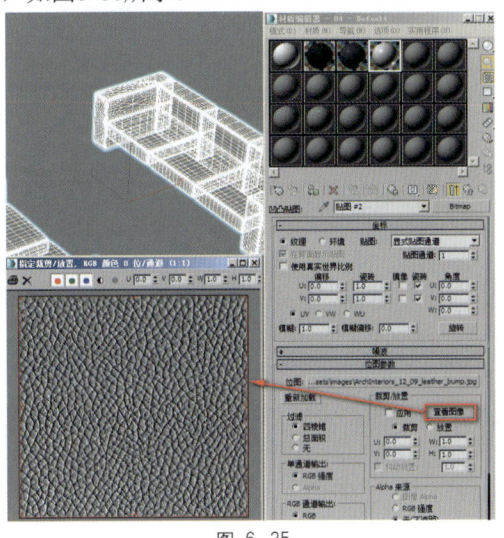

图 6-35

6.4.4 玻璃材质设置

01 孤立选择桌子上的玻璃酒杯，打开"材质编辑器"窗口，指定一个VRayMtl材质，设置其"漫反射"颜色为纯黑色（0），设置"反射"值为"225"，并选中"菲涅耳反射"复选框，设置"反射光泽度"为"0.97"。玻璃杯最主要的特点是折射，设置"折射"颜色为白色（255），折射主要影响其不透明度，再选中"影响阴影"复选框，如图6-36所示。

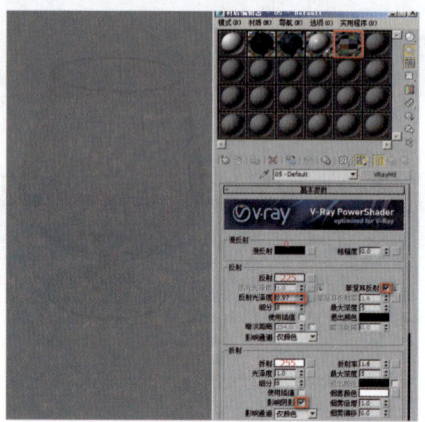

图 6-36

02 选择桌上的另外两个物体，把玻璃材质也指定给它们，如图6-37所示。

图 6-37

03 选中红酒物体，给它们指定一个VRay标准材质，设置其"漫反射"颜色为红色（R:200，G:18，B:18），设置"反射"值为"12"，选中"菲涅耳反射"复选框，调整"反射光泽度"为"0.93"，将"折射"设置为"223"，并选中"影响阴影"复选框。然后选择"影响通道"类型为"颜色+alpha"，将"烟雾颜色"设置为红色（R:255，G:107，B:107），设置"烟雾倍增"为"0.005"，如图6-38所示。

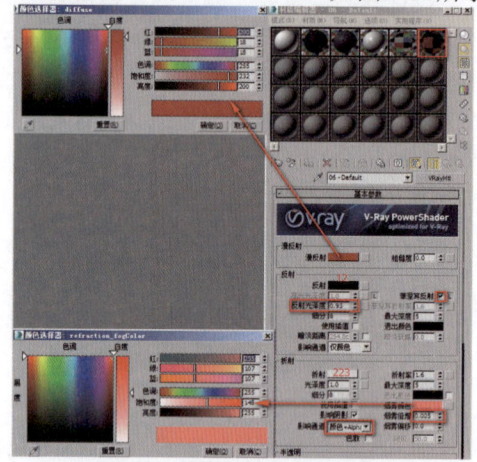

图 6-38

04 选择墙体模型，将VRay标准材质指定给它，该设置非常简单，将"漫反射"设置为淡黄色（R:255，G:242，B:220）即可，如图6-39所示。

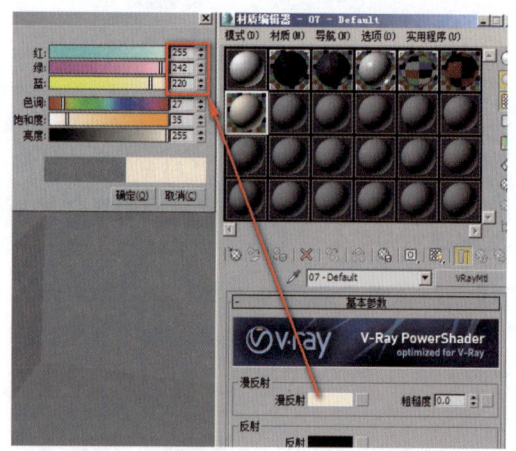

图 6-39

05 到此为止，当前场景中的主要材质已设置完毕，显示出所有的物体，效果如图6-40所示。

图 6-40

6.4.5 毛发物体的使用

01 选择花盆里代表草的面片物体，指定一个 VRay 标准材质，在"漫反射"通道中指定贴图（智慧职教网站本课程中的"Chapter6\6.4.5 毛发物体的使用\素材\grass-boao-sxq.jpg"文件），如图 6-41 所示。

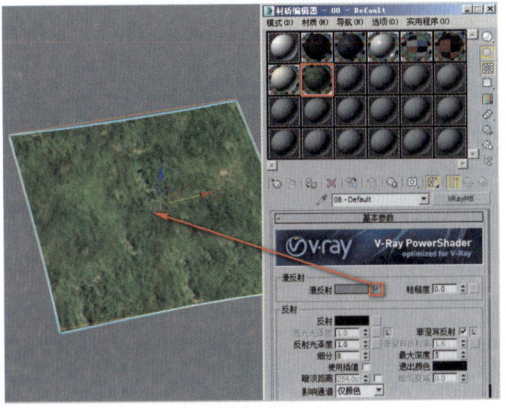

图 6-41

02 单击"创建"面板中的"几何体"按钮，在下拉列表中选择"VRay"，然后单击"VR-毛皮"按钮，如图 6-42 所示。

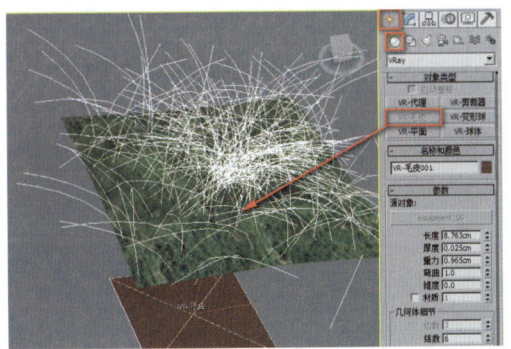

图 6-42

03 进入"修改"面板，单击"源对象"下的按钮，拾取花盆里的面片物体，如图 6-43 所示。

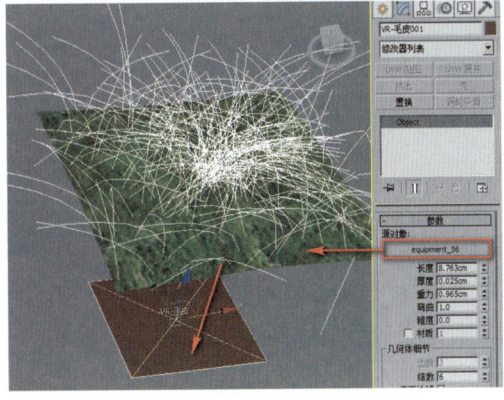

图 6-43

04 在"修改"面板中设置其"长度"为"2.0"，设置"厚度"为"0.05"，设置"重力"为"-6.0"，设置"结数"为"6"，并设置其"分布"为"每区域"为"10"，如图 6-44 所示。

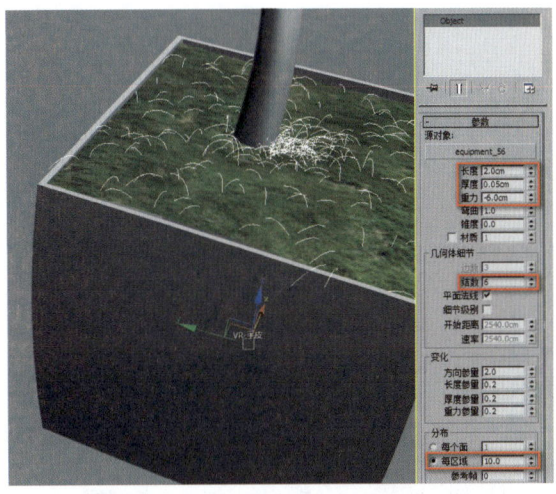

图 6-44

05 单击"渲染"按钮，得到如图 6-45 所示的效果。注意，随着毛发物体数量的增加，渲染的时间也会增加。

图 6-45

06 用同样的方法，给室外的草坪设置并指定为草的材质。

6.4.6 其他物体材质设置

01 选择长条桌子，打开"材质编辑器"窗口，给其指定一个VRayMtl材质，在"漫反射"通道中指定一张贴图（智慧职教网站本课程中的"Chapter6\6.4.6其他物体材质设置\素材Arch_Interior_wood.jpg"文件），设置"反射"值为"60"，选中"菲涅耳反射"复选框，设置"反射光泽度"为"0.76"，如图6-46所示。

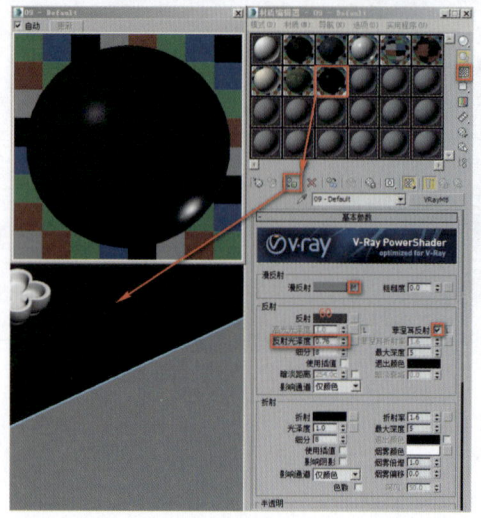

图 6-46

02 打开"材质编辑器"窗口中的"贴图"卷展栏，将"漫反射"通道中的贴图拖曳至"凹凸"通道上，使长条桌子更具有细节，并在弹出的对话框中选择"实例"单选按钮，木地板材质设置完成，如图6-47所示。

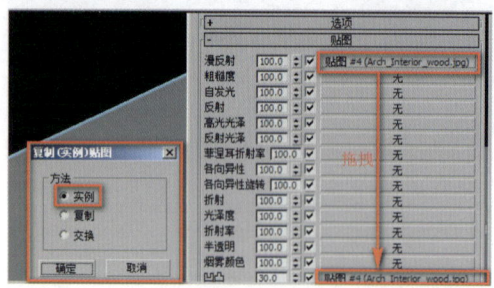

图 6-47

03 选择桌上的瓷器，打开"材质编辑器"窗口，给其指定一个VRayMtl材质，设置其"漫反射"颜色为纯白色（247），设置"反射"值为"27"，设置"反射光泽度"为"0.86"，如图6-48所示。

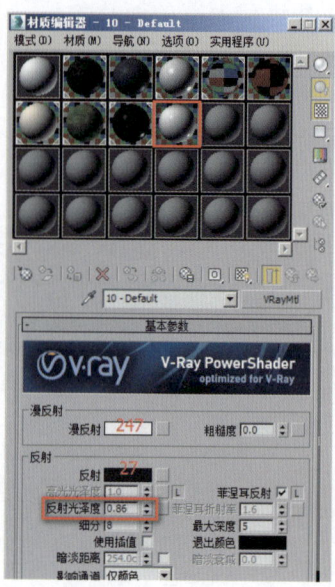

图 6-48

04 选择桌上的另外两个物体——棋子罐，打开"材质编辑器"窗口，将刚才的瓷器材质拖曳到另一个新材质球上，复制出瓷器材质，然后将名称改掉，将"漫反射"颜色改为黑色（49），如图6-49所示。

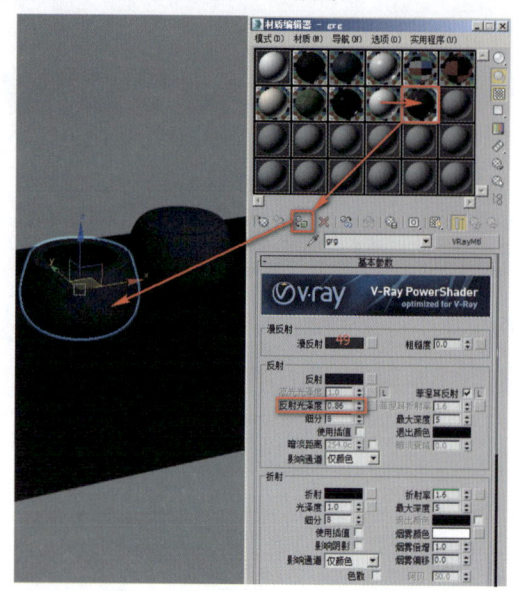

图 6-49

05 到此为止，场景中的大部分材质已经讲解完毕，剩下的材质用户可以参考最终场景文件的参数进行设置。

6.5 渲染参数设置

6.5.1 最终图渲染设置

01 设置材质的细分,选择皮革材质,设置其"细分"为"36",将不锈钢的材质"细分"设置为"16",将木地板的材质"细分"设置为"32",将灯光的"细分"设置为"48",将窗框金属的材质"细分"设置为"36"。

02 影响出图品质的原因除了灯光和材质以外,还有"渲染设置"窗口的参数。打开"渲染设置"窗口,设置其渲染尺寸为"1876×2400",如图6-50所示。

图 6-50

03 设置"图像采样器"的"类型"为"自适应",选中"图像过滤器"复选框,并选择"过滤器"为"Catmull-Rom",然后设置"自适应图像采样器"的"最小细分"和"最大细分"分别为"2"和"5",如图6-51所示。

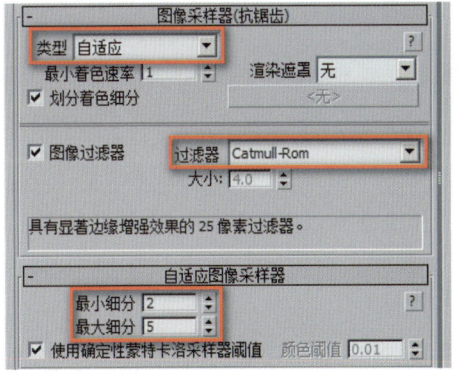

图 6-51

04 打开"环境"卷展栏,开启"全局照明(GI)环境"和"反射/折射环境",设置其天光颜色为浅蓝色(R:195, G:233, B:242),设置"反射/折射环境"颜色为蓝色(R:136, G:136, B:255),如图6-52所示。

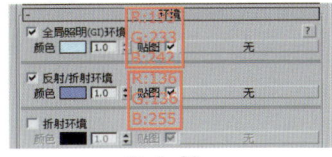

图 6-52

05 选择"GI"选项卡,选中"启用全局照明"复选框,设置"首次引擎"为"发光图",设置"二次引擎"为"灯光缓存",如图6-53所示。

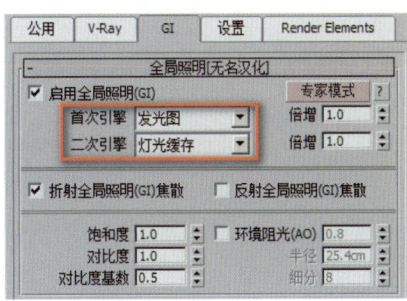

图 6-53

06 在"发光图"卷展栏中设置"当前预设"为"中",设置"细分"为"70",设置"插值采样"为"40",并选中"显示计算相位"复选框,如图6-54所示。

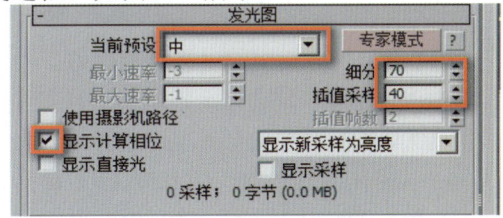

图 6-54

07 在"灯光缓存"卷展栏中设置"细分"为"2000",如图6-55所示。

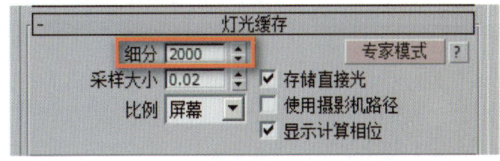

图 6-55

08 选择"V-Ray"选项卡,设置"噪波阈值"为"0.002"(值越小图面越清晰),设置"最小采样"为"16"(值越大图面越清晰),如图6-56所示。

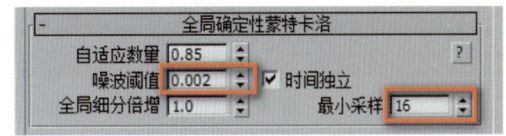

图 6-56

微课:渲染参数设置(1)

6.5.2 材质通道的渲染

01 选择"渲染元素"选项卡,单击"添加"按钮,选择"渲染ID",以使渲染出来的图有通道,如图6-57所示。

02 到此为止,最终渲染的设置结束,单击"渲染"按钮,得到如图6-58所示的效果图和材质通道图。

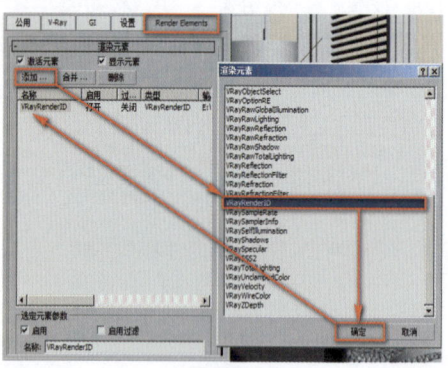

图 6-57

图 6-58

6.5.3 AO的渲染

01 打开"显示"面板中的"按类别隐藏"卷展栏,选中"几何体"复选框,则显示的只有灯光和摄像机了,把场景中的灯光全部删掉后,再取消选中"几何体"复选框。接着按【M】键打开"材质编辑器"窗口,选择一个标准材质,设置自发光为"100",在"漫反射"通道里加一张VRay污垢贴图,如图6-59所示。

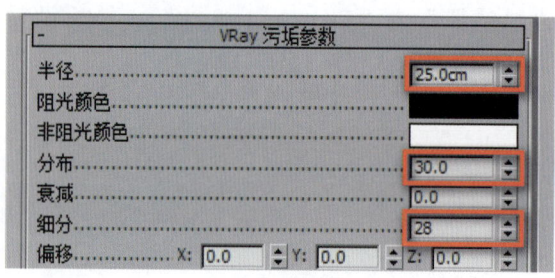

图 6-60

03 打开"渲染设置"窗口,关掉全局光,删掉刚才添加的"渲染ID",其他保持不变,如图6-61所示。

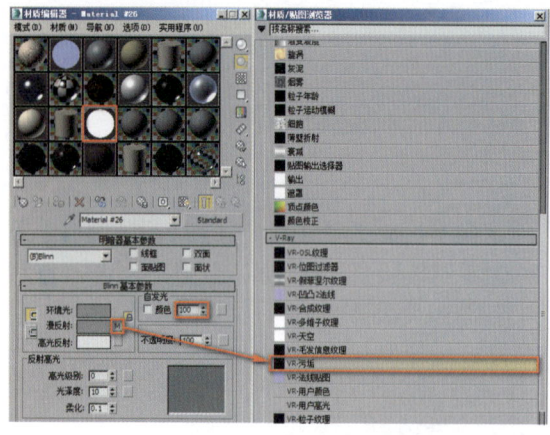

图 6-59

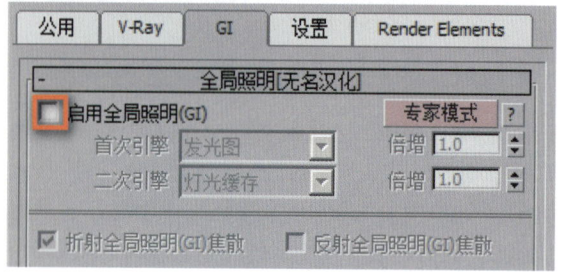

图 6-61

02 打开"漫反射"通道的"VR-参数"卷展栏,设置"半径"为"25.0cm",设置"分布"为"30.0",设置"细分"为"28",如图6-60所示。

微课:
渲染参数
设置(2)

04 将该材质指定给所有的物体,单击"渲染"按钮,得到如图6-62所示的效果。

图 6-62

6.6　Photoshop后期处理

01 用Photoshop打开渲染出来的效果图、AO图和材质通道图。先双击渲染图将背景图层改为"图层0",然后按【Ctrl+J】组合键复制一层,得到"图层0副本",通过鼠标拖曳调整一下图层顺序,如图6-63所示。

微课:
Photoshop
后期处理

03 单击激活"图层1",即通道图层,在"工具栏"中选择魔棒工具,单击金属材质部分,获得整个天花板的选区。然后选择"图层0副本",按【Ctrl+J】组合键复制出金属部分,如图6-65所示。

图 6-65

04 按【Ctrl+M】组合键,弹出"曲线"对话框,调整一下曲线,使曲线向上一点,使金属部分材质更亮一些,如图6-66所示。

图 6-63

02 该步解决图像偏暗的问题。按【Ctrl+M】组合键,弹出"曲线"对话框,调整一下曲线,使曲线向上一点,这样可以使图像整体变得更亮,如图6-64所示。

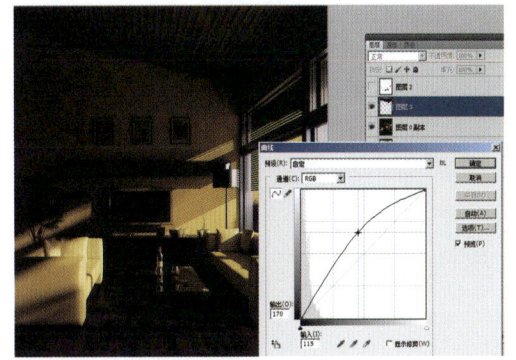

图 6-66

05 按【Ctrl+B】组合键,弹出"色彩平衡"对话框,调整参数使金属部分色彩更冷一些,如图6-67所示。

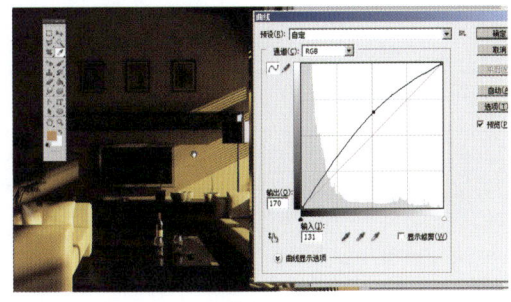

图 6-64

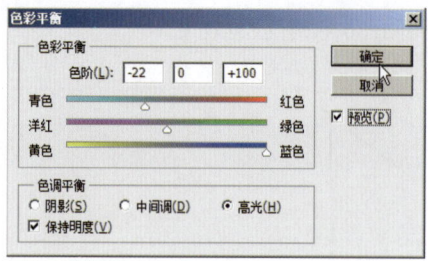

图 6-67

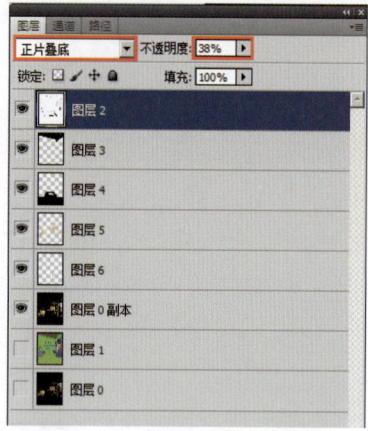

图 6-68

06 用同样的方法对地板和其他物体进行调整，然后选中"AO图层"，调整"叠加模式"为"正片叠底"，设置"不透明度"为"38%"，如图6-68所示。

07 到此为止，后期的简单处理已结束。

6.7　知识与技能梳理

　　本章学习了VRay物理相机和VRay毛发系统的使用，以及黄昏效果图的表现方法，如果大家把这些内容都掌握了，本节的学习目的就达到了。

6.8　课后练习

一、选择题（共3题），请扫描二维码进行即测即评。

二、简答题

1．在3ds Max 2016的视图中，如果在进行移动操作时坐标隐藏了，怎样才能将其显示出来？

2．在使用"UVW贴图"修改器时需要注意什么？

6.8　课后练习

Chapter 7

黑白空间

   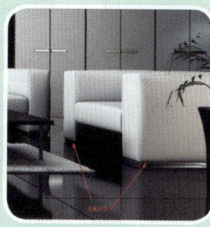 

黑白空间对于初学者来说是非常复杂而且难表现的一类空间。本章将通过对案例的分析来深入讲解如何表现此类空间。

	知识点 \ 学习目标	了解	应用	创新	重点知识
学习要求	黑白空间的分析	🚩			
	检查模型		🚩		
	全局照明环境（天光）的设置				🚩
	主光灯与补光灯的搭配关系				🚩
	环境色的设置		🚩		
	VRay毛发系统	🚩			
	Photoshop中色彩范围的选择方法		🚩		

7.1 黑白空间分析

图7-1所示的空间主要由黑色和白色两种色调组成，场景中的其他物体基本上也只有两种颜色，即黑色和白色，因此这种空间制作起来难度相对比较大。除了可以在色彩上表现它们的立体感外，更重要的是通过光影关系来表现它们的立体感。因此，本章的重点和难点仍然是场景布光，再者就是黑、白两种材质之间的搭配。图7-1为黑白空间的最终效果图。

微课：
黑白空间
分析

图 7-1

7.2 模型检查

7.2.1 构图设置

01 打开智慧职教网站本课程中的"Chapter7\ 7.21构图设置\素材\黑白空间-start.max"文件，该场景中的摄像机已经设置完成，如图7-2所示。

微课：
模型的检查

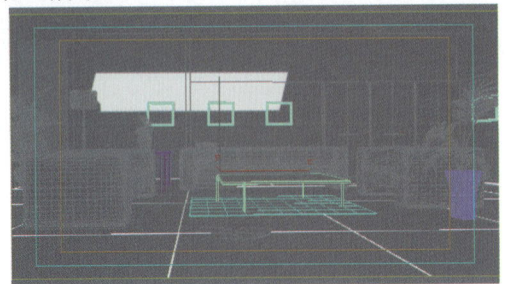

图 7-2

02 设置当前场景的渲染尺寸，观察最终效果图发现这是一个横式构图，渲染尺寸是2400×1256。单击主工具栏中的"渲染设置"按钮，打开"渲染设置"窗口，在"公用"选项卡的"输出大小"选项组中设置"宽度"值为"2400"，设置"高度"值为"1256"，然后单击"图像纵横比"右侧的小锁头按钮，将其激活，锁定长宽比例，如图7-3所示。

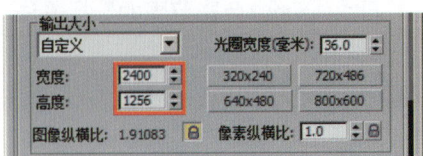

图 7-3

03 在渲染测试阶段，为了节省渲染时间，先要把渲染尺寸改小，再次设置"宽度"为"600"，锁定比例之后，在只改动宽度的时候，高度也会随之改变，如图7-4所示。

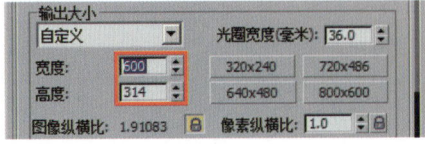

图 7-4

7.2.2 草图渲染设置

01 当前场景中使用了一个默认材质，首先单击主工具栏上的"渲染设置"按钮，打开"渲染设置"窗口，当前的渲染器是"默认扫描线渲染器"，在此指定VRay渲染器。选择"渲染设置"窗口中的"公用"选项卡，打开"指定渲染器"卷展栏，单击"产品级"右侧的浏览按钮，在弹出的"选择渲染器"对话框中选择"V-Ray Adv 3.00.08"渲染器，单击"确定"按钮，如图7-5所示。

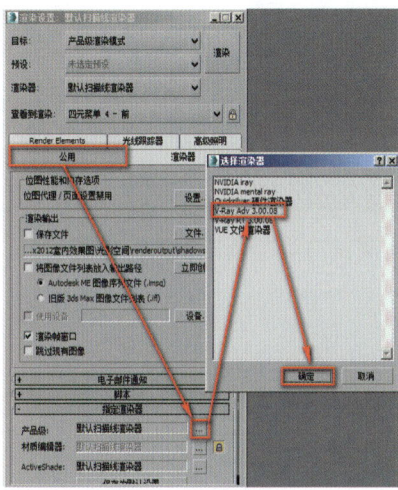

图 7-5

02 选择"GI"选项卡，分别设置"首次引擎"和"二次引擎"为"发光图"和"灯光缓存"，为了节省测试渲染的时间，设置"当前预设"为"非常低"，并选中"显示计算相位"复选框，如图7-6所示。

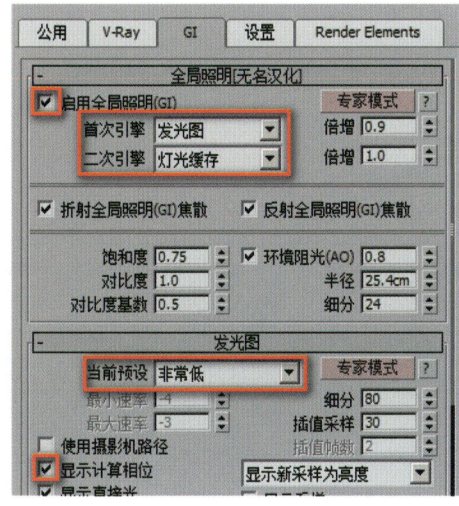

图 7-6

03 打开"灯光缓存"卷展栏，设置"细分"为"200"，并选中"显示计算相位"复选框，如图7-7所示。

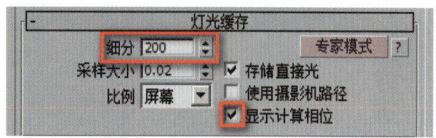

图 7-7

04 选择"V-Ray"选项卡，打开"图像采样器（抗锯齿）"卷展栏，设置"图像采样器"的"类型"为"固定"，取消选中"图像过滤器"复选框。然后打开"环境"卷展栏，选中"全局照明（GI）环境"复选框，如图7-8所示。

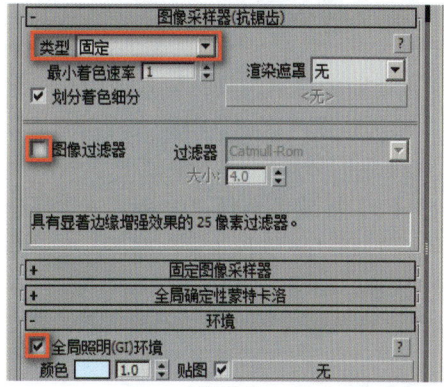

图 7-8

05 打开"全局开关"卷展栏，在"默认灯光"下拉列表中选择"关"，如图7-9所示。

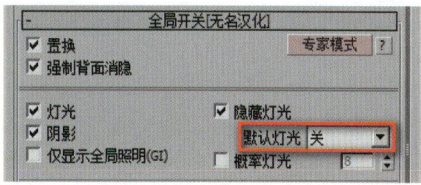

图 7-9

06 此时，当前整个场景已经给了一个默认材质，直接单击"渲染"按钮观察效果，如图7-10所示。

图 7-10

07 经过渲染发现当前整个场景曝光过度。下面来解决这个问题。打开"环境"卷展栏，设置天光的"倍增"值为"0.5"，再次渲染，得到如图7-11所示的效果。

08 接下来对曝光模式进行设置，选择"V-Ray"选项卡，打开"颜色贴图"卷展栏，把"线性倍增"改为"指数"，然后打开"环境"卷展栏，设置天光的"倍增"值为"1.0"，效果如图7-12所示。

图 7-11

图 7-12

7.3 灯光设置

7.3.1 环境模拟

01 通过前面的测试渲染，发现图中有一块黑色部分，原因是黑色区域是门洞，前门洞显示的是场景中黑色的环境，接下来改变场景环境的颜色。按【8】键或者选择"渲染"→"环境"菜单命令，打开"环境和效果"窗口，把背景颜色改为纯白色，如图7-13所示。

02 再次测试渲染，效果如图7-14所示。

图 7-14

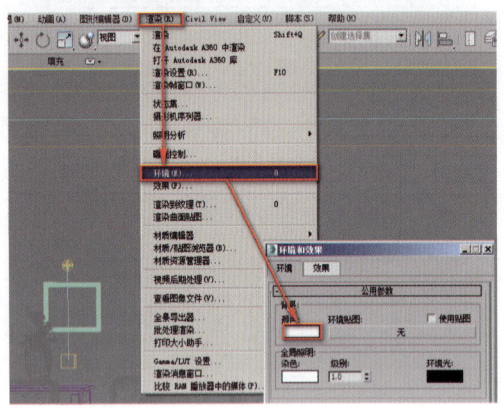

图 7-13

微课：
灯光的设置

7.3.2 天光设置

01 激活左视图，打开"创建"面板中的"灯光"界面，在下拉列表中选择"VRay"，然后单击"VR-灯光"按钮，在左视图中拖曳创建灯光，并在透视图中调整灯光的位置和光照方向，如图7-15所示。

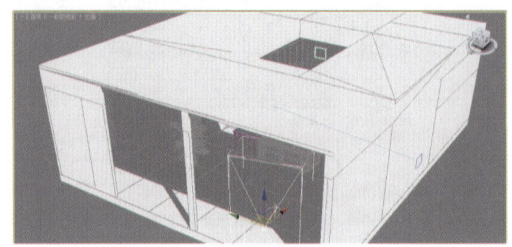

图 7-15

02 进入"修改"面板中,设置灯光的"倍增"值为"8.0",颜色为暖色(R:255,G:212,B:156),如图7-16所示。

图 7-16

03 将创建的灯光在水平方向上对称复制出另外一个,如图7-17所示。

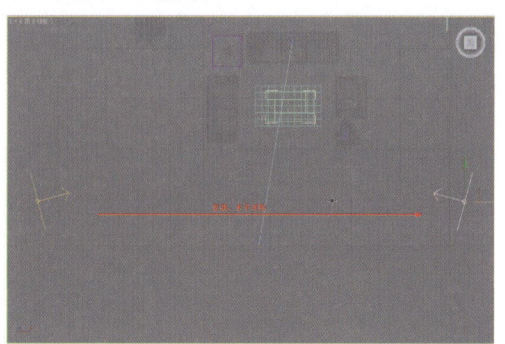

图 7-17

04 单击"渲染"按钮,得到如图7-18所示的效果。

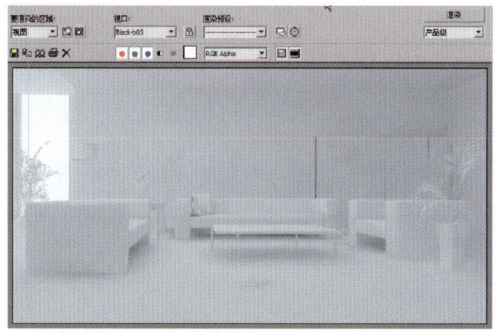

图 7-18

05 接下来给场景中的装饰画创建一盏射灯,首先选择墙上的装饰画和墙体,按【Alt+Q】组合键将选择的对象孤立出来,然后激活左视图,打开"创建"面板中的"灯光"界面,在下拉列表中选择"VRay",单击"VRayIES"按钮,在左视图中拖曳创建灯光,并调整灯光的位置和光照方向,如图7-19所示。

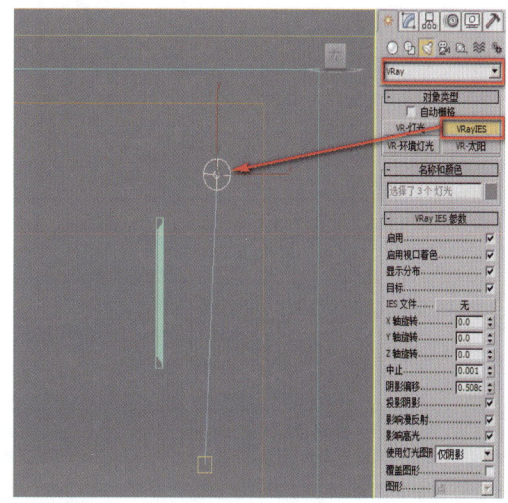

图 7-19

06 单击"修改"面板中的"无"按钮,选择配套光盘中的光域网文件,给VRayIES灯增加一个光域网,如图7-20所示。

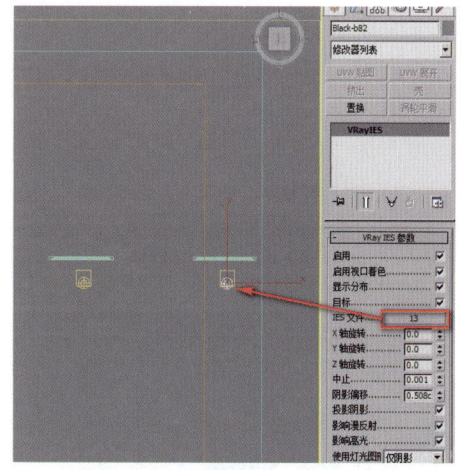

图 7-20

07 按住【Shift】键拖曳灯光,以"实例"的形式复制出其他装饰画上的射灯,如图7-21所示。

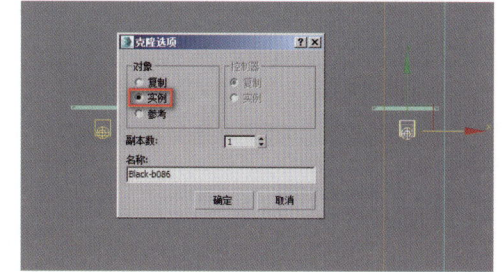

图 7-21

08 关闭天光,单击"渲染"按钮,得到如图7-22所示的效果。

图 7-22

图 7-23

09 打开天光,继续渲染,得到如图7-23所示的效果。到此为止,模型检查阶段完成。

7.4 材质设置

7.4.1 地板材质设置

01 选择地板,对其指定一个VRayMtl标准材质球,调整"漫反射"颜色为黑色(亮度值为20),然后给它一个反射(亮度值为150),并选中"菲涅耳反射"复选框,设置"菲涅耳折射率"为"2.0"。因为地板的表面有一些粗糙,不是很光滑,给它一些模糊反射,在此调整"高光光泽度"为"0.7",设置"反射光泽度"为"0.8",如图7-24所示。

02 打开"贴图"卷展栏,给"凹凸"贴图通道指定一张"噪波"贴图,并在"噪波参数"卷展栏中设置噪波的"大小"为"0.3",如图7-25所示。

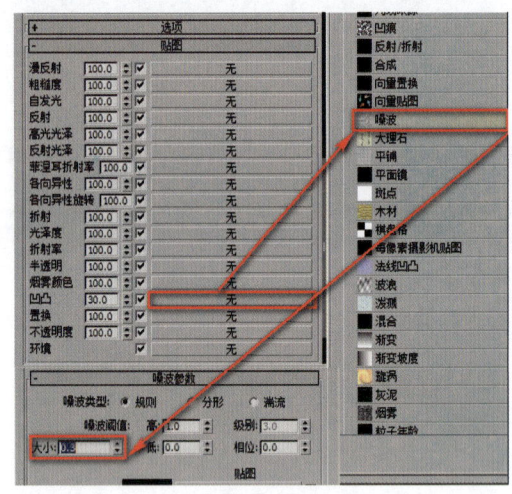

图 7-25

03 单击"渲染"按钮,得到如图7-26所示的效果。

图 7-26

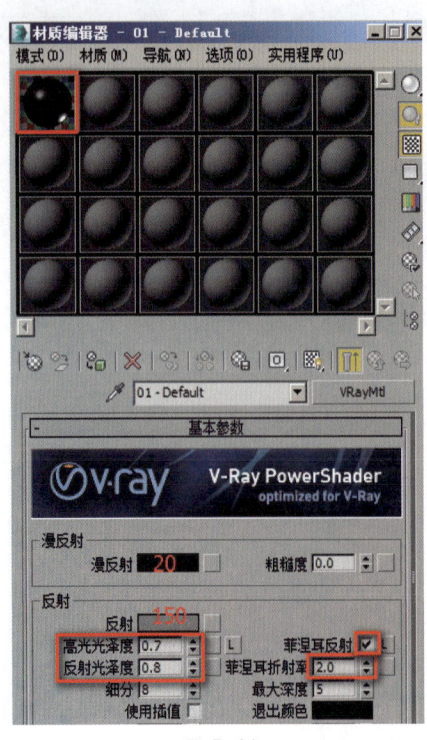

图 7-24

04 通过测试渲染发现地板材质的凹凸数值过高,并且地面不够光滑。首先将原来的"凹凸"通道的数值由"30"改为"5",然后将"反射光泽度"改为"0.96",再次进行测试渲染,效果如图7-27所示。

微课:
材质的设置

图 7-27

7.4.2 沙发材质设置

01 本节来设置皮革沙发的材质,首先孤立选择沙发,打开"材质编辑器"窗口,给其指定一个VRayMtl材质,设置其"漫反射"颜色为白色(亮度值为253),然后在"漫反射"通道中对其指定一张"衰减"贴图(设置"衰减"贴图的前面色为纯白色,侧面色为灰白色220,"衰减类型"为"Fresrel"),调整"反射"值为"62",选中"菲涅耳反射"复选框,调整"反射光泽度"为"0.68",如图7-28所示。

02 打开"贴图"卷展栏,给"凹凸"贴图通道指定一张皮革位图(智慧职教网站本课程中的"Chapter7\7.4.2沙发材质的设置\素材\ArchInteriors_12_05_leather_bump.jpg"文件),如图7-29所示。

图 7-28

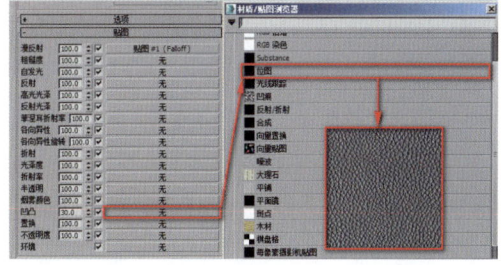
图 7-29

7.4.3 金属材质设置

01 选择金属物体(沙发底部的物体),如图7-30所示。

图 7-30

02 孤立选择以上金属物体，然后指定一个VRayMtl材质，设置其"漫反射"颜色为黑色（亮度值为37），调整"反射"颜色的亮度值为"216"，设置"反射光泽度"为"0.83"，如图7-31所示。

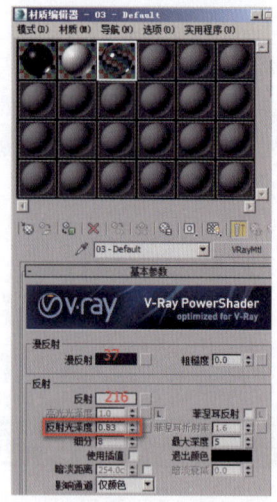

图 7-31

7.4.4 柜子材质设置

01 选择场景中白色的柜子，然后指定一个VRayMtl材质，调整"漫反射"颜色为浅黄色（R:255，G:242，B:230），调整"反射"颜色的亮度值为"27"，设置"反射光泽度"为"0.67"，如图7-32所示。

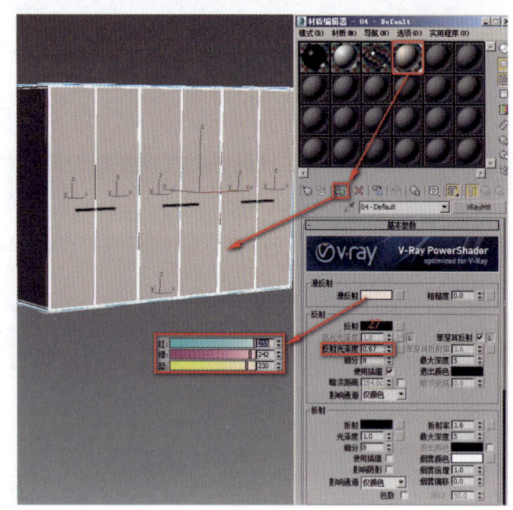

图 7-32

02 将刚才设置好的金属材质指定给柜子的把手。

03 孤立选择墙体，指定一个VRayMtl材质。在此墙体的材质比较简单，没有纹理和反射，设置其"漫反射"颜色为黑色（亮度值为22），如图7-33所示。

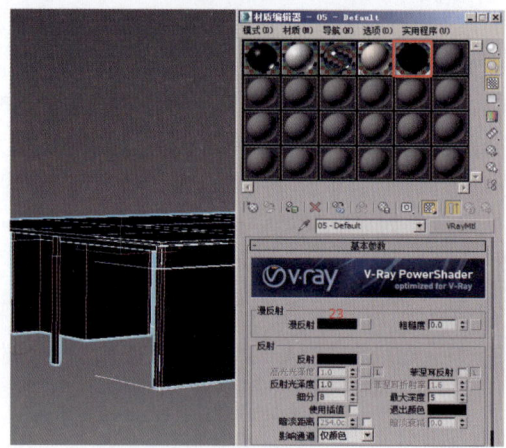

图 7-33

04 单击"渲染"按钮，得到如图7-34所示的效果。

图 7-34

05 打开"渲染设置"窗口，进入"环境"卷展栏，开启"反射/折射环境"，将颜色改为纯白色，设置"倍增器"值为"7.0"。在"颜色贴图"卷展栏中设置其"类型"为"指数"，通过设置"明亮倍增"值改变一下场景中受光部分的亮度，在此将"明亮倍增"值设置为"2.5"，如图7-35所示。

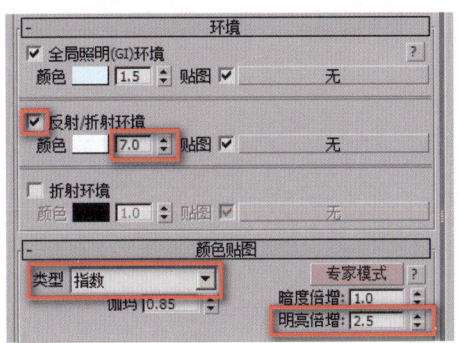

图 7-35

06 单击"渲染"按钮，得到如图7-36所示的效果。

图 7-36

07 选择茶几，按【Alt+Q】组合键进行孤立选择，然后单击"修改"面板下多边形中的元素层级并选择桌面，如图7-37所示。

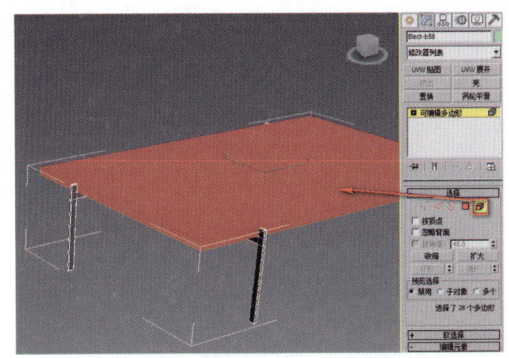

图 7-37

08 打开"材质编辑器"窗口，对其指定一个VRayMtl材质，设置其"漫反射"颜色为黑色（60），设置"反射"值为"47"，并选中"菲涅耳反射"复选框，设置"反射光泽度"为"0.86"，如图7-38所示。

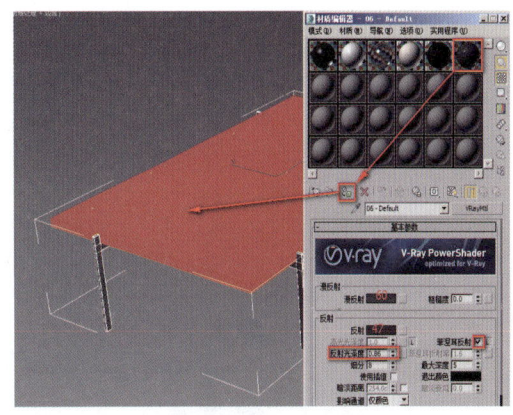

图 7-38

09 按【Ctrl+I】组合键反选茶几的腿部模型，指定一个VRayMtl材质，设置其"漫反射"颜色为黑色（45），调整"反射"值为"147"，并选中"菲涅耳反射"复选框，设置"反射光泽度"为"0.93"，如图7-39所示。

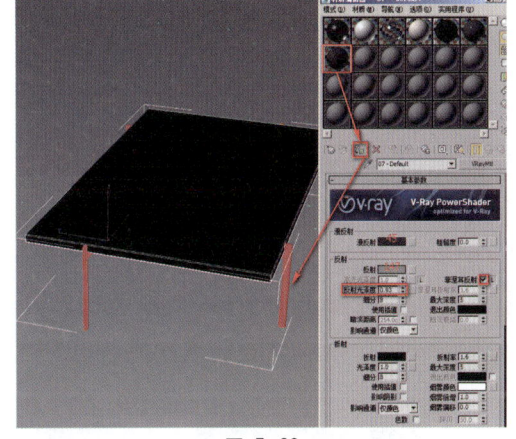

图 7-39

10 接下来设置地毯材质，地毯有很多凹凸，选择并将其孤立显示，然后打开"材质编辑器"窗口，给其指定一个VRayMtl材质，设置其"漫反射"颜色为白色（225）。打开"贴图"卷展栏，给"凹凸"贴图通道指定一张位图（智慧职教网站本课程中的"Chapter7\7.4.4柜子材质的设置\素材\Archexteriors3_05_grass_bump.jpg"文件），将"凹凸"通道中的贴图关联复制到"置换"通道中，设置其"数量"为"4.0"，如图7-40所示。

11 选择远处的桌子，将茶几桌面材质指定给它，如图7-41所示。

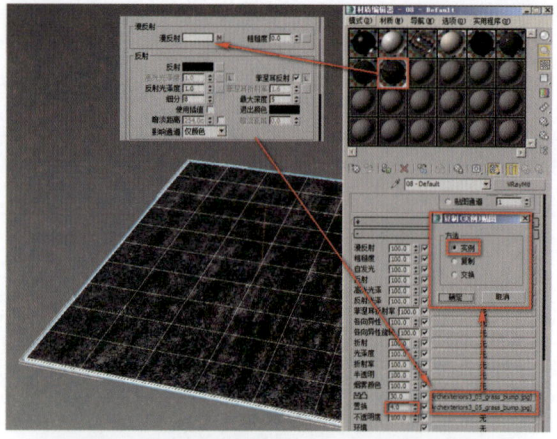

图 7-40

图 7-41

12 单击"渲染"按钮,得到如图7-42所示的效果。

图 7-42

13 通过之前的测试渲染,发现场景中有些地方偏黄,是因为场景中灯光的颜色和灯罩的材质没有设置,下面来分别处理这些问题。选择台灯灯罩,打开"材质编辑器"窗口,给其指定一个VRayMtl材质,设置其"漫反射"颜色为黑色(45),调整"反射"颜色为"99",并选中"菲涅耳反射"复选框,设置"反射光泽度"为"0.96",如图7-43所示。

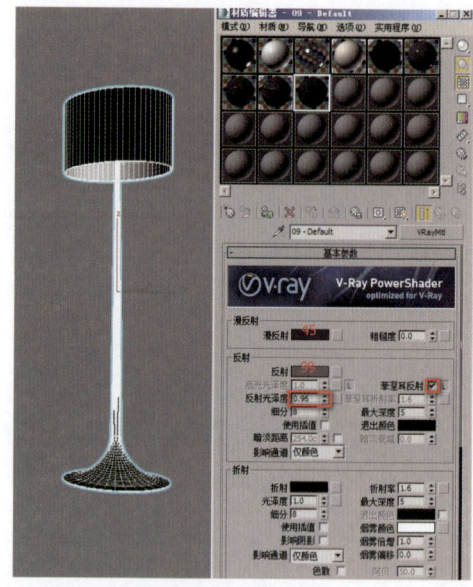

图 7-43

14 将之前调整好的不锈钢金属材质赋予台灯剩下的部分,如图7-44所示。

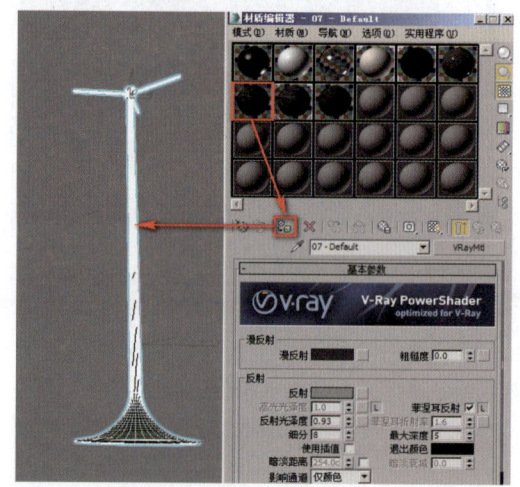

图 7-44

15 接下来修改灯光的设置,激活顶视图,分别把左边灯光的强度改为"10",把右边灯光的强度改为"4.0",两盏灯光的颜色与饱和度都降低至接近白色,如图7-45所示。

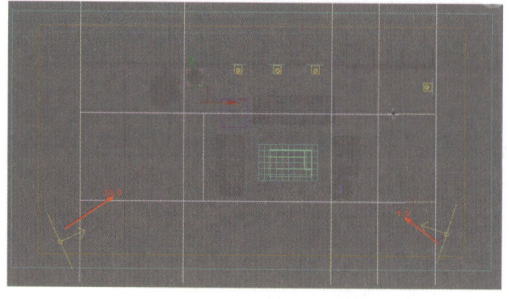

图 7-45

16 打开"渲染设置"窗口,在"颜色贴图"卷展栏中设置"明亮倍增"值为"2.2"、"伽玛"为"0.86",如图7-46所示。

17 单击"渲染"按钮,得到如图7-47所示的效果。

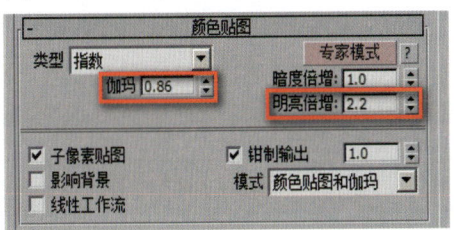

图 7-46

图 7-47

7.5 测试渲染

7.5.1 出图尺寸设置

打开"渲染设置"窗口,设置渲染尺寸为"2400×1256",如图7-48所示。

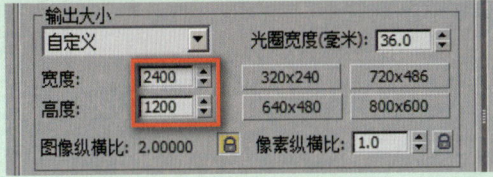

图 7-48

● 技巧 提示

为了加快渲染的速度,这里只选择场景中所占比例较大的和想要特意表现的材质添加细分,不是所有的材质都得加细分,默认即可。

微课:渲染参数设置

7.5.2 灯光细分的调整

01 下面调整影响画面细腻的一些因素,首先从材质着手。打开"材质编辑器"窗口,选择沙发材质,设置其"细分"为"24"。然后选择地板的材质,设置其"细分"为"16";选择柜子的材质,设置其"细分"为"36"。至此,场景中大部分材质的细分设置完毕。

02 将场景中所有的灯光细分都设置为"32",如图7-49所示。

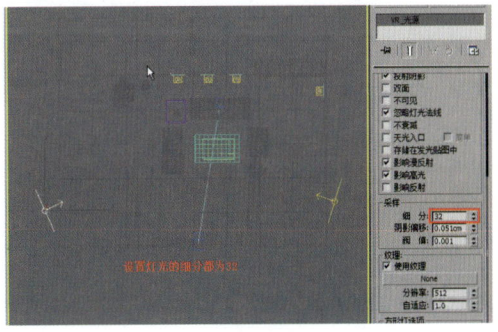

图 7-49

7.5.3 渲染参数设置

01 设置"图像采样器"的"类型"为"自适应DMC",选中"图像过滤器"复选框,并选择"Catmull-Rom",然后设置"自适应图像采样器"的"最小细分"和"最大细分"分别为"2"和"5",如图7-50所示。

02 选择"GI"选项卡,开启全局光,将"首次引擎"设为"发光图",将"二次引擎"设为"灯光缓存",如图7-51所示。

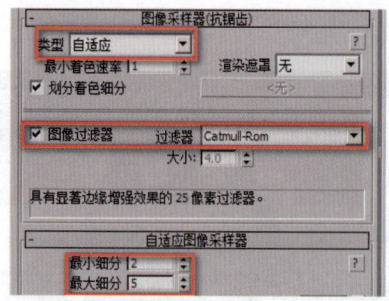

图 7-50

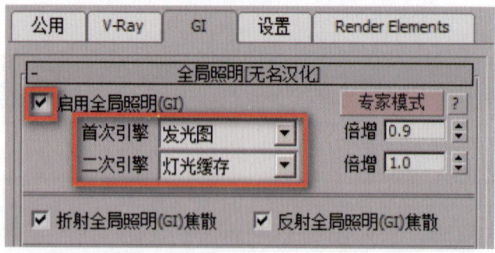

图 7-51

03 在"发光图"卷展栏中设置"当前预设"为"中"、"细分"为"80"、"差值采样"为"40",并选中"显示计算相位"复选框,如图7-52所示。

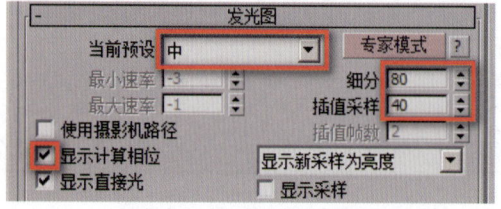

图 7-52

04 在"灯光缓存"卷展栏中设置"细分"为"2000",如图7-53所示。

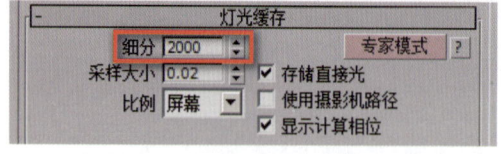

图 7-53

● **技巧 提示**

步骤03和步骤04的设置决定了画面的细致程度,接下来这一步更重要。

05 选择"V-Ray"选项卡,设置"噪波阈值"为"0.001"(值越小图面越清晰),设置"最小采样"为"16"(值越大图面越清晰),如图7-54所示。

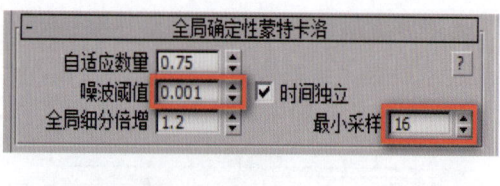

图 7-54

● **技巧 提示**

噪波阈值越小,杂点越少,渲染的时间越长。

06 选择"Render Elements"选项卡,单击"添加"按钮,在弹出的对话框中选择"渲染ID",以使渲染出来的图有通道图层,如图7-55所示。

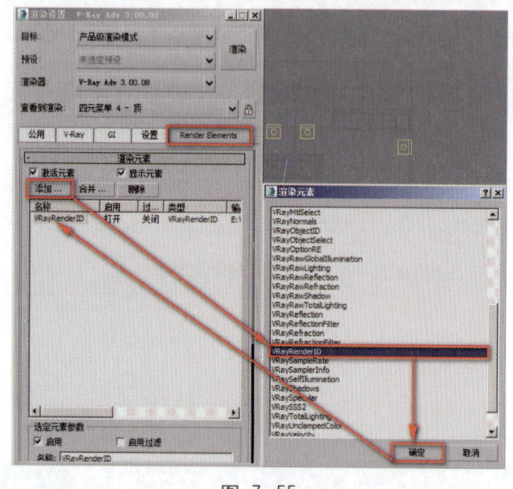

图 7-55

07 到此为止,最终渲染设置完成,单击"渲染"按钮即可。

7.6 Photoshop后期处理

01 用Photoshop打开渲染出来的效果图、AO图和材质通道图。先双击渲染图将背景图层改为"图层0",然后按【Ctrl+J】组合键复制一层,得到"图层0副本",并通过鼠标拖曳调整图层顺序,如图7-56所示。

微课：Photoshop后期处理

图 7-56

02 选择AO图层,调整叠加模式为"正片叠底",设置"不透明度"为"79%",如图7-57所示。

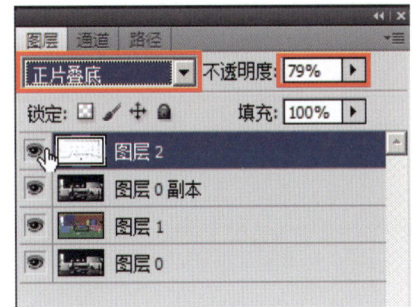

图 7-57

03 在确认选择矩形选框工具的情况下,在视图中右击,在弹出的快捷菜单中选择"色彩范围"命令,如图7-58所示。

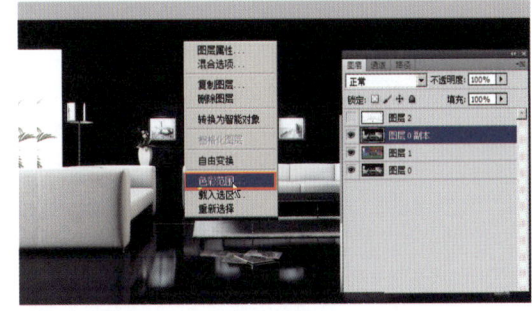

图 7-58

04 用画笔吸取画面中的白色部分,单击"确定"按钮,如图7-59所示,效果如图7-60所示。

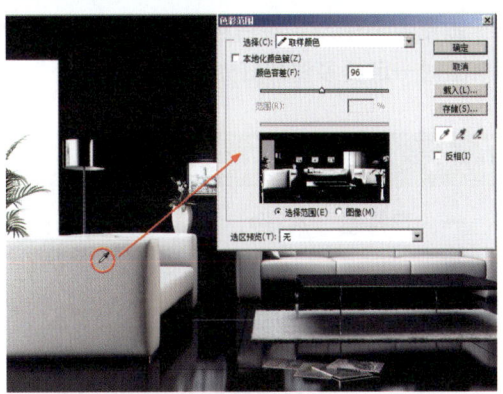

图 7-59

图 7-60

05 按【Ctrl+J】组合键复制出白色部分,然后按【Ctrl+B】组合键弹出"色彩平衡"对话框,调整参数如图7-61所示,最终效果如图7-62所示。

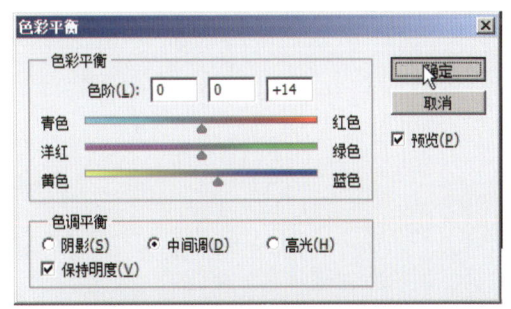

图 7-61

图 7-62

7.7　知识与技能梳理

本章主要学习了黑白色调空间的渲染。光影对于场景中的结构表现是至关重要的，因此在制作效果图时一定要多注意灯光的设置。

7.8　课后练习

一、选择题（共2题），请扫描二维码进入即测即评。

二、简答题

1．为什么在制作室内效果图时要首先设置系统单位？

2．为什么不直接在场景中创建家具？

7.8　课后练习

Chapter 8

豪华卧室

卧室在家居空间中起着很重要的作用。本章将通过一个完整的案例讲述如何表现卧室空间,以及如何搭配家具和墙面颜色。

学习要求	知识点 \ 学习目标	了解	应用	创新	重点知识
	卧室空间分析	🚩			
	渐变衰减贴图		🚩		
	目标平行光的作用				🚩
	辅助灯光的创建条件				🚩
	渐变衰减贴图的运用				🚩
	环境阻光	🚩			
	混合材质		🚩		🚩
	背景墙的制作			🚩	
	Photoshop中"曲线"和"色彩平衡"的运用		🚩		

8.1　卧室空间分析

本章将学习卧室空间的制作。卧室对于大家来说都已经非常熟悉了，它是人们生活中不可缺少的一部分，是供人们休息、睡觉的地方。一般家庭的卧室都有一个简单的梳妆台，还有一扇窗户用来通风；卧室的地面、墙面和顶面都有一定的讲究，地面一般采用实木的或者布质的，如地毯，墙面一般采用有纹理的软质材料，这样的搭配让人们躺在卧室中感觉很舒服，很温馨。

家具的选择对卧室的影响是很大的，因此梳妆台、床头柜和床的搭配是很重要的，并且它们的搭配和卧室的整体搭配必须是统一的。在装修房子时，对卧室色彩的选择也要有讲究，搭配出来的颜色要给人舒适、温馨的感觉。本章案例的效果图如图8-1所示。

图 8-1

中式卧室的设计、采光以及家具布局与西式卧室有很大区别，表现出来的效果也大不一样。请扫描二维码，了解中式卧室的效果表现方法。

拓展阅读：
中式卧室效果表现

8.2　打开卧室模型

01 打开智慧职教网站本课程中的"Chapter8\8.2打开卧室模型\素材\卧室01初始文件.max"文件，首先从顶视图观察一下整个场景，场景中有两个空间，分别是卧室与阳台，如图8-2所示。

02 从透视图观察，卧室内部有一扇很大的落地窗和床、窗帘以及一些常规的床上用品，如图8-3所示。

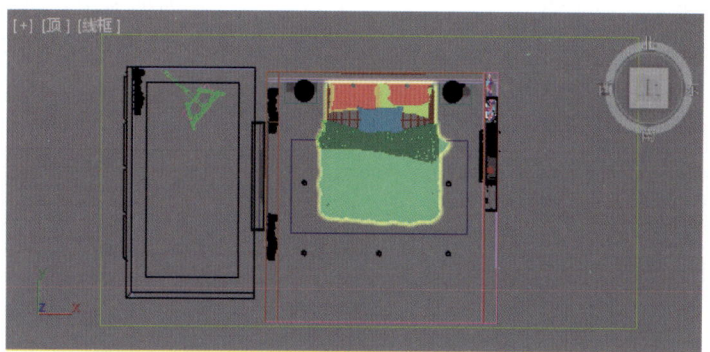

图 8-2

图 8-3

8.3 布光准备

01 在进行布光之前首先要设置一下场景的 Gamma/LUT校正，在主菜单栏中选择"渲染"菜单，单击"Gamma/LUT设置"选项。在弹出的"首选项设置"面板中，可以看到"Gamma 和 LUT"选项卡。选中"启用Gamma/LUT校正"复选框，并确认选中"影响颜色选择器"和"影响材质选择器"复选框。单击"确定"键完成设置，如图8-4所示。

02 单击主工具栏中的"渲染设置"按钮，打开"渲染设置"窗口，可见当前的渲染器是默认的扫描线渲染器，下面指定VRay渲染器。在"渲染器"列表中选择"V-Ray Adv 3.20.03"渲染器，如图8-5所示。

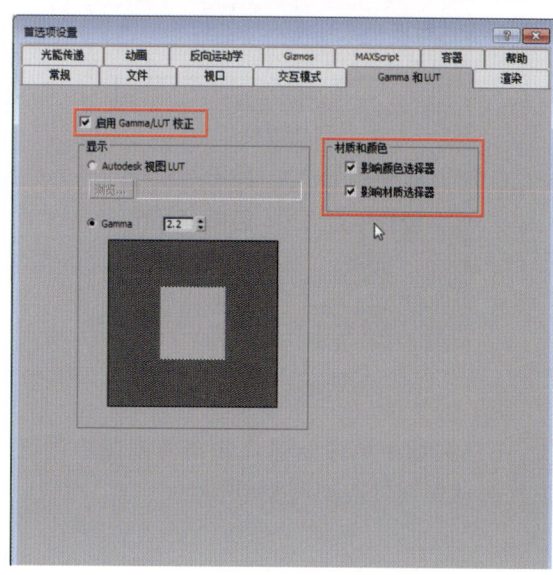

图 8-4

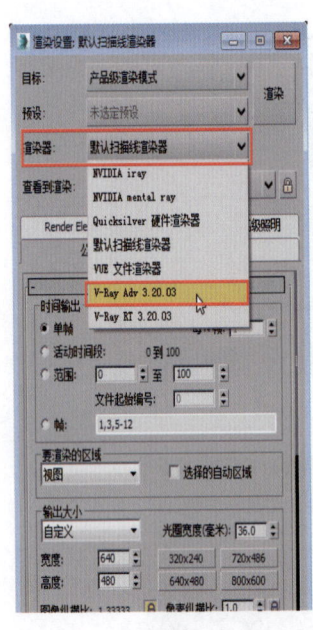

图 8-5

03 在"GI"选项卡中,选中"启用全局照明(GI)"复选框,如图8-6所示。

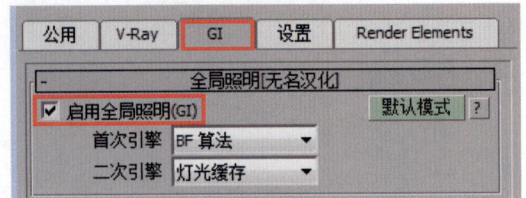

图 8-6

8.4 灯光设置

01 在"创建"面板中单击"灯光"面板,在灯光列表中选择"标准",单击"目标平行光"按钮,如图8-7所示。

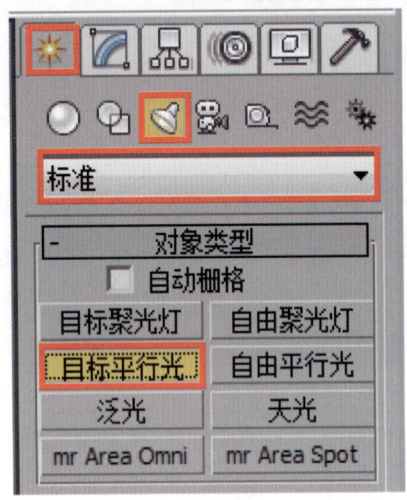

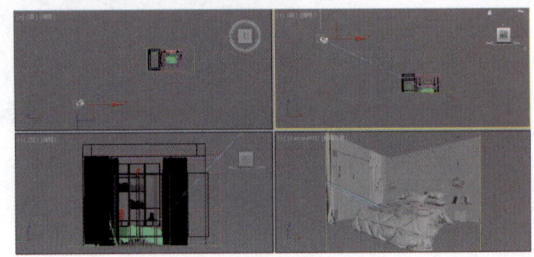

图 8-8

03 进入"修改"面板,启用阴影,在"阴影类型"下拉列表中选择"VRayShadow",设置"倍增"值为"1.0",设置颜色为暖色(R:244、G:217、B:188),并调整平行光聚光区和衰减区的参数,使灯光包住整个空间,如图8-9所示。

微课:
灯光设置

图 8-7

02 在顶视图中单击创建,并在前视图中进行位置的调整即可,如图8-8所示。

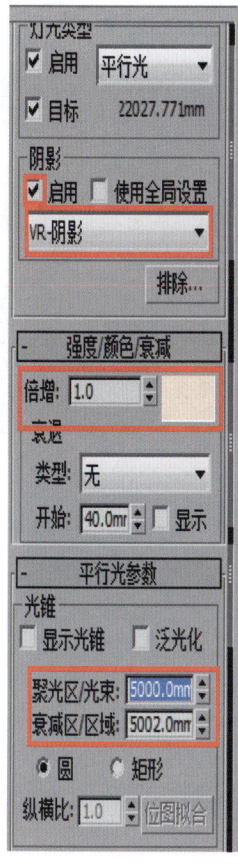

图 8-9

04 单击"渲染"按钮,得到如图8-10所示的效果。

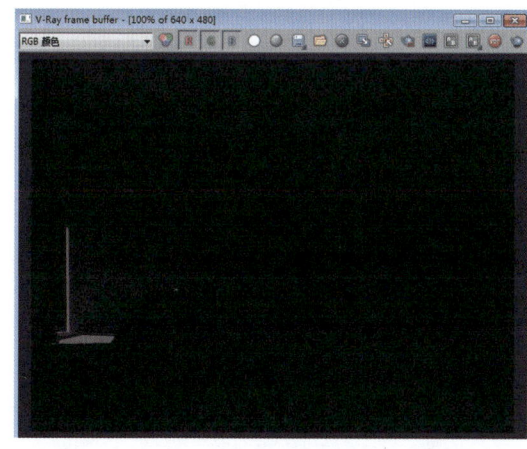

图 8-10

05 经过渲染可以发现,由于场景中窗户的玻璃现在还没有做成透明效果,所以光线不能进入到室内。在场景中分别选择"落地窗玻璃"与"阳台玻璃"对象进行隐藏,再次"渲染",效果如图8-11所示。

图 8-11

06 场景中的光线已经可以照射到室内了,但"太阳光"应投射到床上,所以在场景中对灯光的位置再次进行调整,如图8-12所示。

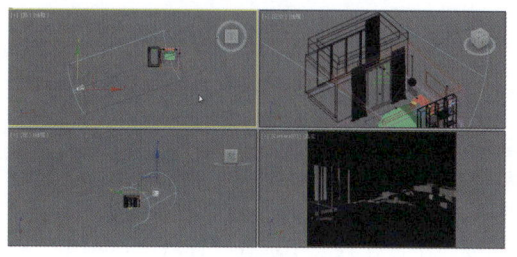

图 8-12

07 按快捷键【8】,打开"环境和效果"面板,将背景颜色设置为淡蓝色,打开"渲染设置"面板,在"V-Ray"选项卡中,进入到"环境"卷展栏。选中"全局照明(GI)环境"复选框,如图8-13所示。

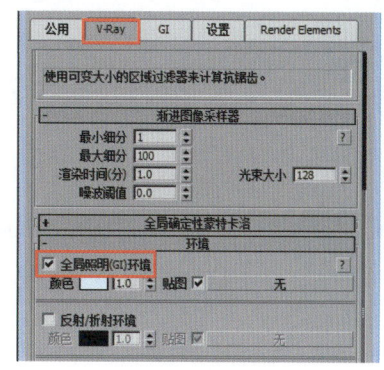

图 8-13

08 选择灯光,在修改面板中,调整"倍增"值为"2.0",在"VRay阴影参数"卷展栏中,勾选"区域阴影",并且将U、V、W的参数设置为"500.0mm,"如图8-14所示。

09 单击"渲染"按钮,观察效果,如图8-15所示。

图 8-15

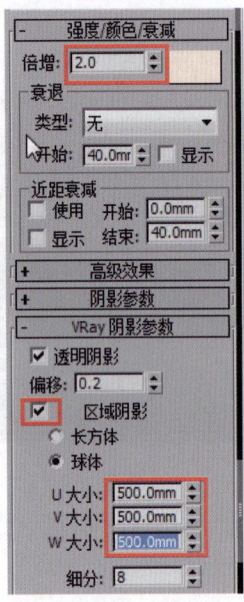

图 8-14

8.5 补光设置

01 在场景中渲染阳台的窗户框模型,并且对其执行"孤立选择"。进入到"创建面板"→"灯光面板"中,在列表中选择"VRay",单击"VR-灯光",在"左视图"中创建一盏VRay灯光,并调整其位置,如图8-16所示。

02 复制当前的灯光,调整其位置到卧室落地窗的位置,并且在修改面板中调整其"长"和"宽"的参数使其匹配落地窗的大小,如图8-17所示。

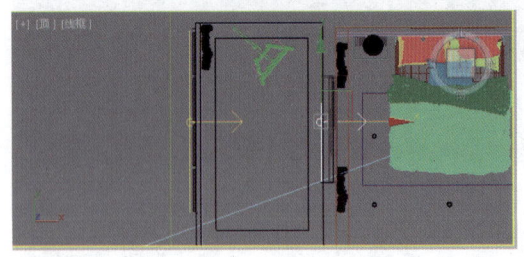

图 8-17

03 进入到"修改面板"中,对灯光的参数进行调整,如图8-18所示。

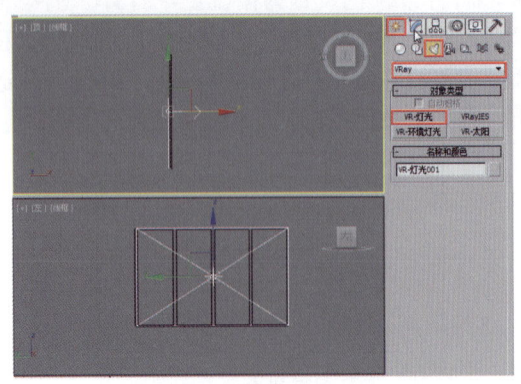

图 8-16

Chapter 8 豪华卧室

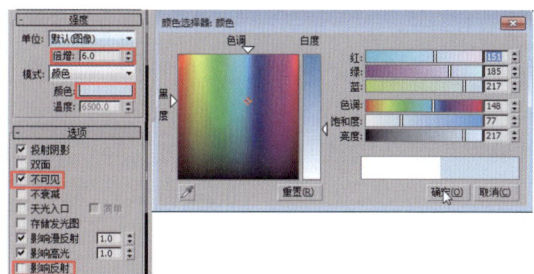

图 8-18

04 单击"渲染"按钮,查看效果,如图8-19所示。

图 8-19

8.6 材质设置

8.6.1 墙面与地面材质设置

01 选择场景中白色墙面,按【Alt+Q】组合键孤立选择墙面。打开材质编辑器,拖拽一个"VRayMtl"材质,并且命名为"墙面",在材质基本参数中设置漫反射颜色(R:238、G:245、B:249),如图8-20所示。

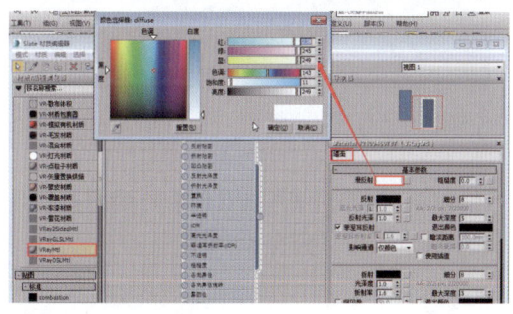

图 8-20

02 设置反射颜色(R:18、G:18、B:18),并且将反射光泽度设置为0.7。将材质赋予给场景中的墙面对象,如图8-21所示。

微课:
材质设置—
墙面

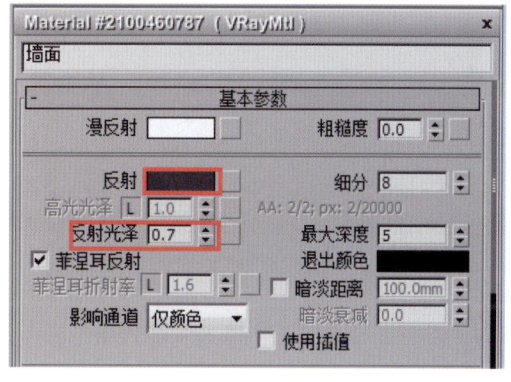

图 8-21

03 选择场景中水泥墙面物体,如图8-22所示。

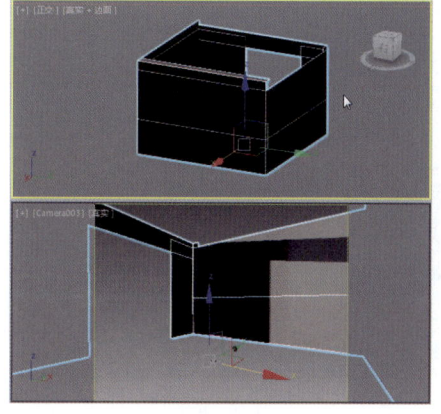

图 8-22

04 在材质编辑器中创建一个新的"VRayMtl"材质,重命名为"水泥墙面",选择一张水泥的纹理素材,将水泥纹理素材链接在"漫反射贴图"和"凹凸贴图"通道中,并且设置凹凸大小为"20",如图8-23所示。

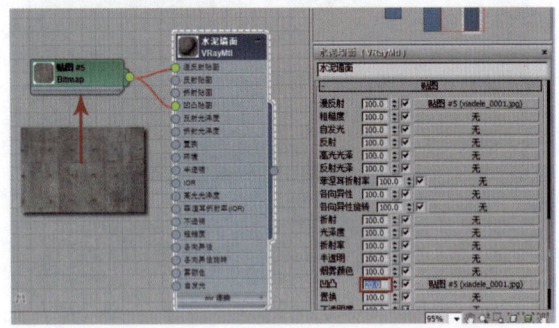

图 8-23

05 选择水泥墙,在修改面板中,打开修改器列表,选择"UVW贴图"修改器,修改长度、宽度、高度的参数为"1000、1370、1000",并且使用"Gizmo"对当前贴图大小进行调整,如图8-24所示。

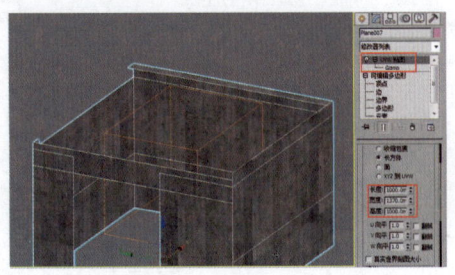

图 8-24

06 在场景中选择地面、床头柜等木质纹理对象,如图8-25所示。

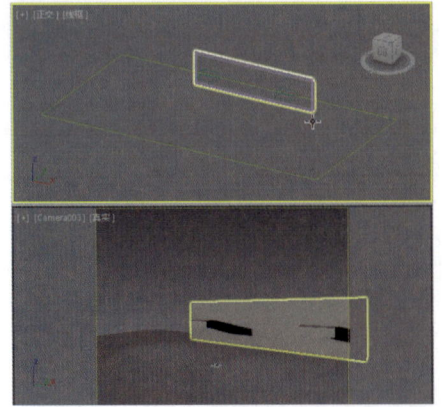

图 8-25

07 打开材质编辑器,新建一个"VRayMtl"材质,重命名为"木板"。在"漫反射贴图"和"凹凸贴图"贴入一张木纹纹理,并且设置"反射"颜色为浅灰色,设置"反射光泽"度为"0.7",修改"凹凸"通道数值为"10",如图8-26所示。

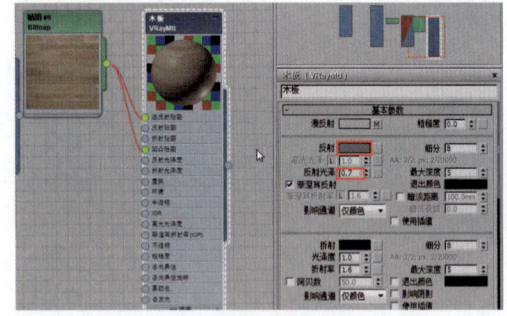

图 8-26

08 在场景中分别选择床头柜与地面模型,在修改面板中添加"UVW贴图"修改器调整其贴图坐标,如图8-27所示。

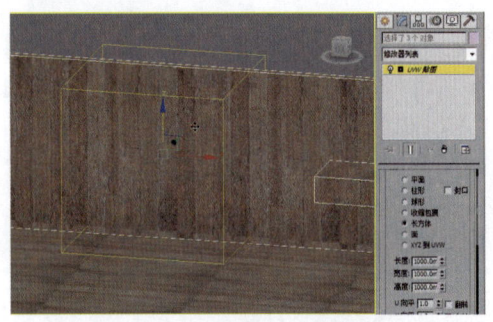

图 8-27

09 使用相同的方法制作阳台木质墙面材质,渲染并查看效果,如图8-28所示。

图 8-28

8.6.2 金属材质设置

01 孤立选择场景中黑色金属对象，如图8-29所示。

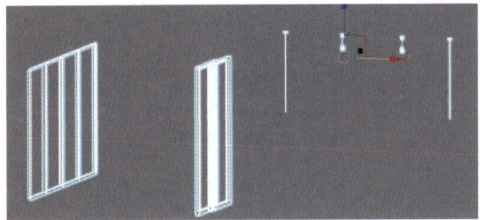

图 8-29

02 打开材质编辑器，添加一个"VRayMtl"，重命名为"黑色金属"。调整"漫反射"颜色为黑色，"反射"颜色为灰色，"反射光泽"设置为"0.65"，如图8-30所示。

微课：
材质设置—
金属

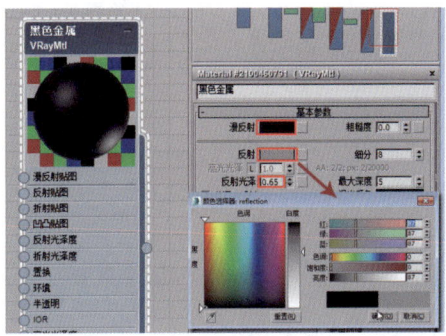

图 8-30

03 在反射贴图通道中添加一个"衰减"贴图，并且将"衰减类型"设置为"Fresnel"，如图8-31所示。

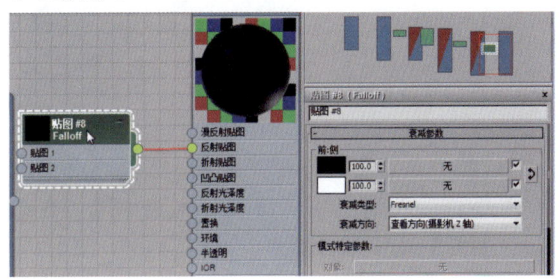

图 8-31

8.6.3 织制品材质设置

01 在场景中选择床上白色布料的对象，并且对其指定一个新的"VRayMtl"材质，命名为"白布"，将"漫反射"颜色设置为白色，并在"凹凸"贴图通道中添加一个白布的凹凸纹理，如图8-32所示。

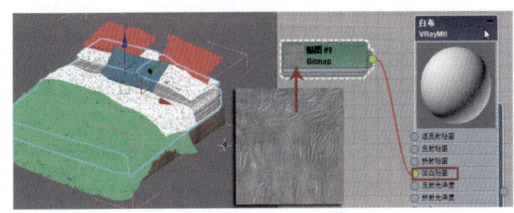

图 8-32

02 在场景中选择床上黑色布料的对象，并且对其指定一个新的"VRayMtl"材质，命名为"黑色麻布"，将"漫反射"颜色设置为黑色，并在"漫反射颜色"与"凹凸"贴图通道中添加一个黑色麻布纹理，如图8-33所示。

微课：
材质设置—
织制品

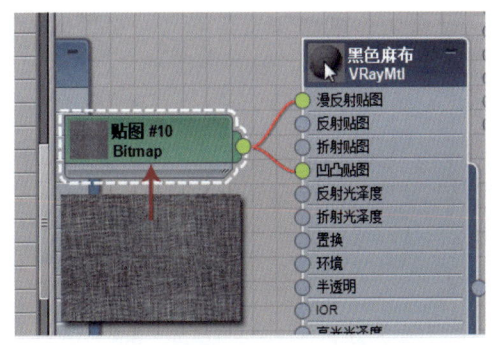

图 8-33

03 选择场景中的窗帘模型，并且执行"孤立选择"。打开材质编辑器，新建一个"VRayMtl"材质，重命名为"窗帘"。分别在"折射贴图"通道与"不透明"贴图通道中各添加一个"衰减"贴图，如图8-34所示。

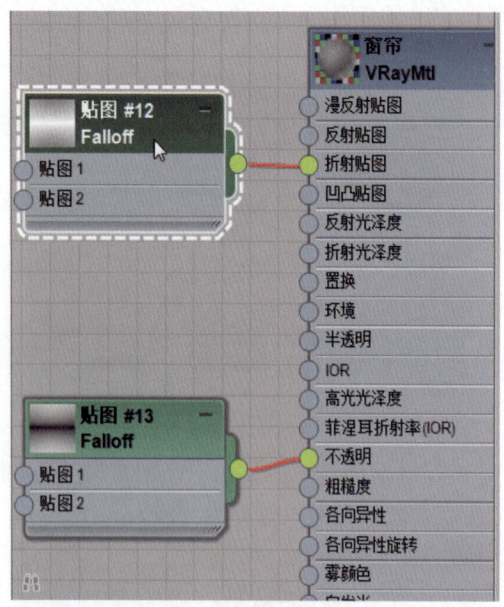

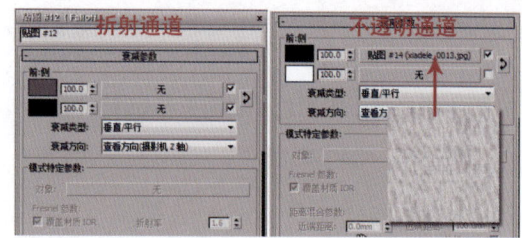

图 8-35

05 退出"孤立选择",单击"渲染"按钮,查看效果,如图8-36所示。

图 8-34

04 调整"折射通道"中"衰减"贴图的参数,在"不透明"通道中,添加一张透明布料的纹理,如图8-35所示。

图 8-36

8.7 渲染设置

01 在场景中选择太阳光,进入到"修改面板"中,设置阴影的"细分"值为"24"。选择另外两盏辅助光源,设置阴影的"细分"值为"16",如图8-37所示。

02 打开渲染设置面板,在"GI"选项卡中,设置"BF算法计算全局照明"的"细分"值为"16"。设置"灯光缓存"的"细分"值为"1600",如图8-38所示。

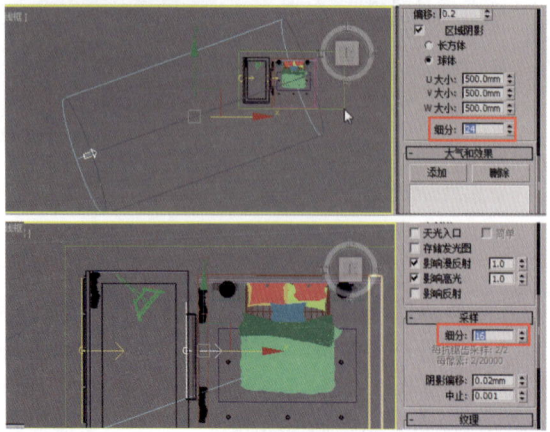

图 8-37

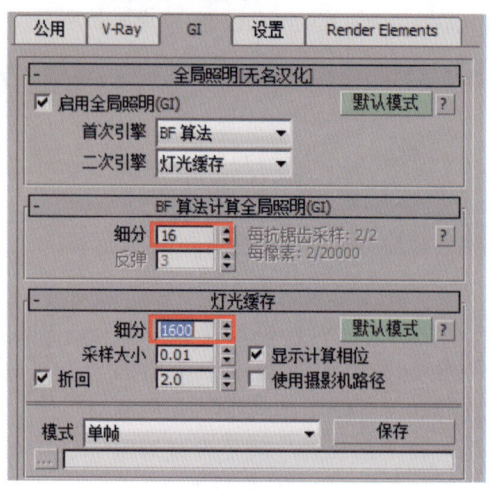

图 8-38

微课:
整体调整

微课:
渲染设置

03 切换到"V-Ray"选项卡，设置"渐进图像采样器"的"最大细分"为"400"，设置"渲染时间"为"45.0"。这样能够使渲染的图像更加细腻。如图8-39所示

04 切换到"公用"选项卡，设置"渲染输出大小"为"1600×1200"。单击"渲染"按钮，渲染的最终效果如图8-40所示。

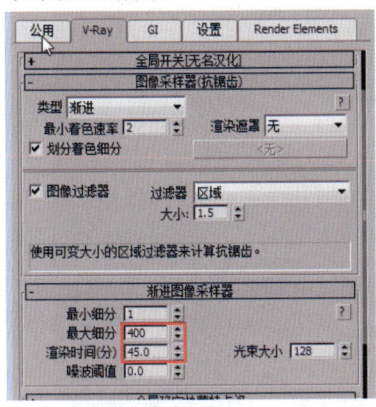

图 8-39

图 8-40

8.8　Photoshop后期处理

01 用Photoshop打开渲染出来的效果图。在菜单栏中选择"图像"→"调整"→"色阶"，打开"色阶"浮动面板。调整色阶的输入、输出值为"6"和"249"，将图像的对比度稍微加强一些，如图8-41所示。

微课：
后期调整

03 进入到通道面板中，选择"明度"通道，在菜单栏中选择"滤镜"→"锐化"→"USM锐化"，调整参数，如图8-43所示。

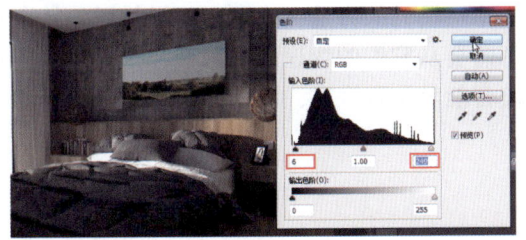

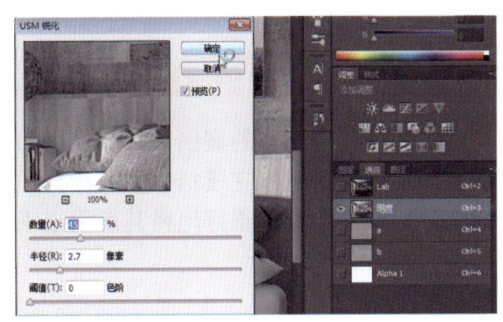

图 8-41

图 8-43

02 更改图像的模式为"Lab颜色"模式。在主菜单中选择"图像"→"模式"→"Lab颜色"，如图8-42所示。

04 分别选择"a"和"b"通道，在菜单栏中选择"滤镜"→"模糊"→"高斯模糊"，设置"半径"为"1.8"，如图8-44所示。

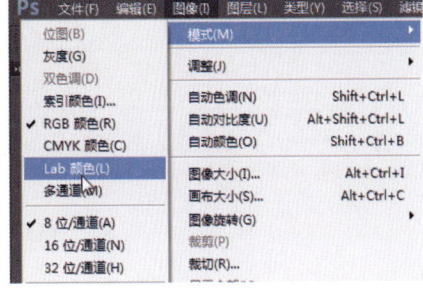

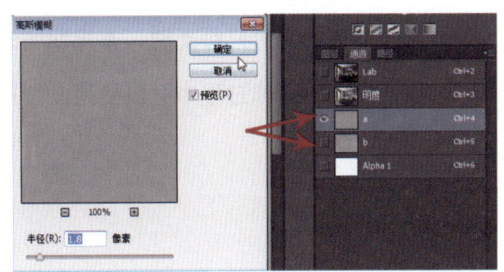

图 8-42

图 8-44

05 最后更改图像的模式为"RGB颜色"模式。在主菜单中选择"图像"→"模式"→"RGB颜色"。最终效果如图8-45所示。

图 8-45

8.9　知识与技能梳理

本章通过一个卧室的案例,学习使用面光源来模拟环境光的方法,以及布料类材质的特点和表现方法。前面讲过,在模拟任何一种材质的时候都需要从它们的物理属性入手。只有抓住了它们的物理特点,才能够很好地将其表现出来。希望读者能够认真观察、深入分析,只有这样才能做出优秀的作品。

8.10　课后练习

一、选择题(共3题),请扫描二维码进入即测即评。

二、简答题

1. 为什么在场景中打灯光时,本来明亮的场景在有了一盏灯光后反而变暗了?
2. 在效果图的制作过程中可以使用几个摄像机?

8.10　课后练习

Chapter 9

展厅空间

在室内表现中,展厅空间是一种特殊的空间形式,它不同于家装的卧室、餐厅等,它有自己独特的地方,本章将详细讲解展厅表现的方法和特点。

	知识点＼学习目标	了解	应用	创新	重点知识
学习要求	展厅空间的分析	🚩			
	检查模型		🚩		
	全局照明环境(天光)的设置				🚩
	主光灯与补光灯的搭配关系				🚩
	调整安全框	🚩			
	窗帘材质的设置	🚩			
	材质通道图的渲染方法		🚩		
	Photoshop中色彩范围的选择方法				🚩

9.1 展厅空间分析

本章讲解展厅空间的表现,效果如图9-1所示。此空间造型独特,给人以非常醒目的感觉。对于配色,展厅的要求非常讲究,对比越强烈越容易吸引顾客,才容易将产品推广出去。此展厅的配色很简单,它是一个黑白的空间,不像其他展厅的效果图配色比较多、渲染容易出效果,而这个展厅在渲染后期可能会复杂一些,因此在本章中灯光的设置仍然很重要。

微课:
展厅空间
分析

图 9-1

9.2 模型检查

9.2.1 检查模型

01 打开智慧职教网站本课程中的"Chapter9\9.2.1检查模型\素材\展厅-start.max"文件,可见摄像机已经设置完成,如图9-2所示。

微课:
模型的检查

02 打开"渲染设置"窗口,可见渲染尺寸已经设置完毕,但为了提高渲染测试的速度,暂时将渲染尺寸改成"800×400",如图9-3所示。

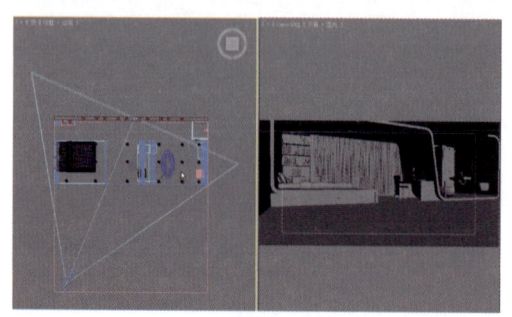

图 9-2

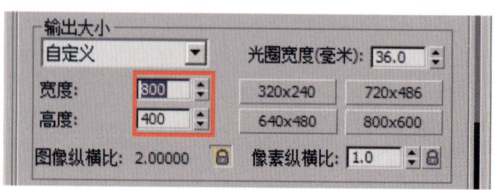

图 9-3

03 单击主工具栏中的"渲染设置"按钮,打开"渲染设置"窗口,接下来指定VRay渲染器。在"公用"选项卡中打开"指定渲染器"卷展栏,单击图9-4中所示的按钮,然后选择"V-Ray Adv 3.00.08"渲染器,再单击"确定"按钮。

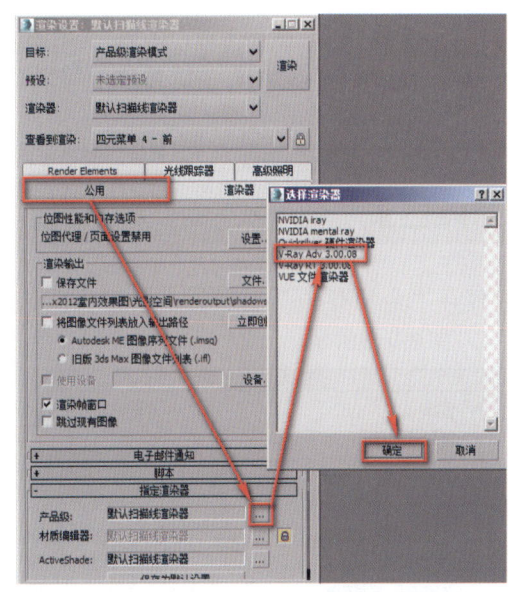

图 9-4

9.2.2 渲染设置

01 打开"渲染设置"窗口,选择"GI"选项卡,分别设置"首次引擎"和"二次引擎"为别为"发光图""灯光缓存"。为了节省测试渲染的时间,设置"当前预设"为"非常低",并选中"显示计算相位"复选框,如图9-5所示。

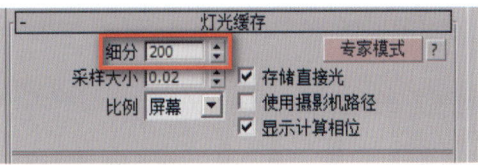

图 9-6

03 其他参数保持默认,由于窗帘此时的材质是默认的,没有透明效果,会挡住光线的进入,因此选择窗帘,然后将其隐藏起来,如图9-7所示。

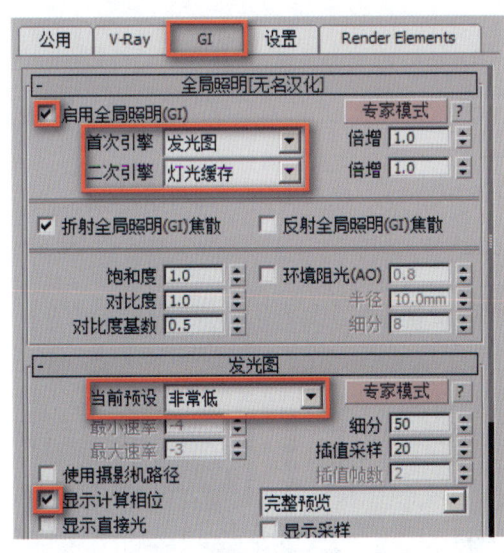

图 9-5

02 打开"灯光缓存"卷展栏,设置"细分"为"200",如图9-6所示。

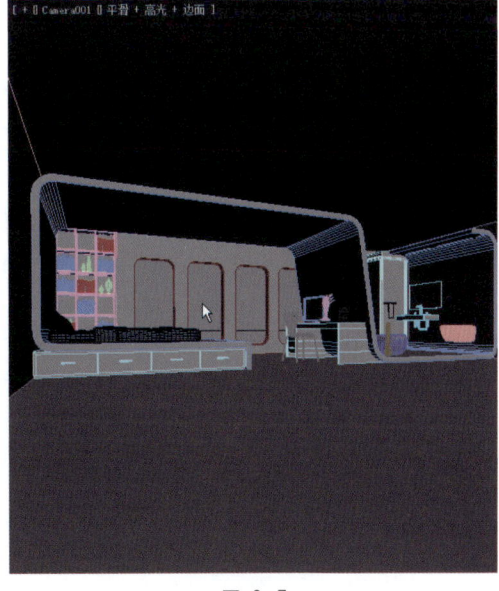

图 9-7

04 打开"环境"卷展栏，开启"全局照明（GI）环境"，设置"倍增器"的值为"3.0"，如图9-8所示。

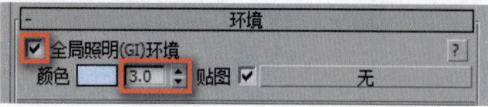

图 9-8

05 打开"全局开关"卷展栏，关掉"默认灯光"，如图9-9所示。

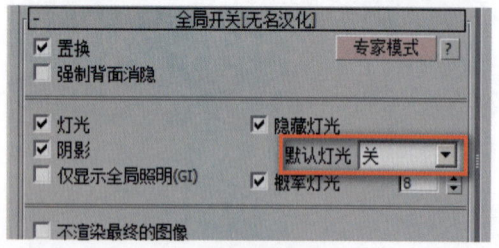

图 9-9

06 此时整个场景中的对象已经有了一个基本材质，单击"渲染"按钮，观察渲染效果，如图9-10所示。

图 9-10

07 通过测试渲染发现模型没有问题，但是摄像机的机位有些低，接下来调整摄像机。在摄像机视图中，右击"+"号，在弹出的快捷菜单中选择"配置视口"命令，如图9-11所示。

08 在弹出的"视口配置"对话框中选择"区域"选项卡，然后在"放大区域"选项组中设置"Y"轴值为"-80"，即安全框按照Y轴负方向移动80mm，如图9-12所示。

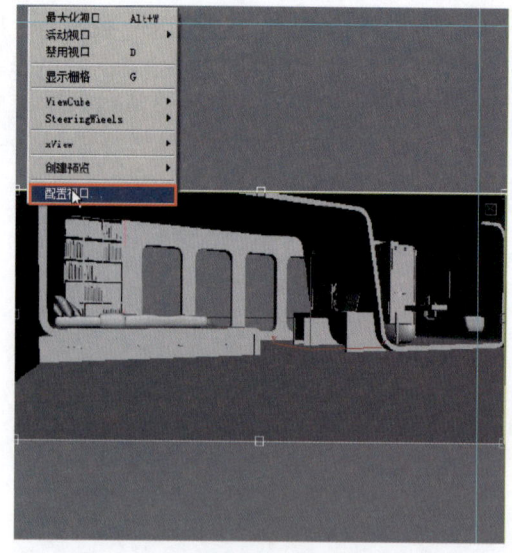

图 9-11

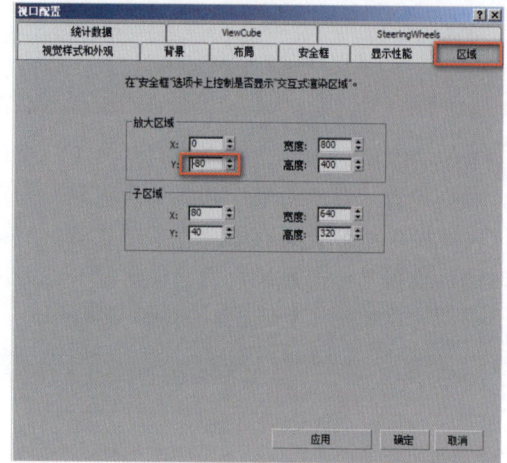

图 9-12

09 再次渲染，得到如图9-13所示的效果。

图 9-13

9.3 材质设置

9.3.1 展厅材质的设置

01 本节学习材质的设置，先从大的物体开始。首先显示出刚才隐藏的窗帘，选择房子的框架，将其孤立出来，如图9-14所示。

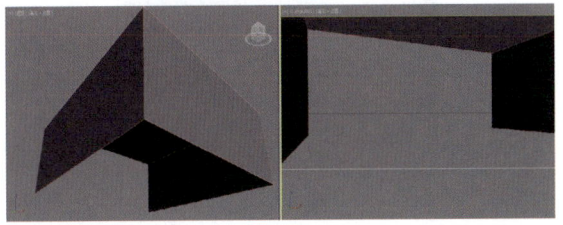

图 9-14

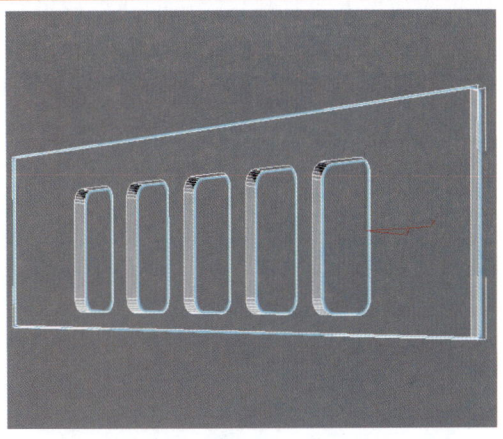

图 9-16

02 打开"材质编辑器"窗口，选择一个空白材质球，指定一个VRayMtl材质，调整"漫反射"颜色为白色中带点蓝（R:235, G:237, B:238），这样白色的物体会显得更白，如图9-15所示。

04 选择地面，给其指定一个VRayMtl材质，调整"漫反射"颜色为白色（230），然后在"反射"通道中指定一张位图（智慧职教网站本课程中的"Chapter9\9.3.1展厅材质的设置\素材\Concrete_059_BUMP.jpg"文件），如图9-17所示。

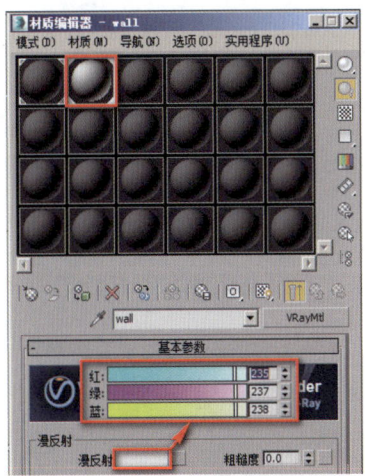

图 9-15

●技巧 提示

可以将赋予材质的物体迅速隐藏起来，以免漏掉场景中的其他小物体。

03 选择如图9-16所示的墙体，赋予刚才设置的材质。

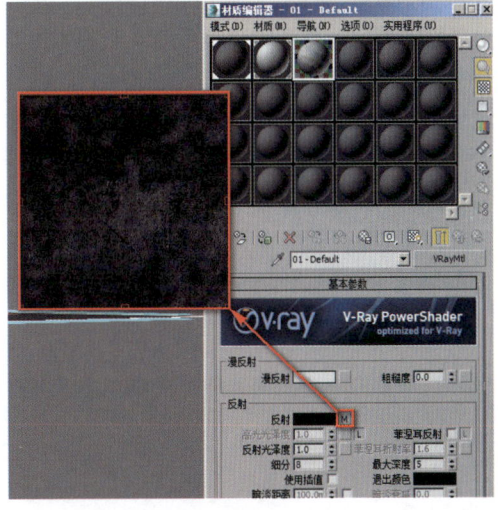

图 9-17

●技巧 提示

反射的强弱是由图像中的黑白色决定的，以上给反射通道指定的黑白位图就可以控制反射的强弱和区域，颜色越白反射越强，反之越弱。

微课：
材质的设置

05 打开"材质编辑器"窗口中的"贴图"卷展栏,将"漫反射"通道中的贴图拖曳至"凹凸"贴图通道中,使地面具有凹凸的细节,并选择"实例"方式复制,将"凹凸"值设置为"50.0",地面材质设置完成,如图9-18所示。

减贴图的前面色为黑色(6),侧面色为灰色(80),衰减类型为"Fresrel")。

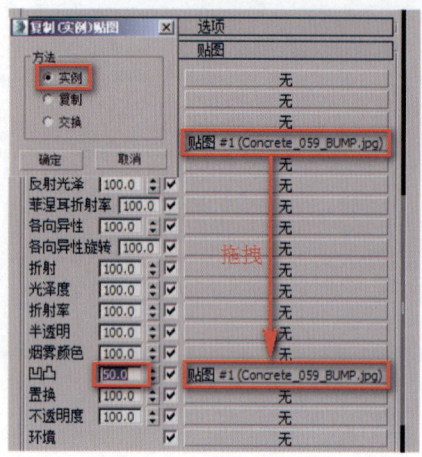

图 9-18

图 9-19

06 设置好的地面材质球如图9-19所示。

07 选择如图9-20所示的结构,打开"材质编辑器"窗口,给其指定一个VRayMtl材质,设置其"漫反射"颜色为白色偏点暖色(R:255, G:253, B:250),这样它就可以和墙面区分开了。然后在"漫反射"通道给它指定一张衰减贴图(设置衰

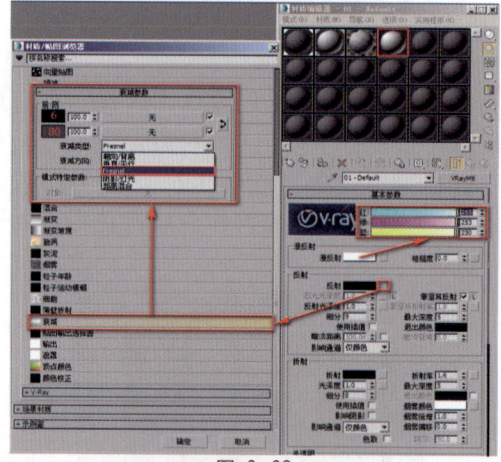

图 9-20

9.3.2 部分家具材质的设置

01 选择床下面的柜子,单击"修改"面板下"可编辑多边形"中的元素层级,然后选择柜子,如图9-21所示。

"216"、"反射光泽度"为"0.8",如图9-22所示。

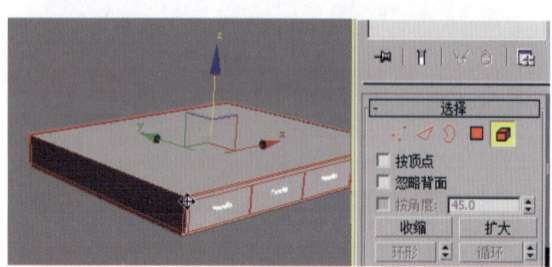

图 9-21

02 打开"材质编辑器"窗口,将刚才设置的S形结构材质赋给它,然后按【Ctrl+I】组合键反选柜子的把手部分,给它设置一个类似于金属的材质。接着指定一个VRayMtl材质,设置其"漫反射"颜色为黑灰色(75),调整"反射"值为

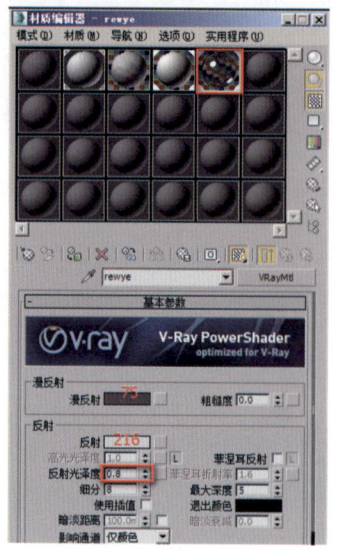

图 9-22

Chapter 9 展厅空间

03 选择窗帘，打开"材质编辑器"窗口，给其指定一个VRayMtl材质，为其"漫反射"通道添加一张"衰减"贴图（设置衰减贴图的"前面色"为灰色（168）、"侧面色"为灰色（216）），调整"折射"颜色值为"237"，如图9-23所示。

很白，有一点反射的物体，设置"漫反射"颜色为白色（243）、"反射"颜色值为"25"，然后给"反射"通道一个"衰减"贴图（设置衰减贴图的"前面色"为黑色（8）、"侧面色"为灰色（176）、"衰减类型"为"Fresrel"），设置"反射光泽度"为"0.9"，如图9-25所示。

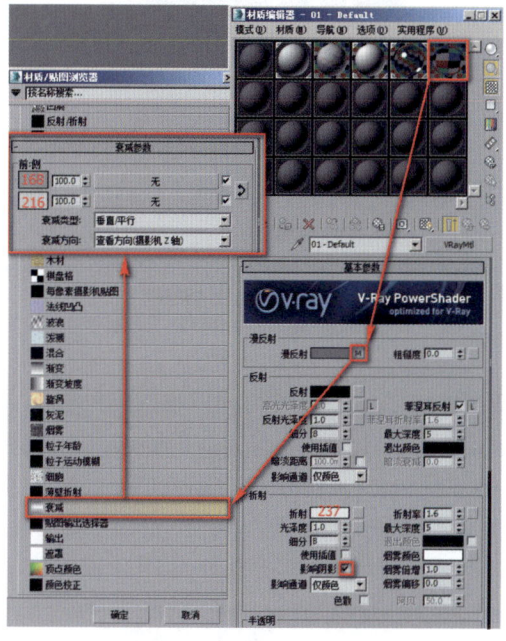

图 9-23

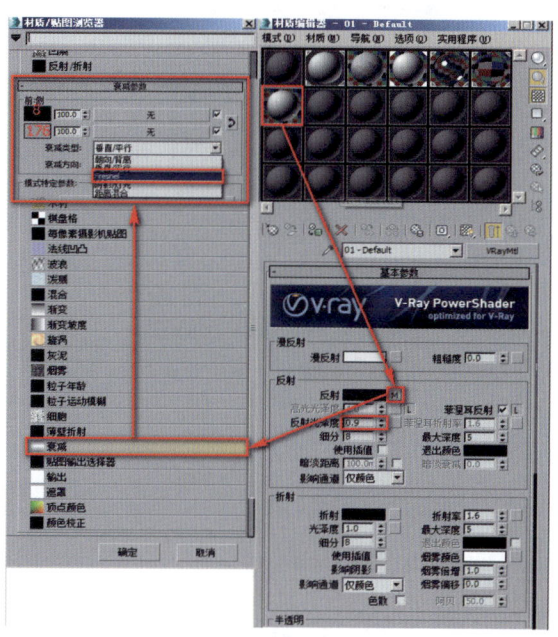

图 9-25

07 按【Ctrl+I】组合键反选水管的管子部分，给它设置一个类似不锈钢的材质。在此指定一个VRayMtl材质，设置其"漫反射"颜色为黑色（29），调整"反射"颜色为（206）、"反射光泽度"为"0.8"，如图9-26所示。

04 选择桌子，单击"修改"面板下"可编辑多边形"中的元素层级，然后选择桌子，将调好的S形造型材质赋给它，如图9-24所示。

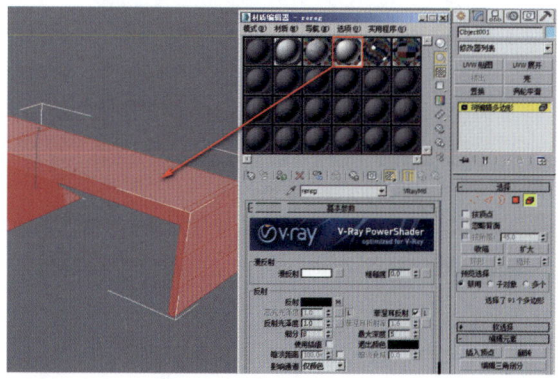

图 9-24

05 按【Ctrl+I】组合键反选桌子的把手部分，赋予其金属材质。

06 选择水龙头部分，单击"修改"面板下"可编辑多边形"中的元素层级，然后选择瓷制洗脸盆，选择一个空白材质球，由于瓷器是一个表面

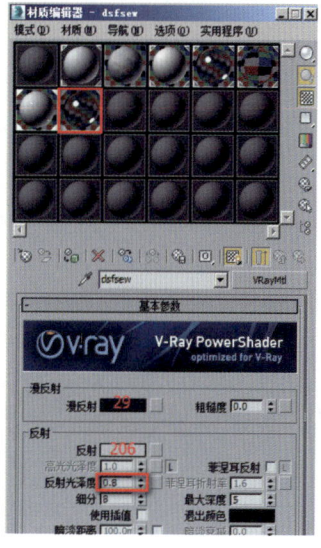

图 9-26

08 将瓷器材质和不锈钢材质指定给其他瓷器和不锈钢的物体。

09 选择场景中的镜面，然后指定一个VRayMtl材质，设置其"漫反射"颜色为纯黑色，调整"反射"颜色为纯白色（表示全反射），如图9-27所示。

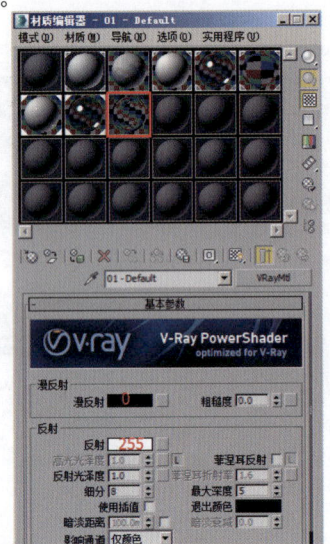

图 9-27

10 选择椅子，单击"修改"面板下"可编辑多边形"中的元素层级，然后选择椅子腿，赋予其调好的不锈钢材质，如图9-28所示。

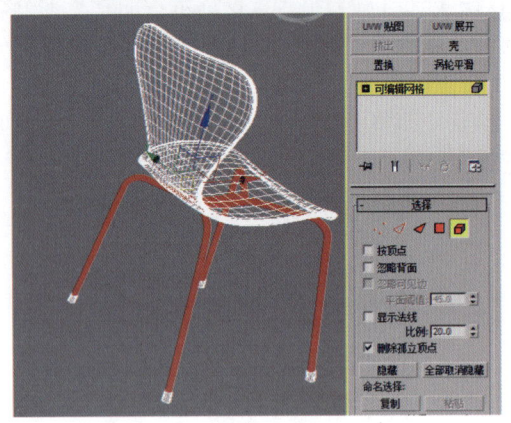

图 9-28

11 选择椅子腿下方的4个小脚垫，由于其材质是黑塑料，指定一个VRayMtl材质，然后调整"漫反射"颜色为黑色（30），调整"反射"颜色值为"18"、"反射光泽度"为"0.67"，如图9-29所示。

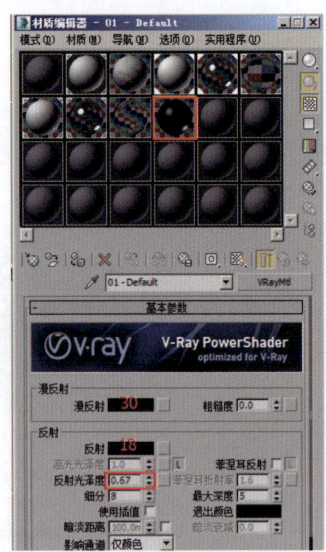

图 9-29

12 选择椅子上部，在"漫反射"通道给其指定一张"衰减"贴图（设置衰减贴图的"前面色"为米黄色（R:255, G:242, B:206）、"侧面色"为纯白色、"衰减类型"为"Fresrel"），调整"反射"颜色值为"20"、"反射光泽度"为"0.9"，如图9-30所示。

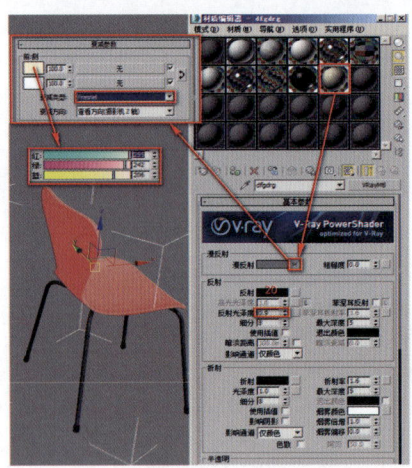

图 9-30

13 选择书柜，指定一个VRayMtl材质，然后调整"漫反射"颜色为黑色（34），调整"反射"颜色值为"40"、"反射光泽度"为"0.67"，如图9-31所示。

14 孤立选择毛巾，设置其中一条毛巾的"漫反射"颜色为红色（R:125, G:5, B:25），没有反射。然后打开"贴图"卷展栏，给"凹凸"贴图通道指定一张位图（智慧职教网站本课程中的"Chapter9\9.3.2部分家具材质的设置\素材\archinterior9_08_grass.jpg"文件），如图9-32所示。调整好的材质如图9-33所示。

图 9-31

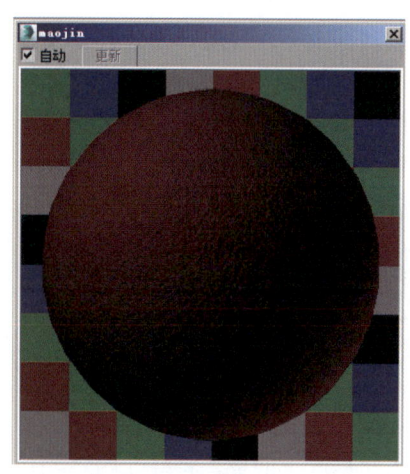

图 9-33

15 同样的方法，将另外一条毛巾也设置出来，设置"漫反射"颜色为绿色（R：37，G：95，B：5），如图9-34所示。

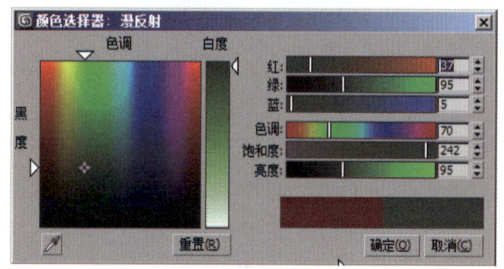

图 9-34

16 材质的设置到此为止，剩下的物体都是由外部导入的模型，材质的参数可以参考最终场景文件进行设置。

图 9-32

9.4 灯光设置

9.4.1 主光的设置

01 主要材质设置完毕以后，接下来显示所有的物体，单击"渲染"按钮，得到如图9-35所示的效果。

微课：
灯光的设置

图 9-35

02 通过测试渲染，发现灯光效果并不理想，接下来解决这个问题。选择有窗户的墙体，在左视图中创建一盏VRay面片灯，灯的大小刚好大于窗户，如图9-36所示。

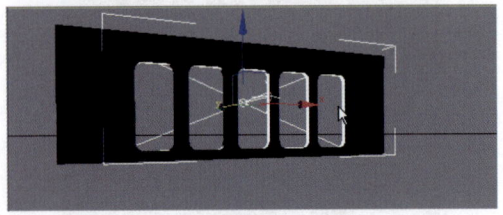

图 9-36

03 进入"修改"面板，将灯光的"颜色"改为冷色调（R:216，G:245，B:255），将"倍增"的值改为"4.0"，并选中"不可见"复选框，如图9-37所示。

04 打开"渲染设置"窗口，在"环境"卷展栏中关闭"天光"，然后单击"渲染"按钮，得到如图9-38所示的效果。观察发现室外的灯光太强，S形结构反射太强，金属材质没表现出来，接下来对这些问题进行调整。

图 9-38

05 先调节S形结构的材质，打开它的"衰减"贴图，把"前面色"改为"2"、"侧面色"改为"30"。然后调整金属的材质，选择金属材质，选中"菲涅耳反射"复选框，将"漫反射"颜色改为"49"。

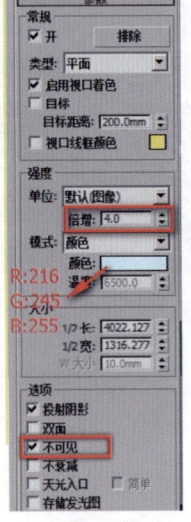

图 9-37

9.4.2 辅助光的设置

01 下面调整灯光的问题，选择室外的面片灯，将"倍增"的值改为"2.8"，然后在顶视图中复制一盏放入室内作为辅助灯，将"倍增"的值改为"1.5"，将"颜色"改为暖色，如图9-39所示。

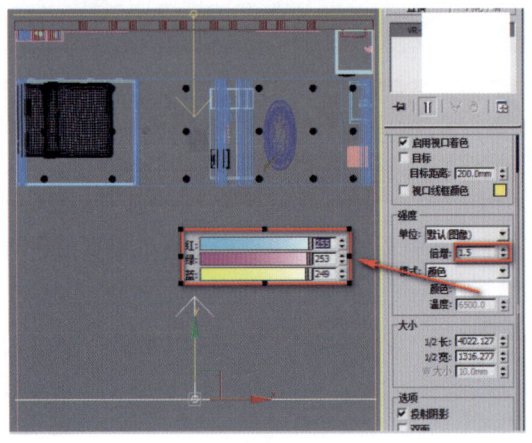

图 9-39

02 单击"渲染"按钮,得到如图9-40所示的效果。

图 9-40

03 选择灯光,进入"修改"面板,取消选中"影响高光"和"影响反射"复选框,如图9-41所示。

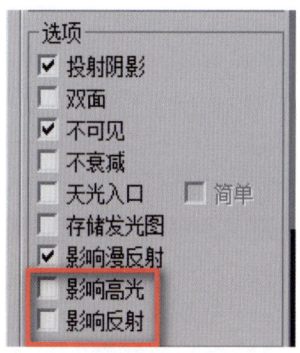

图 9-41

04 进入顶视图,再创建两盏灯,调整其位置和照射方向,如图9-42所示。

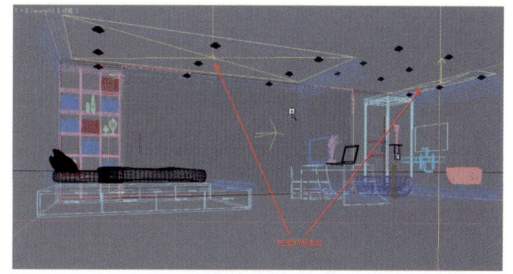

图 9-42

05 由于两盏灯的颜色都为冷色,左边灯的"倍增"值为"0.7",右边灯的"倍增"值为"0.8",对这两盏灯都选择"影响高光"和"影响反射"复选框,测试渲染,效果如图9-43所示。

图 9-43

9.5 渲染参数设置

01 打开"渲染设置"窗口,设置渲染尺寸为"2 400×1 200",如图9-44所示。

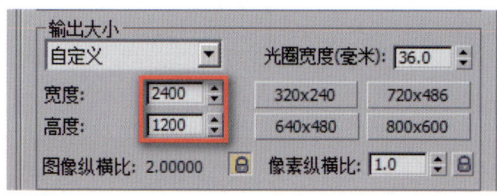

图 9-44

02 在"渲染输出"选项组中单击"文件"按钮,指定文件的保存路径,并设置自动保存,如图9-45所示。

图 9-45

03 设置"图像采样器"的"类型"为"自适应DMC",开启"图像过滤器",并且在下拉列表框中选择"Catmull-Rom",然后设置"自适应图像采样器"的"最小细分"和"最大细分"分别为"2"和"5",如图9-46所示。

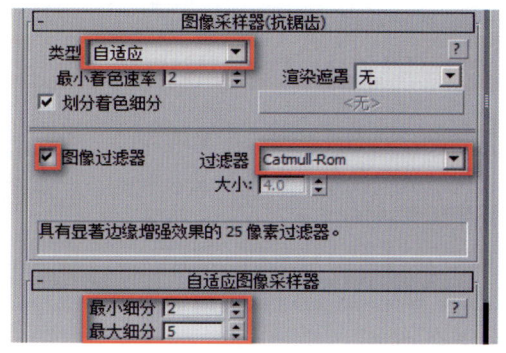

图 9-46

04 选择"GI"选项卡，勾选"启用全局照明"复选框，将"首次引擎"设置为"发光图"，将"二次引擎"设置为"灯光缓存"，如图9-47所示。

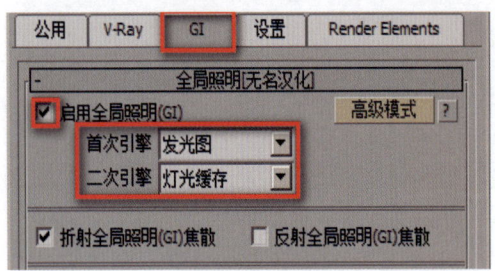

图 9-47

05 在"发光图"卷展栏中设置"当前预设"为"中"，设置"细分"为"80"，设置"插值采样"为"30"，并选中"显示计算相位"复选框，如图9-48所示。

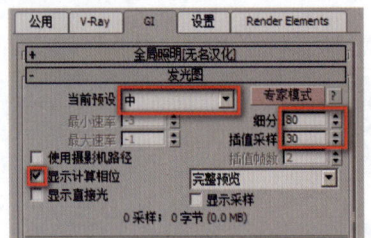

图 9-48

06 在"灯光缓存"卷展栏中设置"细分"为"1500"，如图9-49所示。

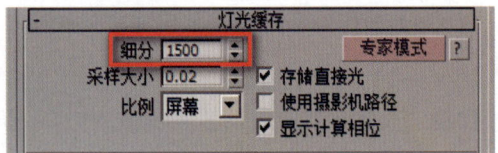

图 9-49

微课：
渲染参数设置

07 选择"V-Ray"选项卡，设置"噪波阈值"为"0.002"（它的值越小图面越清晰），设置"最小采样"为"16"（它的值越大图面越清晰），设置"全局细分倍增"的值为"1.6"，如图9-50所示。

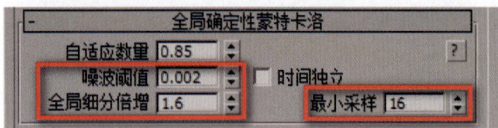

图 9-50

08 选择面片灯光，设置所有面片灯的"细分"为"48"，如图9-51所示。

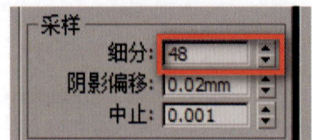

图 9-51

09 选择"渲染元素"选项卡，单击"添加…"按钮，在弹出的"渲染元素"对话框中选择"VRayRenderID"，以使渲染出来的图有通道图层，如图9-52所示。

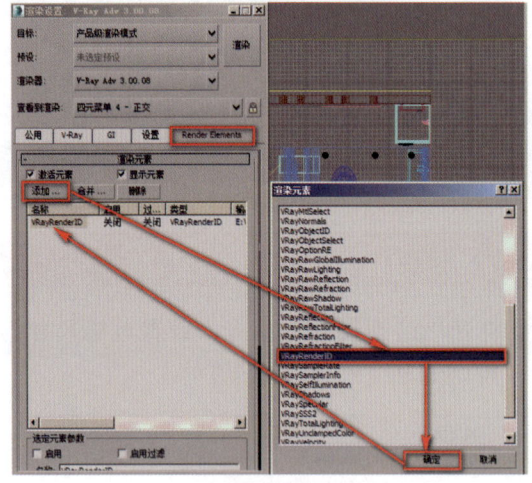

图 9-52

9.6 Photoshop后期处理

01 用Photoshop打开渲染出来的效果图和材质通道图。先双击渲染图将背景图层改为"图层0"，然后按【Ctrl+J】组合键复制一层得到"图层0副本"，通过鼠标拖曳调整一下图层顺序，如图9-53所示。

微课：
Photoshop
后期处理

图 9-53

02 选择"图层0副本",按【Ctrl+M】组合键弹出"曲线"对话框,调整一下曲线,使曲线向上一点,以使整体画面更亮一些,如图9-54所示。

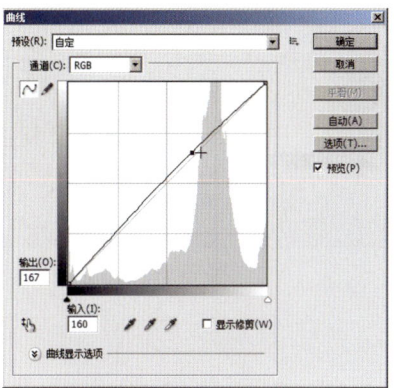

图 9-54

03 进入材质通道图层,使用魔棒工具选择地面,然后选择"图层0副本",按【Ctrl+J】组合键复制一层得到"图层2",再按【Ctrl+J】组合键复制一层得到"图层2副本",如图9-55所示。

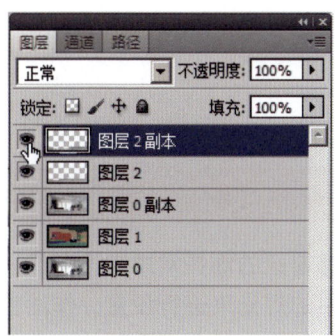

图 9-55

04 选择"图层2副本",按【Ctrl+M】组合键弹出"曲线"对话框,调整曲线使上边的地面更暗一些,如图9-56所示。

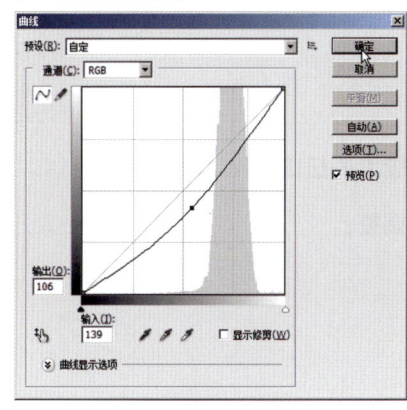

图 9-56

05 使用橡皮擦工具擦掉远处的部分,远处的部分就会露出下面的图层,因而变亮,地板就会有明暗的变化,如图9-57所示。

图 9-57

06 按【Ctrl+B】组合键弹出"色彩平衡"对话框,使地面部分的色彩更冷一些,不仅有明暗的变化,在冷暖上也有变化,调整参数如图9-58所示。

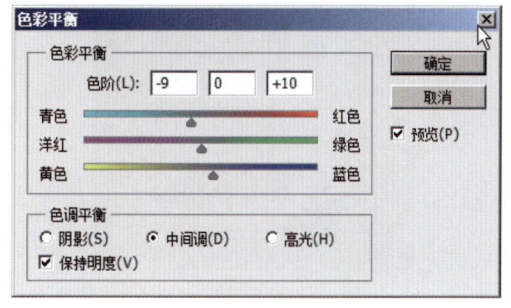

图 9-58

07 同样的方法将房顶、S形结构、床上用品、书架和其他物体的冷暖调整一下。

08 进入材质通道图层,使用魔棒工具选择玻璃,然后选择"图层0副本",按【Ctrl+J】组合键复制一层得到"图层7",再按【Ctrl+J】组合键复制一层得到"图层7副本",如图9-59所示。

图 9-59

09 按【Ctrl+B】组合键弹出"色彩平衡"对话框，使玻璃部分的色彩更冷一些，颜色更偏蓝绿一些，然后用橡皮擦工具擦掉一部分，使其看上去更自然，如图9-60所示。

10 到此为止，展厅的后期处理完成，最终效果如图9-61所示。

图 9-61

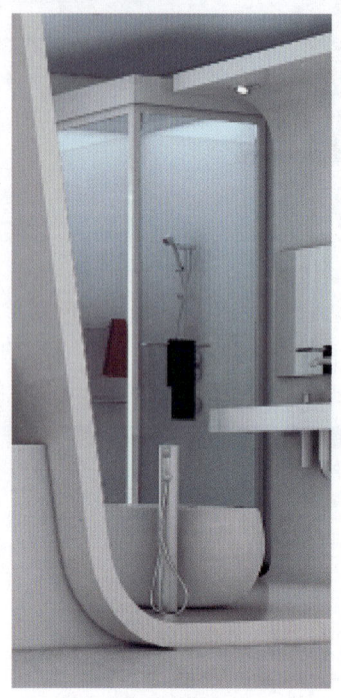

图 9-60

拓展阅读："北京老字号"店铺设计专题

9.7 知识与技能梳理

本章主要讲解了室内展厅的表现技法，要求读者能够根据自己的场景需求来设置灯光。有些时候，为了获得更好的渲染效果，不一定要完全按照物理世界中的灯光来进行设置，作图首先要遵循真实原则，但是也要学会灵活处理，并且后期处理对效果图的制作也是非常重要的，希望大家多多注意。

9.8 课后练习

一、选择题（共3题），请扫描二维码进入即测即评。

二、简答题

1．在为一个客厅创建摄像机后，画面为什么看上去有较大的扭曲？

2．在效果图的后期处理中，常用什么工具对图像进行调整？

9.8 课后练习

Chapter 10

办公室空间

　　办公室属于工装的范畴，不同于家装空间的表现，本章将通过一个办公室空间的案例向大家详细讲述了工装的表现方法和表现技巧等。

	知识点　　　　　学习目标	了解	应用	创新	重点知识
学习要求	办公室空间的分析	🚩			🚩
	检查模型			🚩	🚩
	VRay太阳光的运用				🚩
	曝光模式——VR_Reinhard				🚩
	混合材质的设置		🚩		
	物理摄像机的运用				🚩
	补光灯的运用	🚩			
	线框图的渲染方法			🚩	

10.1 办公室空间分析

本章来学习办公空间的制作，在前面的学习中大家学到了很多家装空间的设置，例如客厅、卧室。家装的色调主要以暖色调为主，让人感觉很温馨。由于办公室灯光主要是荧光灯为主，所以工装的色调一般是冷色调的，例如本章学习的办公室就是冷色的。办公室的家具主要以橙色为主，图10-1所示为本章案例的最终效果图。

图 10-1

打开场景文件，如图10-2所示，可以看到整个空间主要照明是三组吊灯，右侧的接待区是用筒灯来进行照明，还有一面很大的弧形文化墙。所以说此办公空间最重要的就是人造光源的使用。

图 10-2

10.2 太阳光与人造光源的使用

01 打开场景文件，首先指定渲染器。单击主工具栏上的"渲染设置"按钮，打开"渲染设置"窗口，当前的渲染器是默认扫描线渲染器，接下来指定VRay渲染器。在渲染器列表中选择"V-Ray Adv 3.20.03"渲染器，如图10-3所示。

微课：
太阳光与
人造光源
的使用

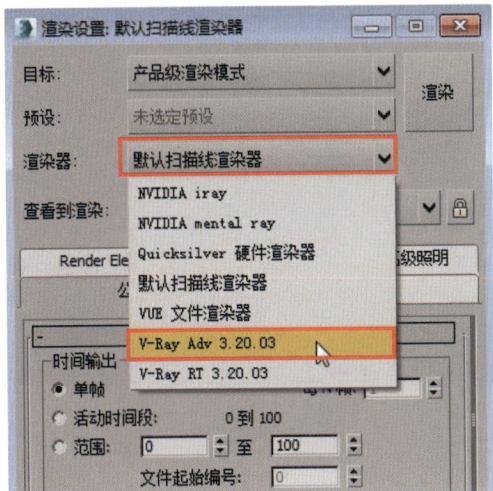

图 10-3

02 在"GI"选项卡中勾选"启用全局照明（GI）"选项。首次引擎使用"BF算法"，二次引擎使用"灯光缓存"，如图10-4所示。

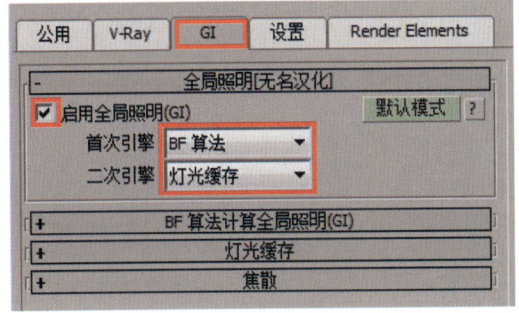

图 10-4

03 在"创建"面板中的"灯光"面板。选择"目标平行光"，在顶视图中创建一盏平行光用来模拟太阳，如图10-5所示。

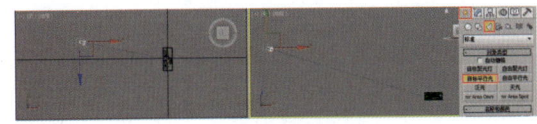

图 10-5

04 进入到修改面板中，设置灯光"倍增"为"3.0"，灯光颜色为暖色，勾选"阴影"并在列表中选择"VRay阴影"，在"平行光参数"卷展栏中设置"聚光区/光束"参数为"10000.0mm"，如图10-6所示。

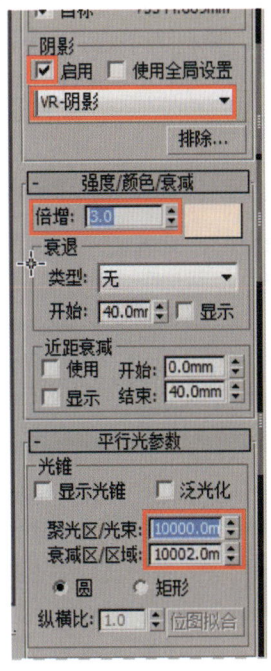

图 10-6

05 点击"渲染"按钮，查看效果，如图10-7所示。

图 10-7

06 观察当前场景大面积空间都比较暗，只能通过人造光源来解决室内光线问题。在场景中选择一组工作灯执行"孤立选择"操作，如图10-8所示。

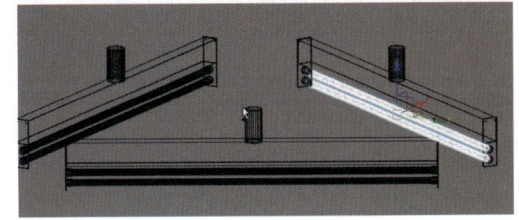

图 10-8

07 选择灯管模型，进入到"修改"面板，在"可编辑网格"修改器中选择"附加"按钮。将6根分离的灯光"附加"成为一个对象，如图10-9所示。

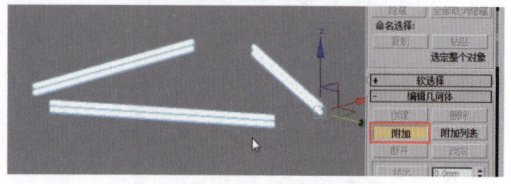

图 10-9

08 在"创建"面板中的"灯光"面板中，打开灯光列表选择"VRay"，选择"VR-灯光"。在顶视图创建一盏VRay灯光，并且在视图中移动灯光的位置到灯光的中心，如图10-10所示。

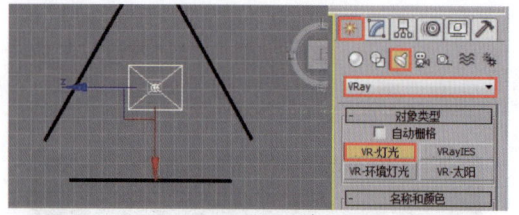

图 10-10

09 选择灯光，进入到"修改"面板，将灯光类型设置为"网格"，在"网格灯光"卷展栏中，单击"拾取网格作为节点"按钮，在场景中拾取灯管模型。并且在场景中将灯管模型移动到原始灯光的位置上，如图10-11所示。

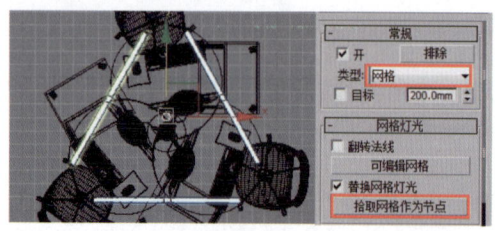

图 10-11

10 单击"渲染"按钮，观察效果，如图10-12所示。

图 10-12

11 接下来制作弧形文化墙的灯带，选择"VRay灯光"，在顶视图创建，在"修改"面板中，选择"灯光类型"为平面，设置灯光"大小"的"$\frac{1}{2}$长""$\frac{1}{2}$宽"为"400.0mm""100.0mm"，如图10-13所示。

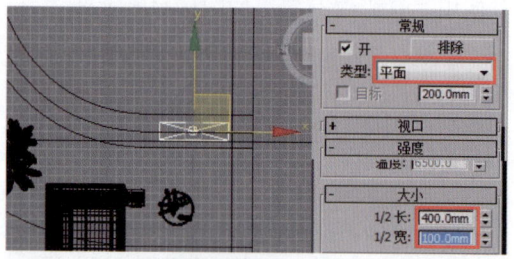

图 10-13

12 调整灯光的位置在文化墙的顶部，在顶视图中对灯光进行"实例"复制操作，通过使用"移动"和"旋转"工具，使灯光按照文化墙的弧度进行排列，如图10-14所示。

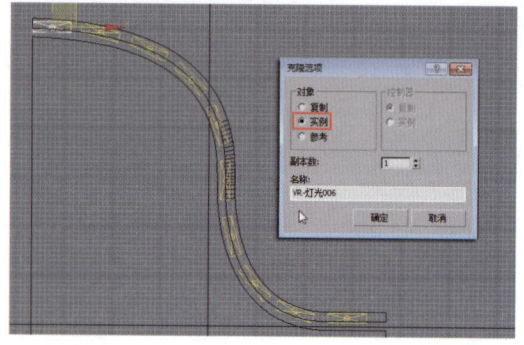

图 10-14

微课：
筒灯设置

Chapter 10　办公室空间

13 选择场景中的筒灯模型，并执行"孤立选择"操作。在创建面板中，选择"灯光"面板，在灯光列表中选择"VRay"，单击"VRayIES"按钮，在前视图创建一盏VRayIES灯光，如图10-15所示。

15 使用"实例"复制命令，复制出其他射灯，并调整其位置，如图10-17所示。

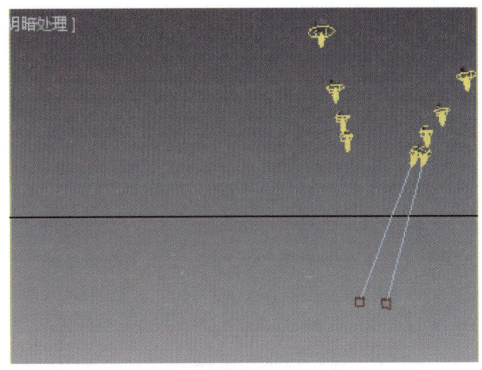

图 10-17

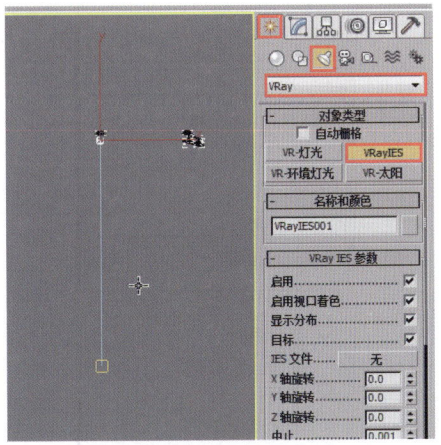

图 10-15

16 退出"孤立选择"，渲染视图并观察效果，如图10-18所示。

14 进入到"修改"面板中，取消"目标"的选择，在"IES文件"中，单击拾取本课程配套资源中的"射灯"IES文件，并且在场景中调整灯光的位置，如图10-16所示。

图 10-18

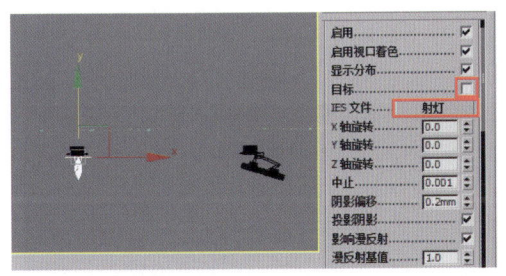

图 10-16

10.3　曝光控制与辅助光设置

01 在主菜单栏中选择"渲染"菜单，单击"环境"，打开"环境和效果"浮动框。在曝光控制列表中选择"VRay曝光控制"。设置"快门速度"为"20.0"，"IOS（感光度）"为"400.0"，如图10-19所示。

微课：
场景曝光
控制

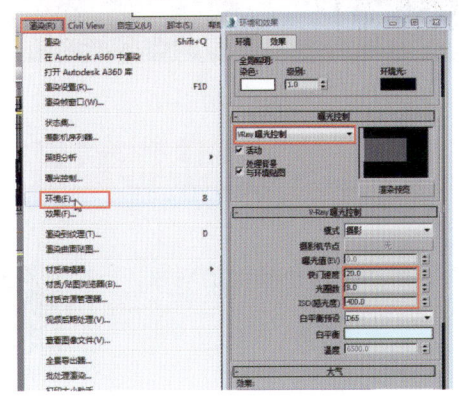

图 10-19

02 打开渲染设置面板，设置"V-Ray"选项卡中"颜色贴图"卷展栏中的"暗度倍增"为"2.0"，如图10-20所示。

04 选择辅助光源，进入到"修改"面板中，设置灯光"倍增"值为"6.0"，灯光颜色设置为偏暖的白色，并且在"选项"卷展栏中勾选"不可见"，取消"影响反射"的选择，如图10-22所示。

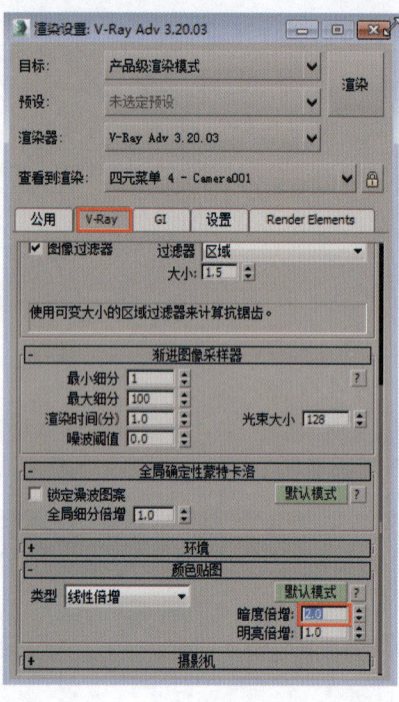

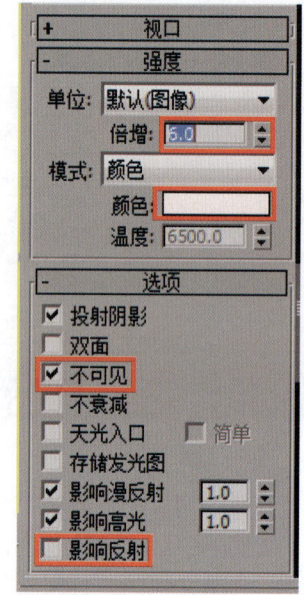

图 10-20

图 10-22

03 接下来再进行一个补光的设置，在"创建"面板中选择"灯光"面板，单击"VR-灯光"，在视图中创建一盏VR灯光，并调整其位置到如图10-21所示的位置。

05 单击"渲染"按钮，观察效果，如图10-23所示。

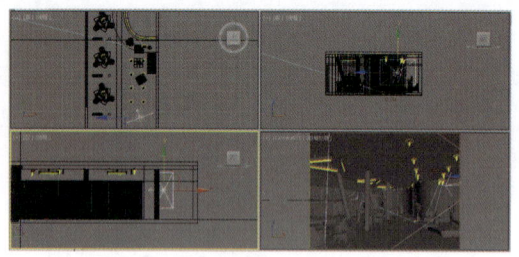

图 10-21

图 10-23

10.4 墙面材质的设置

01 选择场景中白色墙面的对象，如图10-24所示。

微课：
墙面材质的
设置

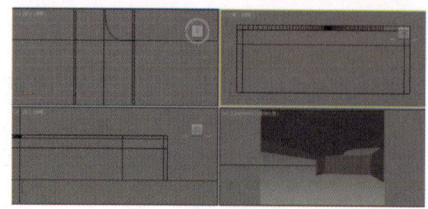

图 10-24

02 打开材质编辑器，新建一个"VRayMt1"材质并重命名为"白墙"，调整"漫反射"颜色为白色，"反射颜色"为"R：218，G：218，B：218"，设置"反射光泽"为"0.6"，如图10-25所示。

04 在"材质编辑器"中，直接将"白墙"材质复制一个出来并重命名为"文化墙"。调整"文化墙"材质的"漫反射"颜色值为"R：221、G：74、B：16"，其他参数保持不变，如图10-26所示。

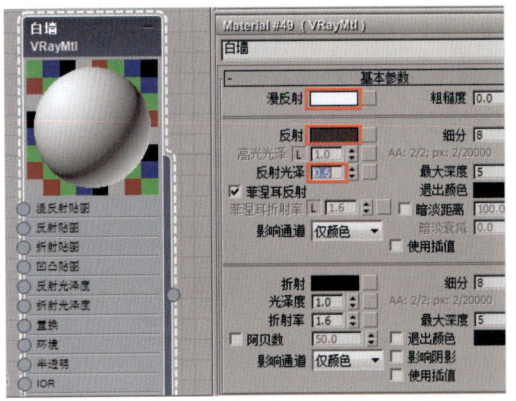

图 10-25

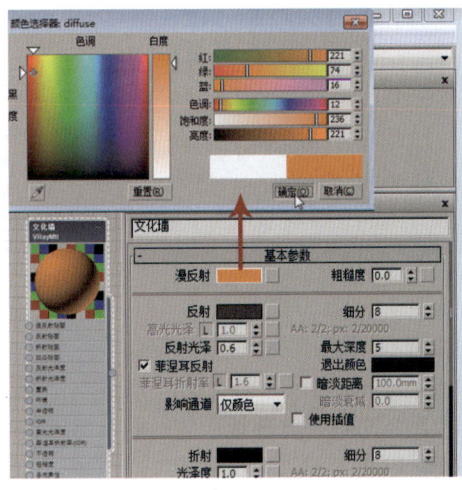

图 10-26

03 将场景中白色柱子和白墙，赋予当前"白墙"材质。

10.5 筒灯材质的设置

01 选择场景中的筒灯对象，打开"材质编辑器"，将"白墙"材质进行复制，重命名为"筒灯塑料"，修改"反射光泽"参数为"0.75"，如图10-27所示。

02 在材质编辑器中的"材质/贴图浏览器"中，新建一个"VR-灯光材质"，并且重命名为"筒灯"。直接将其材质赋予场景中筒灯的发光部分，如图10-28所示。

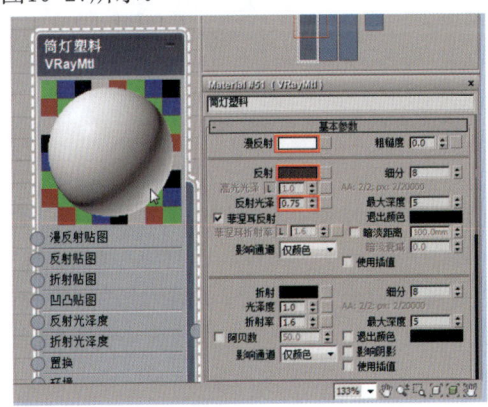

图 10-27

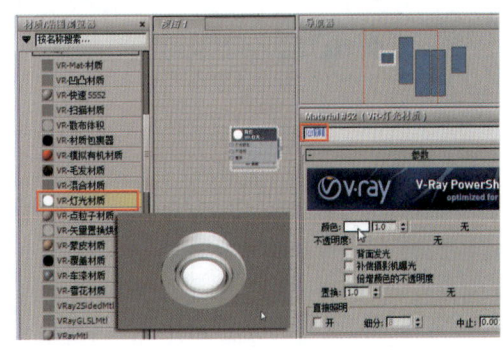

图 10-28

10.6 地面材质的设置

01 选择场景中的地面对象，如图10-29所示。

微课：地面材质的设置(1)

微课：地面材质的设置(2)

03 新建一个"VRayMtl"材质，重命名为"地板砖"，在"漫反射贴图"通道中添加一张地板砖的位图，在"反射贴图"通道中添加一个"衰减"贴图，并且将"衰减类型"设置为"Fresnel"，在衰减贴图的白色通道中，再添加一张地板砖的灰度图，用来模拟反射细节，并且将此灰度图链接到"凹凸贴图"通道中，如图10-31所示。

图 10-29

02 打开"材质编辑器"，新建一个"VRayMtl"材质，重命名为"地毯"，新建一个"位图"节点，打开地毯的贴图，将其链接到"漫反射贴图"和"凹凸贴图"通道中，并指定给场景中地毯模型，如图10-30所示。

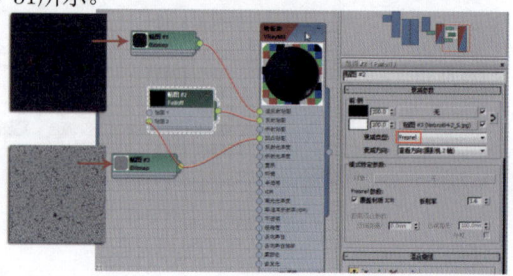

图 10-31

04 将材质赋予场景中的物体，并添加"UVW贴图"修改器，调整贴图大小，如图10-32所示。

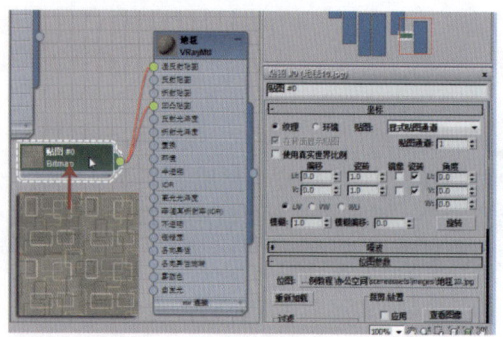

图 10-30

图 10-32

10.7 工作台材质的设置

01 在场景中选择一组工作台模型，其他两组可以删除掉，并且把整套工作台的另外两个工位也删除，这样只保留一个工位，制作完材质之后再进行复制就可以了，如图10-33所示。

02 选择工作台中所有不锈钢金属对象，打开"材质编辑器"，新建一个"VRayMtl"材质，重命名为"不锈钢金属"，设置"漫反射"颜色为黑色，"反射"颜色为白色，"反射光泽"为"0.85"，取消"菲涅耳反射"的勾选，如图10-34所示。

图 10-33

微课：电脑屏幕材质的设置

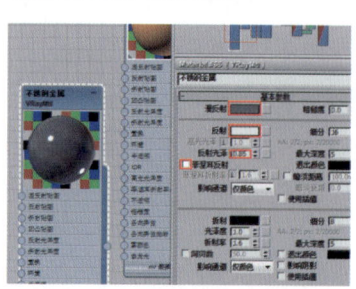

图 10-34

03 选择所有黑色塑料材质对象，打开"材质编辑器"，新建一个"VRayMtl"材质，重命名为"黑色塑料"，设置"漫反射"颜色为黑色，"反射"颜色为灰色，"反射光泽"为"0.75"，如图10-35所示。

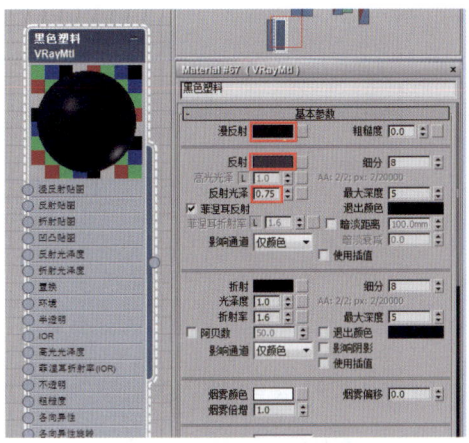

图 10-35

04 选择机箱柜，这里需要赋予它一个木板的材质，打开"材质编辑器"，新建一个"VRayMtl"材质，重命名为"木板"，"反射"颜色为灰色，"反射光泽"为"0.7"，"细分"为"16"，在"漫反射贴图"通道中添加一张木材的纹理，如图10-36所示。

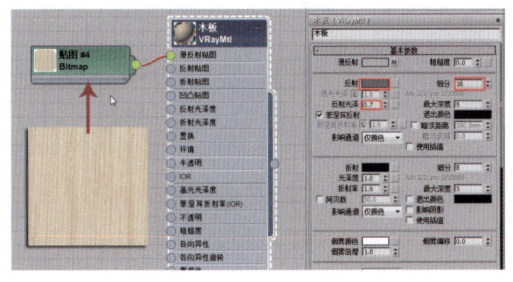

图 10-36

05 在"材质编辑器"中，将橙色墙面材质复制一个，重命名为"橙色塑料"，调整"反射"颜色为浅灰色，"反射光泽度"为"0.75"，将此材质赋予场景中的椅背，如图10-37所示。

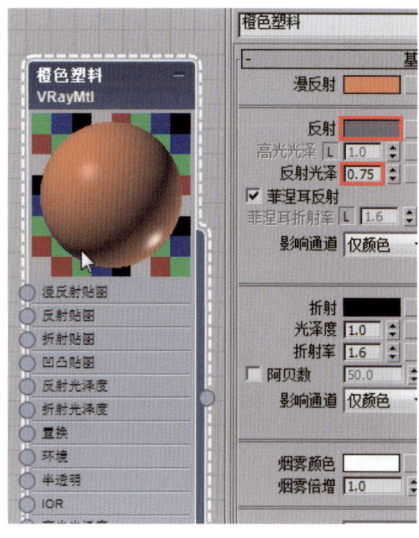

图 10-37

06 在顶视图中，将整套电脑以工作台为中心，旋转复制出另外两套，完成工作台的材质设置，如图10-38所示。

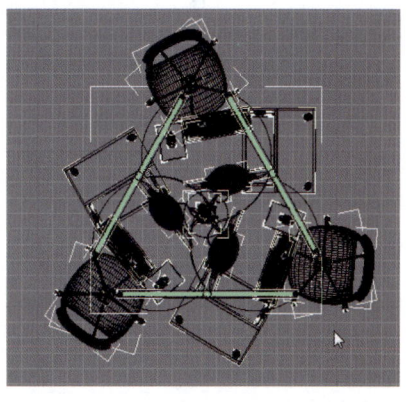

图 10-38

10.8 沙发材质的设置

在场景中选择"沙发组合"，并执行"孤立选择"，打开材质编辑器，把"橙色塑料"材质赋予沙发的靠背，"金属材质"赋予沙发与茶几的金属腿，"大理石材质"可以赋予茶几表面，如图10-39所示。

微课：
沙发材质的设置

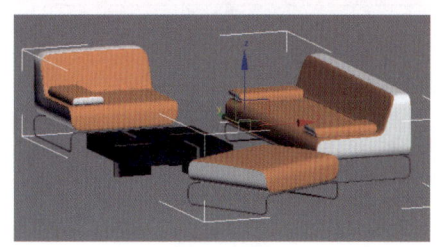

图 10-39

10.9 灯光及曝光调整

01 把场景中其他材质制作完成后，渲染得到如图10-40所示图像。由于场景光线受到材质的影响，现在整个场景已经曝光过度，现在来调整场景的灯光以及曝光。

图 10-40

02 按快捷键"8"，打开"环境和效果"浮动面板，设置"快门速度"为"60.0"，"白平衡预设"设置为"中性"，如图10-41所示。

微课：
其他材质的设置

微课：
灯光以及曝光调整

图 10-41

03 打开"渲染设置"面板，在"V-Ray"选项卡中，打开"颜色贴图"卷展栏，将"暗度倍增"设置为"1.0"，如图10-42所示。

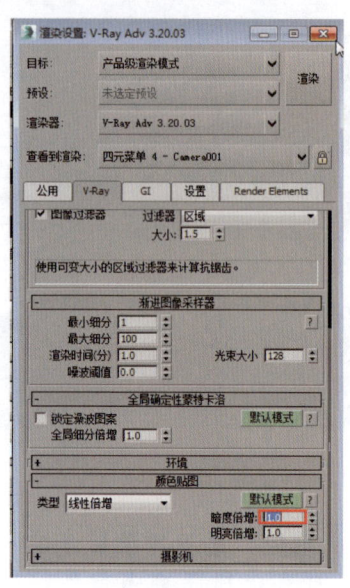

图 10-42

04 选择场景中补光光源，在"修改"面板中设置灯光"倍增"为"3.0"，如图10-43所示。

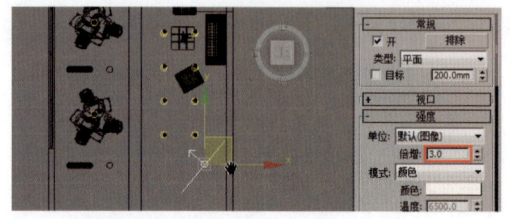

图 10-43

05 点击渲染查看效果，如图10-44所示。

图 10-44

10.10 渲染设置

01 选择场景中的工作台上方的 VRay网格灯光，进入到"修改"面板中，打开"采样"卷展栏，将"细分"设置为"64"。这样渲染出来的灯光效果会更加细腻，如图10-45所示。

微课：
渲染设置

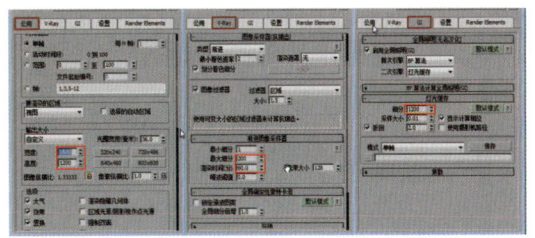

图 10-46

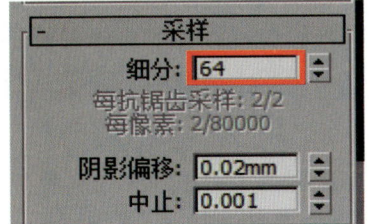

图 10-45

02 打开"渲染设置"面板，在"公用"选项卡中，"输出大小"的"宽度""高度"分别设置为"1600""1200"。在"V-Ray"选项卡中，打开"渐进图像采样器"卷展栏，设置"最大细分"为"200"，"渲染时间"为"60"，进入到"GI"选项卡中，打开"灯光缓存"卷展栏，将"细分"设置为"1200"，如图10-46所示。

03 单击"渲染"按钮，得到如图10-47所示效果。

图 10-47

10.11 Photoshop后期调整

01 用Photoshop打开渲染出来的效果图，经过观察可以发现，现在画面整体有些偏红，所以第一步就是要调整画面的色彩平衡。在主菜单栏中选择"图像"→"调整"→"色彩平衡"，对"色调平衡"中的"阴影""中间调""高光"分别进行调整，如图10-48所示。

微课：
后期调整

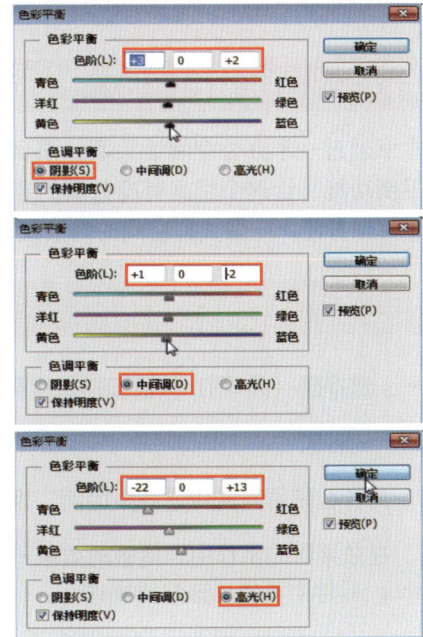

图 10-48

02 更改图像的模式为Lab颜色模式。在主菜单中选择"图像"→"模式"→"Lab颜色",如图10-49所示。

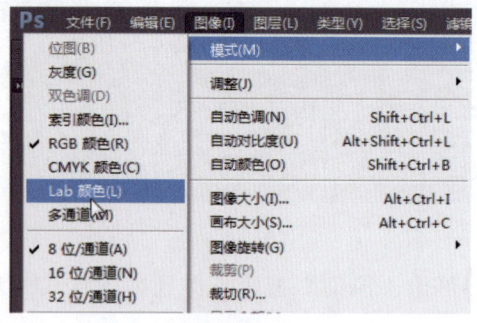

图 10-49

03 进入到通道面板中,选择"明度"通道,在菜单栏中选择"滤镜"→"锐化"→"USM锐化",并调整参数,如图10-50所示。

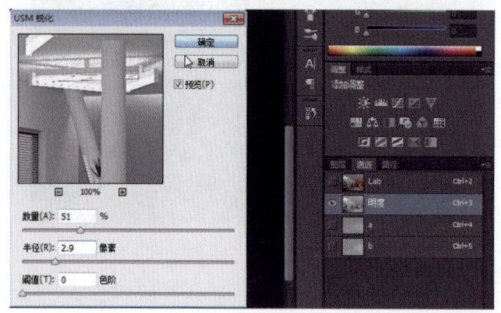

图 10-50

04 分别选择"a"和"b"通道,在菜单栏中选择"滤镜"→"模糊"→"高斯模糊",设置"半径"为"1.8",如图10-51所示。

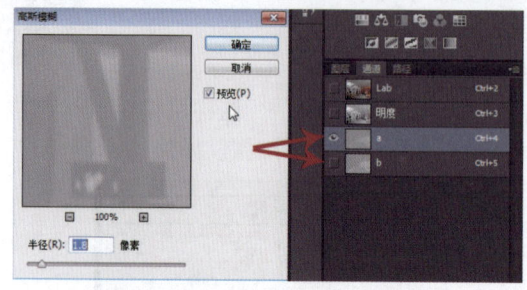

图 10-51

05 最后更改图像的模式为RGB颜色模式。在主菜单中选择"图像"→"模式"→"RGB颜色",最终效果如图10-52所示。

图 10-52

10.12 知识与技能梳理

本章通过一个办公空间让大家认识到工装空间和家装空间的区别,本章使用了物理相机的自定义白平衡功能,让这个空间有冷色调的感觉。同时使用物理阳光和物理天光,和物理相机搭配使用起来能够很方便。一些大型空间的渲染利用这种方法是一个不错的选择。

10.13 课后练习

一、选择题(共3题),请扫描二维码进入即测即评。

二、简答题

1. 为什么使用光能传递渲染墙面、地板和天花板等时总是有黑斑出现?

2. 在效果图的制作中,地板的效果不太真实,如果要将地板的效果处理得很真实,那么在Photoshop软件中具体应该怎样操作?

10.13 课后练习

Chapter 11

酒店大厅

　　本章将通过一个酒店大厅的案例向大家讲解大空间表现的技巧，重点讲解灯光的布置、灯光类型的选择等。

	知识点＼学习目标	了解	应用	创新	重点知识
学习要求	酒店大厅的分析	🚩			
	目标平行灯的作用				🚩
	模拟天光的方法				🚩
	发光材质的设置				🚩
	渐变衰减贴图的运用				
	最终渲染设置	🚩			
	线框图的制作方法				🚩
	AO阴影图的渲染	🚩			
	背景的制作				🚩
	Photoshop中"曲线"和"色彩平衡"的运用		🚩		

11.1　酒店大厅空间分析

本章将学习大型空间"酒店大厅"的做法。在前面的学习中，家装的案例比较多，制作它们可以在短时间内完成。工装一般比家装的面积大得多，这种大的空间，在前面还没有讲到，在本章中，如何去把握这种大的空间，如何去给这种大的空间做效果，以及如何给它去打灯光都会讲到。简单地说，灯光布置就是主光灯和辅光灯的关系。在空间大了以后灯光也多了，该怎样去管理这些灯光，该以怎样的关系处理这些灯，以及先打哪个灯，后打哪个灯等，对于这些问题本章都会讲到。图11-1所示为本章需要学习的酒店大厅的最终效果图。

图 11-1

11.2　天光设置

01 打开场景文件，和前面的学习一样，检查模型之前先指定一下渲染器。单击主工具栏中的"渲染设置"按钮，打开"渲染设置"，当前的渲染器是默认扫描线渲染器，接下来指定VRay渲染器。在渲染器列表中选择"V-Ray Adv 3.20.03"渲染器，如图11-2所示。

微课：
天光设置

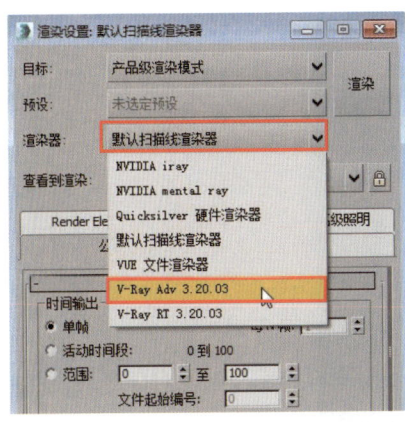

图 11-2

02 在场景中选择"玻璃幕墙",右击,在弹出的"四元组"菜单中选择"隐藏选定对象"命令,这样做是为了制作天光效果的时候,光线可以照射到室内,如图11-3所示。

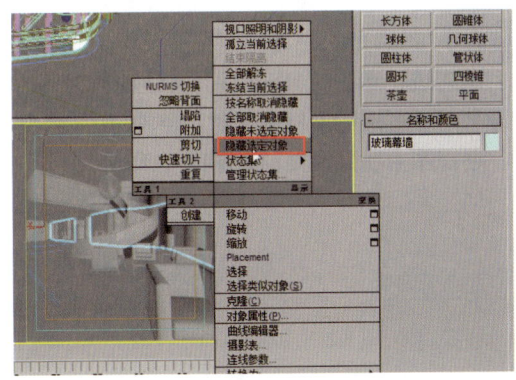

图 11-3

03 进入到"创建"面板中,选择"灯光"面板,在列表中选择"VRay",单击"VR-灯光"按钮,在视图中创建两盏VR灯光模拟天光的效果,如图11-4所示。

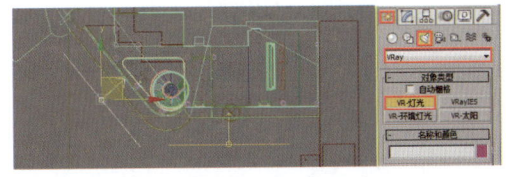

图 11-4

04 选择灯光,进入到"修改"面板中,设置灯光的"倍增"值为"3"。修改灯光的颜色为蓝紫色,在"选项"卷展栏中,勾选"不可见",取消勾选"影响反射",如图11-5所示。

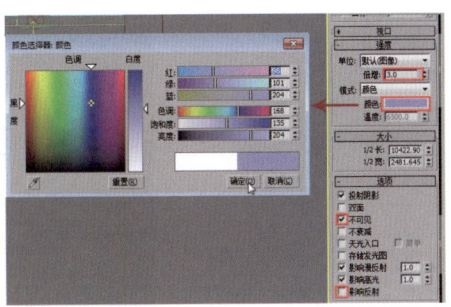

图 11-5

05 使用快捷键"8",打开"环境和效果"浮动框,调整背景的颜色为"天蓝色",如图11-6所示。

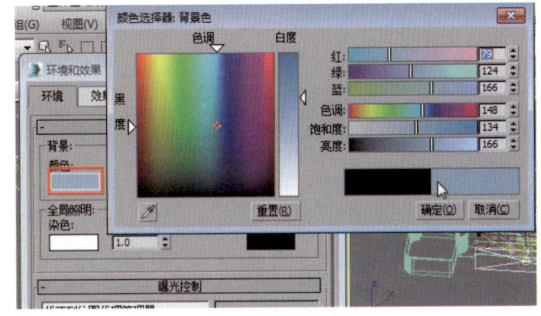

图 11-6

06 打开"渲染设置"面板,进入到"GI"选项卡中,勾选"启用全局照明(GI)",打开"灯光缓存"卷展栏,设置缓存"细分"为"400",如图11-7所示。

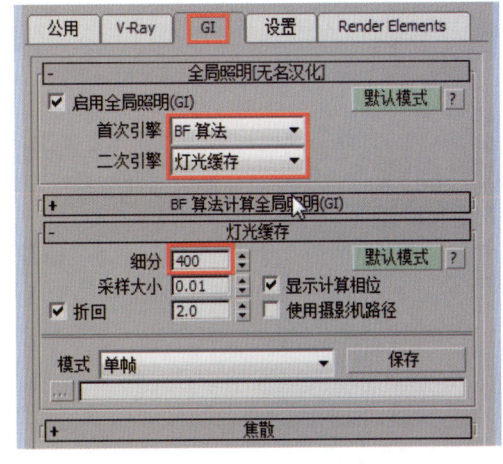

图 11-7

07 单击"渲染"按钮,查看效果,如图11-8所示。

图 11-8

11.3 人造光设置

01 当前大多数酒店大厅里面主要的人造光源是筒灯,所以需要根据大厅顶部的筒灯模型来设置光源,首先选择场景中所有的筒灯模型,并执行"孤立选择",如图11-9所示。

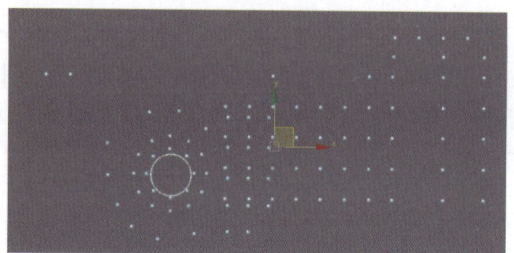

图 11-9

02 进入到"创建"面板,选择"灯光"面板,在灯光列表中选择"VRay",单击"VRayIES"灯光并在前视图创建,如图11-10所示。

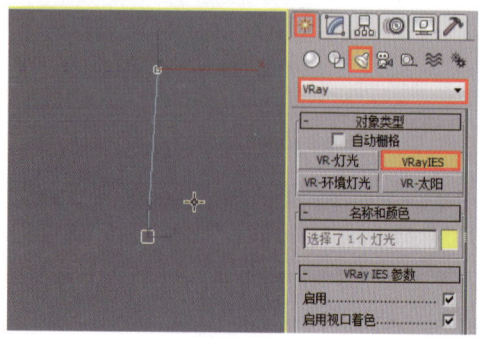

图 11-10

03 选择IES灯光,在"修改"面板中,取消"目标"的勾选,单击"IES文件"旁边的按钮,在智慧职教网站本课程素材中找到"经典筒灯.IES"文件。在视图中观察效果,如图11-11所示。

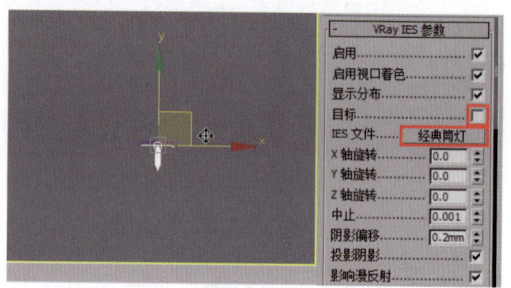

图 11-11

04 在视图中调整筒灯的位置,并对其进行复制操作,将所有的筒灯都复制出一个IES灯光文件,"克隆选项"中选择"实例",如图11-12所示。

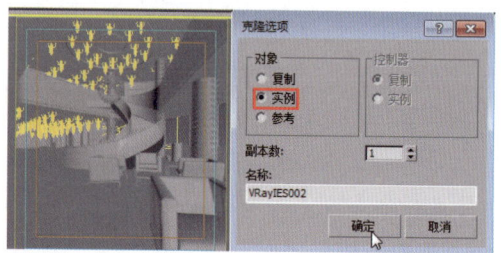

图 11-12

微课:
人造光设置

05 单击"渲染"按钮,观看效果,如图11-13所示。

图 11-13

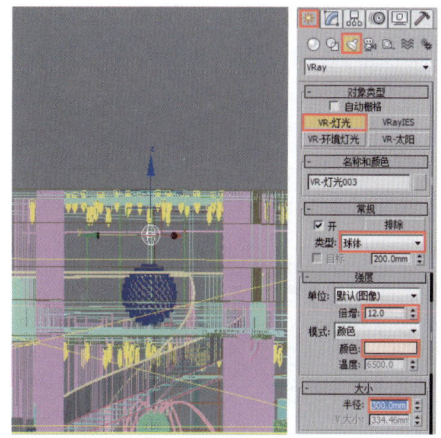

图 11-14

06 现在整体空间都已经被照亮了,但中间吊灯的部分才是整个画面的视觉中心,所以需要给中间吊灯的地方进行一个补光的操作。在"创建"面板的"灯光"面板中,选择"VR-灯光",并调整"类型"为"球体",设置灯光"倍增"为"12.0","颜色"为暖色,"半径"为"300.0mm",如图11-14所示。

07 单击"渲染",观看效果,如图11-15所示。

图 11-15

11.4 材质设置

01 选择场景中一层二层顶部模型,打开"材质编辑器",新建一个"VRayMtl"材质,重命名为"白色乳胶漆",调整"漫反射"颜色为白色,"反射"颜色值为R:13、G:13、B:13,"反射光泽"为"0.7",如图11-16所示。

微课:
材质设置(1)

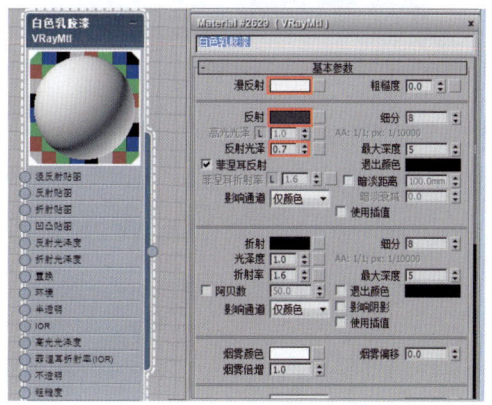

图 11-16

02 选择场景中的大理石砖墙模型，打开"材质编辑器"，新建一个"VRayMtl"材质，重命名为"大理石砖墙"，调整"反射"颜色值为"R：15、G：15、B：15"，"反射光泽"为"0.8"，在"漫反射贴图"和"凹凸贴图"通道中添加一张大理石纹理，如图11-17所示。

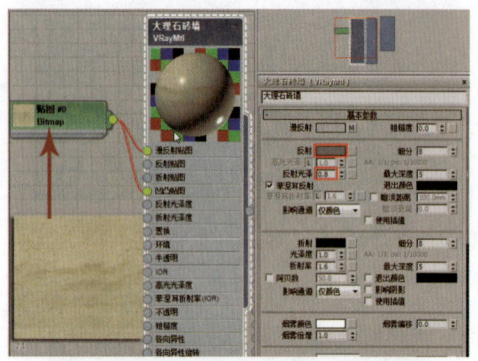

图 11-17

03 在材质编辑器中将"大理石砖墙"材质复制出一个，重命名为"黑色大理石"，给"黑色大理石"的"漫反射贴图"通道中添加一张黑色大理石的纹理贴图，如图11-18所示。

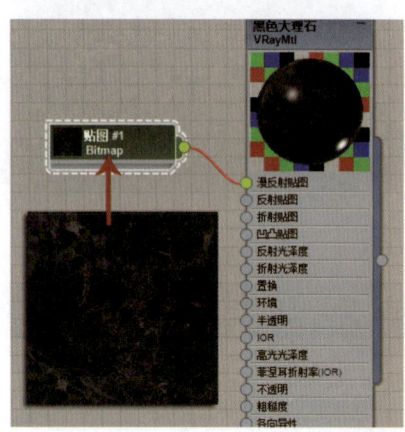

图 11-18

04 将"大理石砖墙"材质和"黑色大理石"材质指定给场景中的对象，并在"修改"面板中添加"UVW贴图"修改器调整模型UV贴图，得到如图11-19所示效果。

图 11-19

05 选择场景中所有柱子的模型，在材质编辑器中将"黑色大理石"材质复制出一个，重命名为"大理石柱子"，给"大理石柱子"的"漫反射贴图"通道中添加一张大理石的纹理贴图，如图11-20所示。

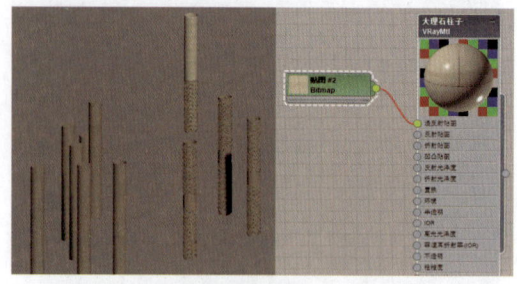

图 11-20

06 选择场景中玻璃的模型，如图11-21所示。

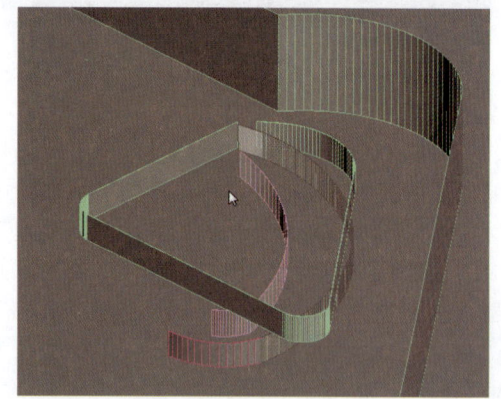

图 11-21

07 打开"材质编辑器"，新建一个"VRayMtl"材质，重命名为"玻璃"，"漫反射"颜色为黑色，调整"反射"颜色值为"R：148、G：148、B：148"，将材质赋予场景中的对象，如图11-22所示。

微课：
材质设置(2)

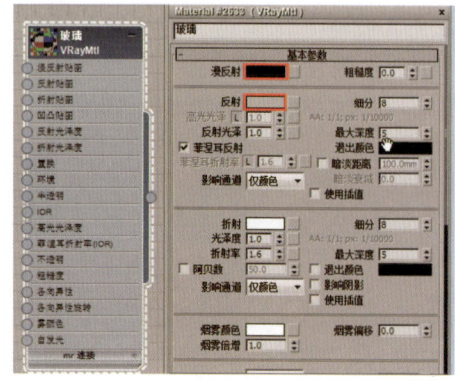

图 11-22

08 将地面地毯的和地面大理石的材质制作出来，渲染得到如图11-23所示效果。

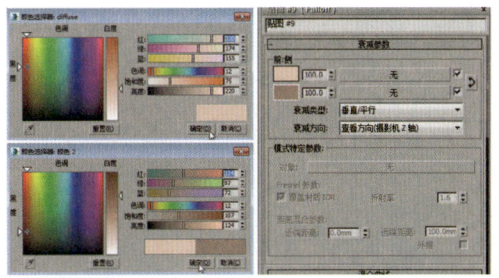

图 11-24

10 调整沙发腿的金属材质和台灯、筒灯的自发光材质以及外部的背景。渲染并查看效果，如图11-25所示。

图 11-23

图 11-25

09 在场景中选择沙发组，打开"材质编辑器"，新建一个"VRayMtl"材质，重命名为"沙发"，在"漫反射贴图"通道中添加一个"衰减"贴图，分别设置"衰减"的颜色如图11-24所示。

11.5 渲染参数设置

01 打开"渲染设置"面板，在"公用"选项卡中，设置"输出大小"的尺寸为"1422×1600"，打开"V-Ray"选项卡，设置"渐进图像采样器"卷展栏中的"最大细分"为"300"，"渲染时间（分）"为"45"。打开"GI"选项卡，设置"BF算法计算全局照明（GI）"卷展栏中的"细分"为"16"，"灯光缓存"卷展栏中的"细分"为"1500"，如图11-26所示。

02 打开"Render Elements"选项卡中，点击"添加"按钮，在弹出的浮动面板中选择"VRayWireColor"，单击"确定"按钮，如图11-27所示。

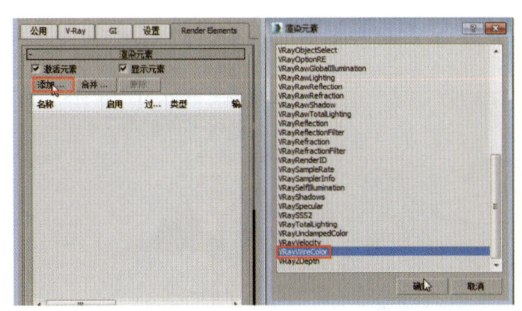

图 11-27

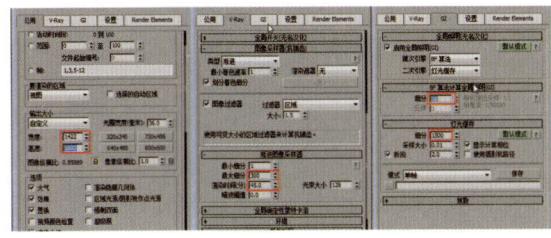

图 11-26

微课：
渲染设置

03 单击"渲染",得到最终渲染效果如图11-28所示。

图 11-28

11.6　Photoshop后期调整

01 打开Photoshop,将渲染好的两张图像打开,如图11-29所示。

图 11-29

02 选择"背景"层,使用"色阶"对当前图层进行对比度的调节,如图11-30所示。

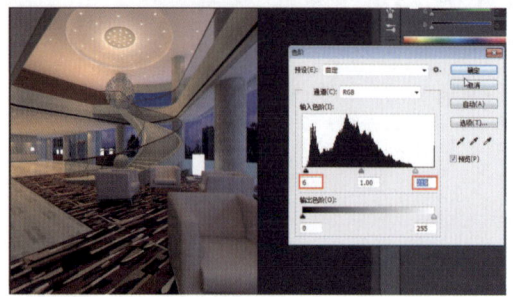

图 11-30

03 在主菜单栏中,单击"图像"→"调整",选择"色彩平衡",分别调整"阴影""中间调"和"高光"的颜色,如图11-31所示。

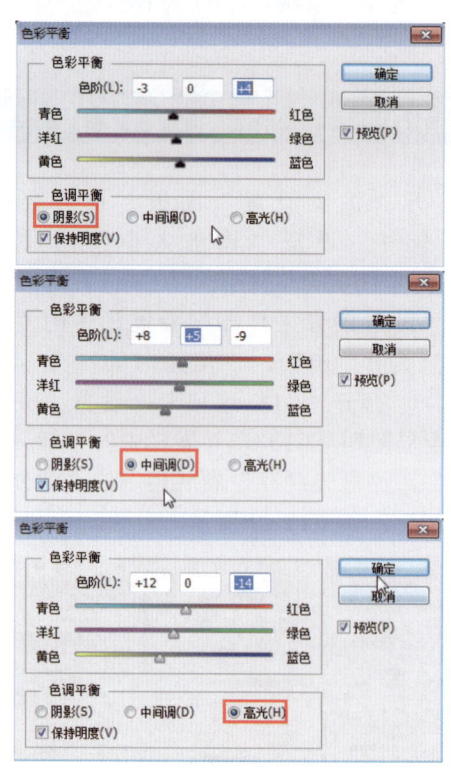

图 11-31

微课:
后期处理

Chapter 11　酒店大厅

04 在图层面板中选择"图层1",使用"魔棒"工具选择"绿色"的部分,单独调整酒店大厅顶部的色彩,如图11-32所示。

图 11-32

05 在图层面板中,使用选区调整,添加"曲线"调整当前选区的亮度,如图11-33所示。

图 11-33

06 使用相同的方法,通过颜色通道图层,选择需要调整的区域,使用"曲线""色相/饱和度""亮度/对比度"和"色阶"对当前图像进行区域调整,如图11-34所示。

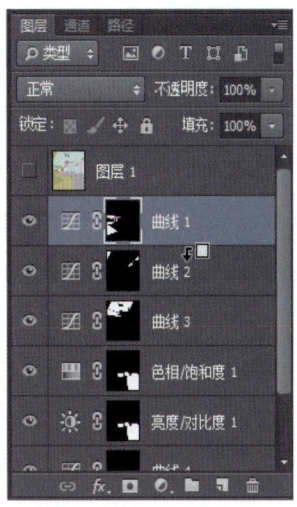

图 11-34

07 最终调整效果如图11-35所示。

图 11-35

11.7　知识与技能梳理

　　本章通过一个酒店大厅的案例,学习了大空间(即工装)的效果图表现流程。工装部分主要以各种大理石材质为主,灯光设置的方法和前面是一样的,仍然从主光灯开始到辅助光结束。另外,后期处理其实很重要,能够提高作图的效率,如果是商业图采用该种方式可以起到事半功倍的效果。

11.8 课后练习

一、选择题（共3题），请扫描二维码进入即测即评。

二、简答题

1. 在3ds Max 2016中，哪些格式的文件可以作为背景图像的环境贴图？

2. 在效果图的处理中，常使用哪些工具对图像进行调整？

郑重声明

高等教育出版社依法对本书享有专有出版权。任何未经许可的复制、销售行为均违反《中华人民共和国著作权法》，其行为人将承担相应的民事责任和行政责任；构成犯罪的，将被依法追究刑事责任。为了维护市场秩序，保护读者的合法权益，避免读者误用盗版书造成不良后果，我社将配合行政执法部门和司法机关对违法犯罪的单位和个人进行严厉打击。社会各界人士如发现上述侵权行为，希望及时举报，我社将奖励举报有功人员。

反盗版举报电话　　（010）58581999　58582371
反盗版举报邮箱　　dd@hep.com.cn
通信地址　　北京市西城区德外大街4号
　　　　　　高等教育出版社法律事务部
邮政编码　　100120

读者意见反馈

为收集对教材的意见建议，进一步完善教材编写并做好服务工作，读者可将对本教材的意见建议通过如下渠道反馈至我社。

咨询电话　　400-810-0598
反馈邮箱　　gjdzfwb@pub.hep.cn
通信地址　　北京市朝阳区惠新东街4号富盛大厦1座
　　　　　　高等教育出版社总编辑办公室
邮政编码　　100029